传世励志经典

人生须自重

黄宗羲励志文选

黄宗羲 著　穆军全 编

中华工商联合出版社

图书在版编目（CIP）数据

人生须自重：黄宗羲励志文选／（清）黄宗羲著；穆军全编. --北京：中华工商联合出版社，2015.11

ISBN 978-7-5158-1480-3

Ⅰ．①人… Ⅱ．①黄… ②穆… Ⅲ．①黄宗羲（1610～1695）－哲学思想－研究 Ⅳ．①B249.35

中国版本图书馆 CIP 数据核字（2015）第 247493 号

人生须自重
——黄宗羲励志文选

作 者：	黄宗羲
编 者：	穆军全
出 品 人：	徐 潜
策划编辑：	魏鸿鸣
责任编辑：	崔红亮
封面设计：	周 源
营销总监：	曹 庆
营销推广：	万春生
责任审读：	李 征
责任印制：	迈致红
出版发行：	中华工商联合出版社有限责任公司
印 刷：	三河市燕春印务有限公司
版 次：	2015 年 11 月第 1 版
印 次：	2024 年 5 月第 4 次印刷
开 本：	710mm×1020mm 1/16
字 数：	250 千字
印 张：	20.25
书 号：	978-7-5158-1480-3
定 价：	98.00 元

服务热线：010－58301130
销售热线：010－58302813
地址邮编：北京市西城区西环广场 A 座
　　　　　19－20 层，100044
http://www.chgslcbs.cn
E-mail：cicap1202@sina.com（营销中心）
E-mail：gslzbs@sina.com（总编室）

工商联版图书

序

　　为了给《传世励志经典》写几句话，我翻阅了手边几种常见的古今中外圣贤大师关于人生的书，大致统计了一下，励志类的比例，确为首屈一指。其实古往今来，所有的成功者，他们的人生和他们所激赏的人生，不外是：有志者，事竟成。

　　励志是动宾结构的词，励是磨砺，志是志向，放在一起就是磨砺志向。所以说，励志不是简单的立志，是要像把刀放在石头上磨才能锋利一样，这个磨砺，也不是轻而易举地摩擦一下，而是要下力气的，对刀来说，不仅要把自身的锈磨掉，还要把多余的部分都要毫不留情地磨掉，这简直是一场磨难。所有绚丽的人生都是用艰难磨砺成的，砥砺生命放光华。可见，励志至少有三层意思：

　　一是立志。国人都崇拜的一本书叫《易经》，那里面有一句话说："天行健，君子以自强不息。"这是一种天人合一的理念，它揭示了自然界和人类发展演化的基本规律，所以一切圣贤伟人无不遵循此道。当然，这里还有一个立什么样的志的问题，孔子说："士不可以不弘毅，任重而道远。"古往今来，凡志士仁人立的都是天下家国之志。李白说：大丈夫必有四方之志，白居易有诗曰：丈夫贵兼济，岂独善一身，讲的都是这个道理。

二是励志。有了志向不一定就能成事，《礼记》里说："玉不琢，不成器。"因为从理想到现实还有很大的距离。志向须在现实的困境中反复历练，不断考验才能变得坚韧弘毅，才能一步一个脚印地逐步实现。所以拿破仑说：真正之才智乃刚毅之志向。孟子则把天将降大任于斯人描述得如此艰难困苦。我们看看历代圣贤，从世界三大宗教的创始人耶稣、穆罕默德、释迦牟尼到孔夫子、司马迁、孙中山，直至各行各业的精英，哪一个不是历经磨难终成大业，哪一个不是砥砺生命放射出人生的光芒。

三是守志。无论立志还是励志都不是一朝一夕、一蹴而就的，它贯穿了人的一生，无论生命之火是绚丽还是暗淡，都将到它熄灭的最后一刻。所以真正的有志者，一方面存矢志不渝之德，另一方面有不为穷变节、不为贱易志之气。像孟子说的那样："富贵不能淫，贫贱不能移，威武不能屈。"明代有位首辅大臣叫刘吉，他说过：有志者立长志，无志者常立志，这话是很有道理的。

话说回来，励志并非粘贴在生命上的标签，而是融汇于人生中一点一滴的气蕴，最后成长为人的格调和气质，成就人生的梦想。不管你做哪一行，有志不论年少，无志空活百年。

这套《传世励志经典》共收辑了100部图书，包括传记、文集、选辑。为励志者满足心灵的渴望，有的像心灵鸡汤，营养而鲜美；有的就是萝卜白菜或粗茶淡饭，却是生命之必需。无论直接或间接，先贤们的追求和感悟，一定会给我们带来生命的惊喜。

徐 潜

前　言

黄宗羲（1610～1695 年），明清之际思想家，字太冲，号南雷，世称梨洲先生，与顾炎武、王夫之并称为明末清初三大家。黄宗羲的人生共经历三次重大转变：初锢之为党人，继指之为游侠，终厕之于儒林。明朝灭亡以后，黄宗羲避居乡野，潜心著书立说，著述颇丰，其在经学、史学、文学、天文、地理、历算、算学等领域都有不朽的成就。

黄宗羲生活在明末清初"天崩地解"的转型时代，"阉宦"专权，党争不绝，明朝政治腐败；天灾人祸交叠，民生多艰；清军入侵，百姓抗争，内忧外患中明朝政权在风雨飘摇中走向灭亡。正是这种纷乱复杂的社会环境激发了有远见卓识的思想家反思现实与历史的潜力，造就了黄宗羲伟大的人格与卓越的才识。

黄宗羲的励志精神主要体现在以下三个层面：

首先，经国济世的东林党人精神。从孔子周游列国到孟子游齐说梁，古代中国士人的殷殷救世之心可谓源远流长。顾宪成的"风声雨声读书声声声入耳，家事国事天下事事事关心"可谓一语道出了东林党人忧国忧民之情。黄宗羲父亲是著名的东林党人，后因党派斗争被阉党迫害致死。他为报父仇，草疏申冤，锥刺仇敌，震惊朝野内外。黄宗羲继承了东林党人以天下为己任的救世精神，勇于同社会黑暗势力抗争，以"冷风热血，洗涤乾坤"的大无畏精神，博得了当时正直之士的敬仰。

其次，慷慨从容的豪杰精神。修身齐家治国平天下，由"内圣"而达至"外王"，是传统士人所一贯抱有的人生理想。明朝政权先被李自成推翻，后被清朝所屠戮，在国家民族处于此等危难时，黄宗羲没有选择退隐山林，独善其身，更没有变节投降，屈服于清朝贵族，而是积极投入到反清复明的时代潮流中去，主动肩负起反清复明的历史使命。他在血雨腥风、刀光剑影中经历了长达十余年的游侠生活，以愚公移山、精卫填海的百折不挠精神彰显了知识分子在社会转型期的人生追求和民族气节。

最后，经天纬地，经世致用的治学精神。黄宗羲一生始终致力于学术研究，从不懈怠，从未间断。黄宗羲所处的时代，盛行空谈，一些人沉溺于用"陈言套话，移前摄后"，拼成文章、博取功名。尤其是那些理学末流学者，平日高谈性命、穷究义理，而真正到了国家生死存亡的关键时刻，却无所作为。黄宗羲深感这种学风的贻害之深、之大。为了扭转这种迂腐的学风，他以"经天纬地"、"经世致用"为治学的根本目的，反对盲从、空谈，力倡经世应务，告诫学者读书治学的本源在于"辨明国家治乱之源"，"提出生民根本之计"。黄宗羲的思想在当时和以后都产生了巨大影响，他的治学精神对于当今学术界也有重要的启发意义。

目　录

原^① 君

【题解】

　　本文旨在从理论上对理想的君主做出描述。"原"，即本原，"原君"，就是要追问君主本来应该是什么，它所产生的原因及其所承担的社会责任。作者认为，所谓君主，最初是为了兴公利、除公害而产生的，其责任就是保护民众的利益，只有尽到这一责任的君主才算做真正的君主。在阐述了君主的社会责任以后，作者笔锋一转，直接指向了秦以后的君主专制政治，深刻揭露了秦汉以后历代专制君主"以天下之利尽归于己，以天下之害尽归于人"，"以我之大私为天下之大公"的本质。

【原文】

　　有生之初，人各自私也，人各自利也；天下有公利而莫或兴之，有公害而莫或除之。有人者出，不以一己之利为利，而使天下受其利，不以一己之害为害，而使天下释其害；此其人之勤劳必千万于天下之人。夫以千万倍之勤劳而己又不享其利，必非天下之人情所欲居也。故古之人君，去之而不欲入者，许由、务光②是也；入而又去之者，尧、舜是也；初不欲入而不得去者，禹是也。岂之人有所异哉？好逸恶劳，亦犹夫人之情也。

后之为人君者不然，以为天下利害之权皆出于我，我以天下之利尽归于己，以天下之害尽归于人，亦无不可；使天下之人不敢自私，不敢自利，以我之大私为天下之大公。始而惭焉，久而安焉，视天下为莫大之产业，传之子孙，受享无穷；汉高帝所谓"某业所就，孰与仲多"③者，其逐利之情不觉溢之于辞矣。此无他，古者以天下为主，君为客，凡君之所毕世而经营者，为天下也。今也以君为主，天下为客，凡天下之无地而得安宁者，为君也。是以其未得之也，荼毒天下之肝脑，离散天下之子女，以博我一人之产业，曾不惨然，曰："我固为子孙创业也。"其既得之也，敲剥天下之骨髓，离散天下之子女，以奉我一人之淫乐，视为当然，曰："此我产业之花息也。"然则为天下之大害者，君而已矣。向使无君，人各得自私也，人各得自利也。呜呼，岂设君之道固如是乎！

古者天下之人爱戴其君，比之如父，拟之如天，诚不为过也。今也天下之人怨恶其君，视之如寇，名之为独夫，固其所也。而小儒规规焉以君臣之义无所逃于天地之间，至桀、纣之暴，犹谓汤、武不当诛之，而妄传伯夷、叔齐④无稽之事，使兆人万姓崩溃之血肉，曾不异夫腐鼠⑤。岂天地之大，于兆人万姓之中，独私其一人一姓乎！是故武王圣人也，孟子之言圣人之言也；后世之君，欲以如父如天之空名禁人之窥伺者，皆不便于其言，至废孟子而不立，非导源于小儒乎！

虽然，使后之为君者果能保此产业，传之无穷，亦无怪乎其私之也。既以产业视之，人之欲得产业，谁不如我；摄缄縢，固扃鐍⑥，一人之智力不能胜天下欲得之者之众，远者数世，近者及身，其血肉之崩溃在其子孙矣。昔人愿世世无生帝王家，而毅宗之语公主，亦曰"若何为生我家！"[⑦]痛哉斯言！回思创业时，其欲得天下之心，有不废然摧沮者乎！是故明乎为君之职分，则唐、虞之世[⑧]，人人能让，许由、务光非绝尘也；不明乎为君之职分，则市井之间，人人可欲，许由、务光所以旷后世而不闻也。然君之职分难明，以俄顷淫乐不易无穷之悲，虽愚者亦明之矣。

【注释】

①原：推原，推求。

②许由、务光：许由，传说中上古时期的高士。相传尧想把帝位让给许由，而许由视不问政治为"清高"，不但拒绝了尧的请求，并且连夜逃进箕山，隐居不出。当时尧以为许由谦虚，遂更加敬重，便又派人去请他，说："如果坚决不接受帝位，则希望能出来当个'九州长'。"不料许由听了这个消息，更加厌恶，立刻跑到山下的颍水边去洗耳。务光，商汤时期的隐士。相传汤建立商朝后，想让位给务光，务光认为"非其义者，不受其禄；无道之世，不践其土"，不仅坚辞不受，还因为觉得羞耻，负石自沉于庐水。

③某业所就，孰与仲多：出自《史记·高祖本纪》。汉高祖刘邦得天下后，在未央宫前殿宴请群臣，在为太上皇敬酒时说："始大人常以臣无赖，不能治产业，不如仲力。今某之业所就孰与仲多?"即父亲大人时常说我是无赖，不会操持家业，没有二哥刘仲的本事大，你现在比一比，是二哥的家业多，还是我的多？

④伯夷、叔齐：传说是殷商贵族孤竹君的两个儿子，为让王位先后投奔到周国。当周武王挥军讨伐商纣王时，伯夷拦住武王的马头进谏说："父亲死了不埋葬，却发动战争，这叫作孝吗？身为商的臣子却要弑杀君主，这叫作仁吗？"周武王灭商后，成了天下的宗主。伯夷、叔齐却以自

己归顺西周而感到羞耻。为了表示气节，他们不再吃西周的粮食，隐居在首阳山，以山上的野菜为食，最后饿死在山中。

⑤腐鼠：腐烂的老鼠，比喻毫不足惜的废物。

⑥摄缄縢，固扃鐍：縢（téng），绳子；扃（jiōng），门窗上的插关；鐍（jué），箱子上用以加锁的环纽。此句大意为：君主们想尽办法，如同用绳子把箱子捆得很严实、用锁把箱子锁得很牢固那样来保住天下。

⑦若何为生我家：见《明史·公主列传》。传载李自成率农民起义军攻破北京时，崇祯皇帝入寿宁宫，长平公主拉住他的衣服啼哭，崇祯皇帝说："汝何故生我家！"说罢挥剑砍断长平公主左臂。

⑧唐、虞之世：尧舜时代。

明夷待访录·原臣

【题解】

本篇旨在描述理想的大臣的具体做法。主要强调天下治乱的根本在于民众的安乐与否。因此，臣下的主要职责也不应该是一味地迎合与奉承一家一姓的皇帝而在于跟君主共同管理天下。本文从君臣关系的视角，指出古代暴君的典型——夏桀商纣等的大臣即便辅佐君主取得天下，也不能得到天下百姓和后人的赞扬。评判臣下行为是否适当的"道"在于万民的忧乐。作者能在专制统治的环境下做出这样清醒的判断，为后人所敬仰。

【原文】

有人焉，视于无形，听于无声①，以事其君，可谓之臣乎？曰：否！杀其身以事其君，可谓之臣乎？曰：否！夫视于无形，听于无声，资于②事父也；杀其身者，无私之极则③也。而犹不足以当之，则臣道如何而后可？曰：缘夫天下之大，非一人之所能治，而分治之以群工④。

故我之出而仕也，为天下，非为君也；为万民，非为一姓也。吾以天下万民起见，非其道，即君以形声强我，未之敢从也，况于无形无声乎！非其道，即立身于其朝，未之敢许也，况于杀其身乎！不然，而以君之一身一姓起见，君有无形无声之嗜欲，吾从而视之听之，此宦官宫妾之心也；君为己死而为己亡，吾从而死之亡之，此其私昵⑤者之事也。是乃臣不臣之辨也。

世之为臣者昧于此义，以谓臣为君而设者也。君分吾以天下而后治之，君授吾以人民而后牧⑥之，视天下人民为人君橐中之私物。今以四方之劳扰，民生之憔悴，足以危吾君也，不得不讲治之牧之之术。苟无系于社稷之存亡，则四方之劳扰，民生之憔悴，虽有诚臣，亦以为纤芥⑦之疾也。夫古之为臣者，于此乎，于彼乎？

盖天下之治乱，不在一姓之兴亡，而在万民之忧乐。是故桀、纣之亡，乃所以为治也；秦政、蒙古之兴，乃所以为乱也；晋、宋、齐、梁之兴亡，无与于治乱者也。为臣者轻视斯民之水火，即能辅君而兴，从君而亡，其于臣道固未尝不背也。夫治天下犹曳大木然，前者唱邪，后者唱许⑧。君与臣，共曳木之人也；若手不执绋⑨，足不履地，曳木者唯娱笑于曳木者之前，从曳木者以为良，而曳木之职荒矣。

嗟乎！后世骄君自恣，不以天下万民为事。其所求乎草野者，不过欲得奔走服役之人。乃使草野之应于上者，亦不出夫奔走服役，一时免于寒饿、遂感在上之知遇，不复计其礼之备与不备，跻⑩之仆妾之间而以为当然。万历初，神宗之待张居正，其礼稍优，此于古之师傅未能百一⑪；当时论者骇然居正之受无人臣礼。夫居正之罪，正坐⑫不能以师傅自待，听指使于仆妾，而责之反是，何也？是则耳目浸淫于流俗之所谓臣者以为鹄矣！又岂知臣之与君，名异而实同耶？

　　或曰：臣不与子并称乎？曰：非也。父子一气，子分父之身而为身。故孝子虽异身，而能日近其气，久之无不通矣；不孝之子，分身而后，日远日疏，久之而气不相似矣。君臣之名，从天下而有之者也。吾无天下之责，则吾在君为路人。出而仕于君也，不以天下为事，则君之仆妾也；以天下为事，则君之师友也。夫然，谓之臣，其名累⑬变。夫父子固不可变者也。

【注释】

　　①"视于"二句：语出《礼记·曲礼》。原指做儿女的侍奉父母，在父母还没有示意或者说出来的时候，就已经明白了父母的心意，这里是说以对待父母的态度对待君主。

　　②资于：用于。

　　③极则：犹言最高准则。

　　④群工：群臣。

　　⑤私昵：指所亲近、宠爱的人。

　　⑥牧：统治，管理。

　　⑦纤芥：细微，细小。

　　⑧"夫治"三句：《淮南子·道应训》。曳，拉，牵引。邪、许，集体劳动时的号子声，指相互配合、前后呼应。

　　⑨绋：古代出殡时拉棺材用的大绳。

　　⑩跻：置身，置于。

　　⑪百一：百分之一。

　　⑫坐：出于，源于。

　　⑬累：多次。

原 法

【题解】

这是一篇深刻批判中国古代君主专制政治的檄文。中国古代思想家通常把夏商周三代作为理想社会的原型，其对"三代"社会政治生活的认识和理解难免有理想化的成分，古代思想家之所以推崇"三代"，主要是为了表达其对理想社会的向往和政治追求。作者开宗明义地指出："三代以上有法，三代以下无法。"揭露了秦汉以后历代王朝制定的法律都是"一家私法"的本质。视法律为维护君主专制统治的工具，是中国传统的法律观念，黄宗羲《原法》一文实际上否定了这一传统观念。

【原文】

三代以上有法，三代以下无法。何以言之？二帝、三王①知天下之不可无养也，为之授田以耕之；知天下之不可无衣也，为之授地以桑麻之；知天下之不可无教也，为之学校以兴之；为之婚姻之礼以防其淫；为之卒乘之赋②以防其乱；此三代以上之法也，固未尝为一己而立也。后之人主，既得天下，唯恐其祚命③

之不长也，子孙之不能保有也，思患于未然以为之法。然则其所谓法者，一家之法而非天下之法也。是故秦变封建而为郡县，以郡县得私于我也；汉建庶孽④，以其可以藩屏于我也；宋解方镇之兵，以方镇之不利于我也；此其法何曾有一毫为天下之心哉，而亦可谓之法乎？

三代之法，藏天下于天下者也；山泽之利不必其尽取，刑赏之权不疑其旁落，贵不在朝廷也，贱不在草莽也。在后世方议其法之疏，而天下之人不见上之可欲，不见下之可恶，法愈疏而乱愈不作，所谓无法之法也。后世之法，藏天下于筐箧者也；利不欲其遗于下，福必欲其敛于上；用一人焉则疑其自私，而又用一人以制其私；行一事焉则虑其可欺，而又设一事以防其欺。天下之人共知其筐箧之所在，吾亦鳃鳃然⑤曰唯筐箧之是虞，故其法不得不密，法愈密而天下之乱即生于法之中，所谓非法之法也。

论者谓一代有一代之法，子孙以法祖为孝。夫非法之法，前王不胜其利欲之私以创之，后王或不胜其利欲之私以坏之；坏之者固足以害天下，其创之者亦未始非害天下者也。乃必欲周旋于此胶彼漆之中以博宪章之余名，此俗儒之剿说⑥也。即论者谓天下之治乱不系于法之存亡。夫古今之变，至秦而一尽，至元而又一尽，经此二尽之后，古圣王之所恻隐爱人而经营者荡然无具，苟非为之远思深览，一一通变，以复井田、封建、学校、卒乘之旧，虽小小更革，生民之戚戚终无已时也。即论者谓有治人无治法，吾以谓有治法而后有治人。自非法之法桎梏天下人之手足，即有能治之人，终不胜其牵挽嫌疑之顾盼；有所设施，亦就其分之所得，安于苟简，而不能有度外之功名。使先王之法而在，莫不有法外之意存乎其间；其人是也，则可以无不行之意；其人非也，亦不至深刻罗纲，反害天下。故曰有治法而后有治人。

【注释】

①二帝、三王：二帝指尧、舜；三王指夏禹、商汤、周文王。

②卒乘之赋：即军赋，征集士兵和战车的制度。卒，士兵；乘，军车。

③祚命：政权的命运。祚指皇位。

④庶孽：皇帝的妃嫔生的儿子。这里指的是汉高祖统一天下后，实行郡县和分封并存的制度，分封同姓诸侯以便用亲族关系来巩固皇权。

⑤鳃鳃然：恐惧的样子。

⑥剿说：抄袭别人的言论。

学 校

【题解】

　　学校是人类社会里最早出现的社会组织之一。人类社会是靠文化来规范和维系的群体，人类之所以能够不断地从野蛮走向文明，主要是因为学校的存在。学校的功能在于探求真理、传承知识与文化，而在中国的商周时代，学校还兼有议政的功能，人们聚集在学校里，对统治者的治理行为展开议论，从而对国家的治理过程起到了十分重要的辅助作用，这就是黄宗羲在这里所说的"必使治天下之具皆出于学校"。然而，秦汉以后，随着君主专制政治的日益强化，学校逐渐沦为专制统治的工具，专制君主的个人意志成为判断是非的绝对标准，天下因此也就没有了是非。

　　在《学校》一文中，黄宗羲在论述了学校对于国家政治事务的真实意义之后，尖锐批判了秦汉以后历代王朝以君主之是非为是非的弊端，强烈主张设学校以公是非，从而改变中国古代社会权力就是真理的现实，充分体现了作者的批判精神和敢于向君主专制政治挑战的勇气。

【原文】

学校，所以养士也。然古之圣王，其意不仅此也，必使治天下之具皆出于学校，而后设学校之意始备。非谓班朝，布令，养老，恤孤，讯馘①，大师旅则会将士，大狱讼则期吏民，大祭祀则享始祖，行之自辟雍②也。盖使朝廷之上，闾阎③之细，渐摩濡染，莫不有诗书宽大之气；天子之所是未必是，天子之所非未必非，天子亦遂不敢自为非是而公其非是于学校。是故养士为学校之一事，而学校不仅为养士而设也。

三代以下，天下之是非一出于朝廷。天子荣之，则群趋以为是；天子辱之，则群摘④以为非。簿书、期会、钱壳、戎狱，一切委之俗吏。时风众势之外，稍有人焉，便以为学校中无当于缓急之习气。而其所谓学校者，科举嚣争，富贵熏心，亦遂以朝廷之势利一变其本领；而士之有才能学术者且往往自拔于草野之间，于学校初无与也，究竟养士一事亦失之矣。

于是学校变而为书院；有所非也，则朝廷必以为是而荣之，有所是也，则朝廷必以为非而辱之。伪学之禁，书院之毁，必欲以朝廷之权与之争胜。其不仕者有刑，曰："此率天下士大夫而背朝廷者也。"其始也学校与朝廷无与，其继也朝廷与学校相反，不特不能养士，且至于害士，犹然循其名而立之，何与？

东汉太学三万人，危言深论，不隐豪强，公卿避其贬议；宋诸生伏阙槌鼓，请起李纲⑤；三代遗风，惟此犹为相近。使当日之在朝廷者，以其所非是为非是，将见盗贼奸邪慑心于正气霜雪之下，君安而国可保也。乃论者目之为衰世之事；不知其所以亡者，收捕党人，编管⑥陈、欧⑦，正坐破坏学校所致，而反咎学校之人乎！

嗟乎！天之生斯民也，以教养托之于君。授田之法废，民买田而自养，犹赋税以扰之；学校之法废，民蚩蚩⑧而失教，犹势利以诱之；是亦不仁之甚。而以其空名跻之曰"君父，君父"，则吾谁欺！

郡县学官，毋得出自选除；郡县公议，请名儒主之。自布衣以至宰相之谢事者，皆可当其任，不拘已仕未仕也。其人稍有干于清议，则诸生得共起而易之，曰："是不可以为吾师也。"其下有五经师，兵法、历算、医、射各有师，皆听学官自择。凡邑之生童皆里粮从学，离城烟火聚落之处士人众多者，亦置经师。民间童子十人以上，则以诸生之老而不仕者充为蒙师。故郡邑无无师之士；而士之学行成者，非主六曹⑨之事，则主分教之务，亦无不用之人。

学宫以外，凡在城在野寺观庵堂，大者改为书院，经师领之；小者改为小学，蒙师领之；以分处诸生受业。其寺产即隶于学，以赡诸生之贫者。二氏⑩之徒，分别其有学行者，归之学宫，其余则各还其业。

太学祭酒，推择当世大儒，其重与宰相等，或宰相退处为之。每朔日⑪，天子临幸太学，宰相、六卿、谏议皆从之。祭酒南面讲学，天子亦就弟子之列。政有缺失，祭酒直言无讳。

天子之子年至十五，则与大臣之子就学于太学，使知民之情伪，且使之稍习于劳苦。毋得闭置宫中，其所闻见不出宦官宫妾之外，妄自崇大也。

郡县朔望⑫，大会一邑之缙绅士子。学官讲学，郡县官就弟子列，北面再拜，师弟子各以疑义相质难。其以簿书期会不至者罚之。郡县官政事缺失，小则纠绳，大则伐鼓号于众。其或僻郡下县，学官不能骤得名儒，而郡县官之学行过之者，则朔望之会，郡县官南面讲学可也。若郡县官少年无实学，妄自压老儒而上之者，则士子华而退之。

择名儒以提督学政；然学官不隶属于提学，以其学行名辈相师友也。每三年，学官送其俊秀于提学而考之，补博士弟子⑬；送博士弟子于提学而考之，以解礼部，更不别遣考试官。发榜所遗之士，有平日优于学行者，学官咨于提学补入之。其弟子之罢黜，学官以生平定之，而提学不与焉。

学历者能算气朔⑭，即补博士弟子；其精者同入解额，使礼部考之，官于钦天监。学医者送提学考之，补博士弟子，方许行术。岁终，稽其生死效否之数，书之于册。分为三等：下等黜之；中等行术如故；上等解试礼部，入太医院而官之。

凡乡饮酒⑮，合一郡一县之缙绅士子。士人年七十以上，生平无玷清议者，庶民年八十以上无过犯者，皆以齿南面，学官、郡县官皆北面，宪老乞言⑯。

凡乡贤名宦祠，毋得以势位及子弟为进退。功业气节则考之国史，文章则稽之传世，理学则定之言行。此外乡曲⑰之小誉，时文之声名，讲章之经学，依附之事功，已经入祠者皆罢之。

凡郡邑书籍，不论行世藏家，博搜重购。每书钞印三册，一册上秘府，一册送太学，一册存本学。时人文集，古文非有师法，语录非有心得，奏议无裨实用，序事无补史学者，不许传刻。其时文、小说、词曲、应酬代笔，已刻者皆追板烧之。士子选场屋⑱之文及私试义策，虫惑坊市者，弟子员黜革，见任官落职，致仕官夺告身。

民间吉凶，一依朱子家礼行事。庶民未必通谙，其丧服之制度，木主⑲之尺寸，衣冠之式，宫室之制，在市肆工艺者，学官定而付之。离城聚落，蒙师相其礼以革习俗。

凡一邑之名迹及先贤陵墓祠宇，其修饰表章，皆学官之事。

淫祠⑳通行拆毁，但留土谷㉑，设主祀之。故入其境，有违礼之祀，有非法之服，市悬无益之物，土留未掩之丧，优歌㉒在耳，鄙语满街，则学官之职不修也。

【注释】

①讯馘（guó）：指询问出征情况。馘，割取死敌左耳以计功。

②辟雍：周王朝为贵族子弟所设的高等学府。

③闾阎：泛指民间。闾，里门。阎，里中门。

④摘（tī）：挑剔。

⑤宋诸生伏阙槌鼓，请起李纲：靖康元年（1126）金兵迫近汴京，兵部侍郎李纲竭力主战，反对议和，劝阻迁都，结果被钦宗罢免职务。太学生陈东和进士欧阳澈率领太学生和汴京居民十万余人伏阙上书，请求抗金。

⑥编管：宋代官吏得罪，谪放远方州郡，编入该地户籍，并由地方官吏加以管束，谓之"编管"。

⑦陈、欧：南宋太学生陈东、进士欧阳澈。他们用伏阙上书，斥责投降派，请求重用李纲抗金，结果被杀害。

⑧蚩蚩：无知，痴愚。

⑨六曹：在古代是中国的行政机构，有三公曹、吏部曹、民曹、主客曹、二千石曹、中都官曹，俗以六曹为地方胥吏之通称。

⑩二氏：指释道两家。

⑪朔日：农历每月初一。

⑫望：农历十五。

⑬博士弟子：汉武帝时设置博士官，博士官员教授的学生称为博士弟子。博士弟子学习至一定年限，经考核，一般可任郡国文学的职务，优异者可授中央或地方行政官。明、清用作生员的别称。

⑭气朔：指显示吉凶的云气和每月的朔日。

⑮乡饮酒：乡饮酒礼，汉族的一种宴饮风俗。起源于上古氏族社会之

集体活动。

⑯宪老乞言：古代帝王及其嫡长子养一些德高望重的老人，以便遇事时向他们请教。

⑰乡曲：乡里。

⑱场屋：科举考试的地方，也称考场。

⑲木主：木制的神位。上面写着死者姓名以供祭祀，俗称牌位。

⑳淫祠：滥设的祠庙。

㉑土谷：土地神和五谷神。这里指社稷坛，古代帝王、诸侯和州县祭土地神和谷物神的场所。

㉒优歌：这里指一种挥霍无度的奢侈行为和不好的民风。

明夷待访录·取士

【题解】

　　"取士"顾名思义，主要谈的是古代国家人才的选拔任用制度。在上篇中，作者深刻地揭示了科举制度选拔人才的弊端，如考试内容的僵化，选拔过程中的贿赂等，导致选出来的士人越来越平庸。下篇主要讲选人和用人之间的关系。作者援引古代人才选拔任用的例子指出，合理的制度设计应该是"宽于取而严于用"。按照这样的原则，作者列举了以下任用士人的方法，如"太学之法"、"辟召之法"等。

取士（上）

【原文】

　　取士之弊，至今日制科而极矣。故毅宗尝患之也，为拔贡①、保举②、准贡、特授、积分、换授，思以得度外之士。乃拔贡之试，犹然经义也，考官不遣词臣③，属之提学，既已轻于解试④矣。保举之法，虽曰以名取人，不知今之所谓名者何凭也，势不得不杂以贿赂请托；及其捧檄而至，吏部以一义一论试之，视解试为尤轻矣。准贡者用解试之副榜，特授者用会试之副榜；夫副榜，黜落之余也，其黜落者如此之重，将何以待中式者乎！积分不去赀郎⑤，其源不能清也；换授⑥以优宗室，其教可不豫乎！凡此六者，皆不离经义；欲得胜于科目之人，其法反不如科目之详，所以徒为纷乱而无益于时也。

唐进士试诗赋，明经试墨义⑦。所谓墨义者，每经问义十道，五道全写疏，五道全写注。宋初试士，诗、赋、论各一首，策五道，帖⑧《论语》十，帖对《春秋》或《礼记》墨义十条；其九经、五经、三礼、三传、学究等⑨，设科虽异，其墨义同也。王安石改法，罢诗赋、帖经、墨义，中书撰大义式颁行，须通经有文采，乃为中格，不但如明经墨义粗解章句而已。然非创自安石也，唐柳冕⑩即有"明六经之义，合先王之道者以为上等，其精于传注与下等"之议。权德舆⑪驳曰："注疏犹可以质验，不者有司率情上下其手，既失其末，又不得其本，则荡然矣。"其后宋祁⑫、王珪⑬累有"止问大义，不责记诵"之奏，而不果行，至安石始决之。

故时文者，帖书、墨义之流也。今日之弊，在当时权德舆已尽之。向若因循不改，则转相模勒⑭，日趋浮薄，人才终无振起之时。若罢经义，遂恐有弃经不学之士，而先王之道益视为迂阔无用之具。余谓当复墨义古法，使为经义者全写注疏、大全、汉宋诸儒之说，一一条具于前，而后申之以己意，亦不必墨守一先生之言。由前则空疏者绌，由后则愚蔽者绌，亦变浮薄之一术也。

或曰：以诵数精粗为中否，唐之所以贱明经也，宁复贵其所贱乎？曰：今日之时文，有非诵数时文所得者乎？同一诵数也，先儒之义学，其愈于饾饤⑮之剿说亦可知矣。非谓守此足以得天下之士也，趋天下之士于平实，而通经学古之人出焉。昔之诗赋亦何足以得士，然必费考索，推声病⑯；未有若时文，空疏不学之人皆可为之也。

【注释】

①拔贡：清制，初定六年一次，乾隆七年改为每十二年（即逢酉岁）一次，由各省学政选拔文行兼优的生员，贡入京师，称为拔贡生，简称拔贡。

②保举：大臣向朝廷推荐人才，并提保有才能或有功绩的人。后多指大臣荐举下属。

③词臣：文学侍从之臣，指翰林院的官员。

④解试：明清时指乡试，每三年在省城举行，考中者称举人。

⑤赀（zī）郎：汉代以家资入官而得任为郎者，后世用来称呼捐纳资财以获取官职或者功名的人。

⑥换授：崇祯年间实行的保举制度，由亲王保举宗室入仕，没有亲王的藩国，也可以由郡王保举。

⑦明经试墨义：唐代科举考试的一种方式，主要考查考生对经典的记诵和理解。

⑧帖：帖经，即将经书中部分句帖住，考生根据漏出的字句补足下文。

⑨九经、五经、三礼、三传、学究：都是宋代进士考试的科目。"九经"指《易》《书》《诗》《周礼》《仪礼》《礼记》《春秋》《孝经》《论语》，"五经"指《易》《书》《诗》《礼记》《春秋》，"三礼"指《周礼》《仪礼》《礼记》，"三传"指《春秋左氏传》《春秋公羊传》《春秋穀梁传》，"学究"指"学究一经"，专门研习某一种经典。

⑩柳冕：字敬叔，蒲州河东人（今山西永济）。生卒年均不详。主张

文以载道，以道为重。

⑪权德舆（759～818年）：字载之，天水略阳（今甘肃秦安）人，唐代文学家。德宗时，召为太常博士，改左补阙，迁起居舍人、知制诰，进中书舍人。宪宗时，拜礼部尚书、同中书门下平章事，后徙刑部尚书，复以检校吏部尚书出为山南西道节度使。卒谥文，后人称为权文公。

⑫宋祁（998～1061年）：字子京，北宋文学家，祖籍开封府雍丘（今河南商丘民权双塔集）。曾与欧阳修等合修《新唐书》。

⑬王珪（1019～1085年）：字禹玉，北宋有名宰相，著名文学家。祖籍成都华阳，小时随叔父迁来舒州（今潜山县）定居，后代都成了舒州人。

⑭模勒：模仿沿袭。

⑮饾饤（dòu dìng）：将食品堆叠在盘中，摆设出来。在这里比喻文辞堆砌、杂凑。

⑯声病：指诗文声律上的毛病。作诗讲求韵律，探讨声病，始自南朝梁沉约等，至唐乃有此称。

取士（下）

古之取士也宽，其用士也严；今之取士也严，其用士也宽。古者乡举里选，士之有贤能者，不患于不知。降而唐宋，其为科目不一；士不得与于此，尚可转而从事于彼，是其取之之宽也。《王制》论秀士，升之司徒曰选士；司徒论选士之秀者，升之学曰俊士；大乐正论造士之秀者，升之司马曰进士；司马论进士之贤者，以告于王而定其论。论定然后官之，任官然后爵之，位定然后禄之。一人之身，未入仕之先凡经四转，已入仕之后凡经三转，总七转，始与之以禄。唐之士，及第者未便解褐①，入仕吏部，又复试之。韩退之②三试于吏部无成，则十年犹布衣也。宋虽登第入仕，然亦止是簿、尉、令、录③，榜首才得丞判④，是其用之之严也。宽于取则无枉才，严于用则少倖进。

今也不然。其所以程士⑤者，止有科举之一途，虽使古豪杰之士若屈原、司马迁、相如、董仲舒、扬雄之徒，舍是亦无由而进取之，不谓严乎哉！一旦苟得，上之列于侍从，下亦置之郡县；即其黜落而为乡贡者，终身不复取解，授之以官，用之又何其宽也！严于取，则豪杰之老死丘壑者多矣；宽于用，此在位者多不得其人也。

流俗之人，徒见夫二百年以来之功名气节，一二出于其中，遂以为科目已善，不必他求。不知科目之内，既聚此百千万人，不应功名气节之士独不得入；则是功名气节之士之得科目，非科目之能得功名气节之士也。假使士子探筹⑥，第其长短而取之，行之数百年，则功名气节之士亦自有出于探筹之中者，宁可谓探筹为取士之善法耶！究竟功名气节人物，不及汉唐远甚，徒使庸妄之辈充塞天下。岂天之不生才哉？则取之法非也。吾故宽取士之法，有科举，有荐举，有太学，有任子，有郡邑佐，有辟召，有绝学，有上书，而用之之严附见焉。

科举之法：其考校仿朱子议：第一场《易》《诗》《书》为一科，子午年试之；《三礼》兼《大戴》⑦为一科，卯年试之；《三传》为一科，酉年试之。试义各二道，诸经皆兼《四书》义一道。答义者先条举注疏及后儒之说，既备，然后以"愚按"结之。其不条众说，或条而不能备，竟入己意者，虽通亦不中格。有司有不依章句移文配接命题者，有忌讳丧礼朋制不以为题者，皆坐罪。第二场周、程、张、朱、陆六子为一科⑧，孙、吴武经为一科⑨，荀、董、扬、文中为一科，管、韩、老、庄为一科，分年各试一论。第二场《左》《国》《三史》为一科，《三国》《晋书》《南北史》为一科，新、旧《唐书》《五代史》为一科，《宋史》、有明《实录》为一科，分年试史论各二道。答者亦必摭⑩事实而辨是非；若事实不详，或牵连他事而于本事反略者，皆不中格。第四场时务策三道。凡博士弟子员遇以上四年仲秋，集于行省而试之，不限名数，以中格为度。考官聘名儒，不论布衣、在位，而以提学主之。明年会试，经、子、史科，亦依乡闱⑪分年，礼部尚书知贡举。登第者听宰相鉴别，分置六部各衙门为吏，管领簿书。拔其尤者，仿古侍中之职在天子左右，三考满常调而后出官郡县。又拔其尤者为各部主事，落第者退为弟子员，仍取解试而后得入礼闱⑫。

荐举之法：每岁郡举一人，与于待诏之列，宰相以国家疑难之事问之。观其所对，令廷臣反覆诘难，如汉之贤良、文学以盐铁发策是也。能自理其说者，量才官之；或假之职事，观其所效而后官之。若庸下之材勦说欺人者，举主坐罪，其人报罢。若道德如吴与弼、陈献章⑬，则不次待之，举主受上赏。

太学之法：州县学每岁以弟子员之学成者，列其才能德艺以上之，不限名数，缺人则止。太学受而考之，其才能德艺与所上不应者，本生报罢。凡士子之在学者，积岁月累试，分为三等：上等则同登第者，宰相分之为侍中、属吏；中等则不取解试，竟入礼闱；下等则罢归乡里。

任子⑭之法：六品以上，其子十有五年皆入州县学，补博士弟子员；若教之十五年而无成则出学。三品以上，其子十有五年皆入太学；若教之十五年而无成则出学。今也大夫之子与庶民之子同试；提学受其请托，是使其始进不以正；不受其请托，非所以优门第也。公卿之子不论其贤否而仕之；贤者则困于常调，不贤者而使之在民上，既有害于民，亦非所以爱之也。

郡县佐之法：郡县各设六曹，提学试弟子员之高翟贿分置之，如户曹管赋税出入，礼曹主祀事、乡饮酒、上下吉凶之礼，兵曹统民户所出之兵、城守、捕寇，工曹主郡邑之兴作，刑曹主刑狱，吏曹主各曹之迁除资俸也。满三考升贡太学，其才能尤著者，补六部各衙门属吏。凡廪生⑮皆罢。

辟召之法：宰相、六部、方镇及各省巡抚，皆得自辟其属吏，试以职事，如古之摄官⑯。其能显著，然后上闻即真⑰。

绝学者，如历算、乐律、测望、占候、火器、水利之类是也。郡县上之于朝，政府考其果有发明，使之待诏；否则罢归。

上书有二：一，国家有大事或大奸，朝廷之上不敢言而草野言之者，如唐刘贲⑱、宋陈亮⑲是也，则当处以谏职。若为人嗾使⑳，因而挠乱朝政者，如东汉牢修告捕党人之事㉑，即应处斩。一，以所著书进览，或他人代进，看详其书足以传世者，则与登第者一礼出身。若无所发明，纂集旧书，且是非谬乱者，如今日赵宦光《说文长笺》、刘振《识大编》之类，部帙虽繁，却其书而遣之。

【注释】

①解褐：谓脱去布衣，担任官职。

②韩退之：韩愈（768～824年），字退之，出生于河南河阳（今河南孟县），唐代文学家。著作有《昌黎先生集》。

③簿、尉、令、录：都是宋代地方官职的名称。簿指县主簿，掌管出纳官物、销注簿书；尉指县尉，掌管阅习弓手，锄奸禁暴；令指县令，一县的行政长官，总领县里面的民政、劝课农桑、平决狱讼；录指录事参军，府、州、军、监、一级的属官，掌州院庶务。

④丞判：指通判，通判是"通判州事"或"知事通判"的省称。宋

初，为了加强对地方官的监察和控制，防止知州职权过重，专擅作大，宋太祖创设"通判"一职。

⑤程士：衡量、考察士人。

⑥探筹：抽签。

⑦《大戴》：《大戴礼记》，西汉戴德所编辑的礼学文献汇编，区别于戴圣所编写的《礼记》（亦称《小戴礼记》）而言。

⑧周、程、张、朱、陆六子：宋代理学家周敦颐、程颐、程颢、张载、朱熹、陆九渊。

⑨孙、吴武经：指孙武所著的《孙子兵法》与吴起所著的《吴子兵法》。

⑩摭（zhí）：选取，摘取。

⑪乡闱：科举时代士人应乡试的地方，亦代指乡试。

⑫礼闱：礼部主办的考试，指会试。

⑬吴与弼、陈献章：吴与弼（1391～1469年），字子傅，临川人，明代学者、诗人。陈献章（1428～1500年），字公甫，号实斋，广东新会人，明代著名的思想家。

⑭任子：汉代高官子弟凭借父兄而得官的制度。高级官吏所享有的这一特权，明确地规定在法律条文中。西汉有《令》，令文说官秩在二千石以上，任职满三年，不问其子弟德才如何，都可获得任其子弟为官的资格。

⑮廪生：廪膳生员，科举制度中生员名目之一。明府、州、县学生员最初每月都给廪膳，补助生活。名额有定数，明初府学四十人，州学三十人，县学二十人，每人月给廪米六斗。

⑯摄官：暂行代理的非正式任命的官员。

⑰即真：正式任职。

⑱刘蕡（773～846年）：字去华，幽州昌平人。唐敬宗宝历二年（826）进士。唐文宗大和二年（828）举贤良方正，痛论宦官专权。其秉公办事，为宦官所诬害，贬为柳州司户参军，客死他乡。

⑲陈亮（1143～1194年）：字同甫，原名汝能，后改名陈亮，号龙川，人称龙川先生。婺州永康（今属浙江）人。南宋思想家、文学家。著有《龙川文集》《龙川词》。

⑳嗾使（sǒu shǐ）：煽动指使人干坏事。

㉑东汉牢修告捕党人之事：汉桓帝延熹八年（165），陈藩做了太尉，名士李膺做了司隶校尉，二人不满宦官掌权，主张改革朝政，罢斥宦官，受到太学生拥戴。延熹九年（166），河内方士张成得知朝廷要颁布大赦令，便纵容儿子杀掉仇人。李膺派人将凶手捉拿归案。经审理，了解真相后，即下令杀了张成的儿子。张成素与宦官往来密切，于是，宦官让张成的弟子牢修向汉桓帝上书，诬告李膺和太学生、名士结为一党，诽谤朝廷，败坏风俗。桓帝即下令全国范围内逮捕党人，涉及二百余人。这就是东汉历史上有名的"党锢之祸"。

留书·封建

【题解】

本文主要论述了古代两种国家管理的重要制度——分封制和郡县制的优劣问题。作者从夷夏关系的视角，纵论古代蛮夷侵略和统治之下的历史及其制度原因。最后得出的结论是以分封制为基础的封建体制优于以郡县制为基础的中央集权制。

【原文】

自三代以后，乱天下者无如夷狄也，遂以为五德沴眚之运①。然以余观之，则是废封建之罪也。

秦未有天下，夷狄之为患于中国也，不过侵盗而已。其甚者，杀幽王于骊山，奔襄王②于氾邑。然幽王之祸，申侯召之；襄王之祸，子带为内应。其时之戎狄皆役属于申侯、子带，非自能为主者也。及秦灭六国，然后竭天下之力以筑长城，徒谪戍以充之。于是天下不胜其苦，起而亡秦。世皆曰："秦之天下已安已治矣，其为此者非也。"不知秦不并力于胡，即秦不以胜、广亡，而胡之所以患秦者，当不下于胜广，彼秦王岂得已而为之乎？是故汉之天下，非武帝远略，破碎其种落，使十世之后不能复振，则怀、愍^③之祸不在易姓；唐之天下，非沿边尽为节度府，则衰弱之形不遗于宋。自秦至今一千八百七十四年，中国为夷狄所割者四百二十八年，为所据者二百二十六年。即号为全盛之时，亦必使国家之赋税十之三耗于岁币^④，十之四耗于戍卒，而又荐女以事之，卑辞以副之，夫然后可以仅免。乃自尧以至于秦二千一百三十七年，独无所事，此何也？岂夷狄怯于昔而勇于今哉？则封建与不封建之故也。

今以天下之大，使虏一入盗边，则征发之不暇，赋敛之无度。战国之时，三国边于匈奴。秦之志在灭六国，燕、赵之志在拒秦，而以其余力支匈奴。当是时，末闻秦调兵食于外，燕加赋于境内，赵乞师于与国也。则一国之足以自支一国亦明矣。乃以天下守一隅而不足者，势使之然也。

盖封建之时，兵民不分，君之视民犹子弟，民之视君犹父母，无事则耕，有事则战，所谓力役之所征者，不用之于兴筑，即用之于攻守。故秦欲取荆，王翦度用六十万人。夫汉兵以伏马邑旁者甚盛，乃三十余万。唐之兵不过百万。宋之兵至庆历^⑤而极，亦一百二十五万。古今天下兵数如此。秦国虽大，非即民为兵，亦安能以六十万攻一国哉？赵之争上党^⑥之时，士宇狭矣，而赵括将所犹四十五万人。春秋江、黄、陈、蔡^⑦之属，各足自守，使其为兵者仰食于上，则国非其国矣。侯卫既罢，秦人犹循故法，发及闾左，而疆土广大，行戍塞下至数千里之远，于是戍卒变生。汉惩其失，谪发罪人，所谓力者出钱以偿之，而行间^⑧之事遂不兴焉。兵民为二，盖自汉始也。是故废封建则兵民不得不分，分兵民则不得不以民养兵，以民养兵则天下不得不困。贾谊曰："匈奴之众不过汉一大县，然匈奴之众皆兵也。以匈奴之民与汉较，不能当百之一；以匈奴之兵与汉较，则未使不可相若矣。"何也？汉欲聚一大县之兵，势不得不发天下之卒，欲养一大县之兵，势不得不征天下之赋，故曰其势然也。历观夷狄之取中国也，其平时累入以扰之，重构以瘠之，相与守之数十年，中国未有不困绌。乘其内忧，不过一战，而天下之郡县皆望风降附矣。向使列国棋置，一国废弱，一国富强，有瑕者，又有坚者，虏能以其法取彼，未能以其法取此，岂有一战而得志于天下，如此之易易乎？

呜呼！古之有天下者，日用其精神于礼、乐、刑、政，故能致治隆平。后之有天下者，其精神日用于疆场，故其为治出于苟且。然则废封建之害至于如此，而或者犹以谓诸侯之盛强，使天子徒见空名于上。夫即不幸而失天下于诸侯，是犹以中国之人治中国之他，亦何至率禽兽而食人，为夷狄所寝覆乎？吾以谓"恶伤其类"者然且不为，况乎其不至于是乎？后之圣人复起，必将怵然于斯言。

【注释】

①五德沴眚（lì shěng）之运：是以金木水火土五行相生相克来附会封建王朝兴衰祸福的一种唯心主义历史循环论，是战国时齐人邹衍提出的。

②襄王：东周国王姬郑。其后母之弟叔带与翟人共谋讨伐襄王。襄王欲诛叔带，叔带逃往齐国。后齐桓公讨平翟人，襄王以翟人之女为后，不久翟后废，翟人入周，襄王奔至郑国，居于汜邑。于是叔带立为王。汜邑故址在今河南的汜水。

③怀、愍：西晋怀帝、愍帝。怀帝司马炽（公元307～312年在位）。愍帝司马邺，怀帝之侄（公元313～316年在位）。

④岁币：岁币，旧指朝廷每年向外族输纳的钱物，也指地方每年向国

家缴纳的钱物。

⑤庆历：宋仁宗年号（1041～1048 年）。

⑥上党：战国时韩地。今属山西长治市。

⑦江、黄、陈、蔡：春秋时四个国名，均在今河南、安徽一带，后为楚所灭。

⑧行间：实行反间计。

明儒学案序

【题解】

秦汉以后的历代王朝不断加强对思想文化领域的控制，"好同恶异"是每一代王朝的统治者对待思想学术的基本态度。不过，专制权力对于思想学术的钳制毕竟不能从根本上阻止思想的进步。宋明时期，由于知识的增长和思想家的努力，在儒学内部产生了诸如心学、性学、事功之学等诸多学派，这些学派的学说旨意不同，各有所长。明清之际，"天崩地解"，原有的思想学术进程也因清军入关和满清王朝的建立而告中断。

黄宗羲做《明儒学案》，其目的在于整理有明一代的思想学术成果，叙其源流，述其精要，从而使有明一代的思想学术成果不致湮没。黄宗羲为本书写的序言，清晰地表达了对于百家争鸣的思想环境的渴望和强烈的社会批判精神。

【原文】

盈天地间皆心也，人与天地万物为一体，故穷天地万物之理，即在吾心之中。后之学者，错会前贤之意，以为此理悬空于天地万物之间，吾从而穷之，不几于义外乎？此处一差，则万殊不能归一。夫苟工夫著到，不离此心，则万殊总为一致。学术之不同，正以见道体之无尽也。奈何今之君子，必欲出于一途，勦其成说，以衡量古今，稍有异同，即诋之为离经叛道，时风众势，不免为黄茅白苇①之归耳。夫道犹海也，江、淮、河、汉以至泾、渭蹄涔②，莫不昼夜曲折以趋之，其各自为水者，至于海而为一水矣。使为海若③者，汰然自喜，曰："咨尔诸水，导源而来，不有缓急平险、清浊远近之殊乎？不可谓尽吾之族类也，盍各返尔故处！"如是则不待尾闾④之泄，而蓬莱有清浅之患矣。今之好同恶异者，何以异是？

有明事功文章，未必能越前代，至于讲学，余妄谓过之。诸先生学不一途，师门宗旨，或析之为数家，终身学术，每久之而一变。二氏之学，程、朱辟之未必廓如，而明儒身入其中，轩豁呈露。用医家倒仓之法也⑤。诸先生不肯以矇瞳精神冒人糟粕，虽浅深详略之不同，要不可谓无见于道者也。余于是分其宗旨，别其源流，与同门姜定庵、董无休操其大要，以著于篇，听学者从而自择。中衢之樽⑥，持瓦瓯樿杓⑦而往，无不满腹而去者。汤潜庵⑧曰："《学案》宗旨杂越，苟善读之，未始非一贯也。"陈介眉⑨曰："《学案》如《王会图》洞儿：骇目，始见天王之大，总括宇宙。"书成于丙辰⑩之后，许酉山刻数卷而止，万贞一又刻之而未毕。壬申⑪七月，余病几革⑫，文字因缘，一切屏除，仇沧柱⑬都中寓书，言北地贾若水见《学案》而叹曰："此明室数百岁之书也，可听之埋没乎！"亡何贾君亡，其子醇庵承遗命刻之。嗟乎！余于贾君，邈不相闻，而精神所感，不异同室把臂。余则何能，顾贾君之所以续慧命⑭者，其功伟矣。

【注释】

①黄茅白苇：连片生长的黄色茅草或白色芦苇。形容齐一而单调的情景。

②蹄涔：兽蹄迹中的积水，指容量、体积等微小。

③海若：神话中海神的名字。

④尾闾：神话中海水从这里漏走。

⑤倒仓之法：中医治疗肠胃积滞的方法。

⑥中衢（qú）之樽（zūn）：在四通八达的道路中央设置酒樽，以酒款待行人，行人喝酒多少，按自己的酒量来决定。衢，道路。樽，酒杯。

⑦瓦瓯（ōu）椑杓：瓦瓯，瓦制的盆盂。椑杓，用白理木制作的杓。

⑧汤潜庵：汤斌，字孔伯，号荆岘，晚号潜庵。康熙时举博学鸿词，官至礼部尚书、工部尚书，治学兼综程、朱、陆、王之长，讲求实用，著有《洛学篇》《汤子遗书》等。

⑨陈介眉：陈锡嘏，字介眉，号怡庭，浙江鄞县人。康熙十五年（1676）进士，官翰林院编修。长于制义，以经学著名。锡嘏著有《兼山堂集》八卷，凡文六卷，诗二卷，《四库总目》传于世。

⑩丙辰：康熙十五年（1676），黄宗羲六十七岁。

⑪壬申：康熙三十一年（1692），黄宗羲八十三岁。

⑫革（jí）：通"亟"，危急。

⑬仇沧柱：仇兆鳌，字沧柱，浙江鄞县人，黄宗羲弟子。

⑭慧命：智慧之命。续慧命指刊刻《明儒学案》，使各家学说保存下来，是续智慧之命。

诗之道也大

【题解】

本文原为黄宗羲所著《南雷诗历》题辞，题目为编者根据文意所加。作为明末清初最为重要的思想家、文学家之一，黄宗羲的诗不仅文辞精美，而且意境高远。本文叙述了黄宗羲学习作诗的过程，表达了他对于诗的理解。在他看来，作诗的关键，不仅在于"如何汉魏，如何盛唐"，更重要的是，诗是表达个人情操、志向的载体，个人之情怀、天下之治乱，皆可于诗表达出来。如果作诗者没有情怀，不关心天下治乱，即使再华美的文辞，其诗也难免淡而无味。以天下为己任，诗才会有高远的意境。

【原文】

余少学南中①，一时诗人如粤韩孟郁上柱、闽林茂之古度、黄明立居中，吴林若抚云凤，皆授以作诗之法。如何汉魏②，如何盛唐③，抑扬声调之间，规模不似，无以御其学力，裁其议论，便流入为中、晚，为宋、元矣。余时颇领崖略④，妄相唱和⑤。稍长，经历变故，每视其前作，修辞琢句，非无与古人一二相合者，然嚼蜡了无余味。明知久久学之，必无进益，故于风雅⑥，意绪阔略。其间驴背蓬底，茅店客位⑦，洒醒梦余，不容读书之处，间括韵语，以销永漏⑧，以破寂寥，则时有会心。然后知诗非学之而致，盖多读书则诗不期工而自工。若学诗以求其工，则必不可得。读经史百家，则虽不见一诗而诗在其中。若只从大家之诗，章参句炼，而不通经史百家，终于僻固而狭陋耳。

夫诗之道甚大，一人之性情，天下之治乱，皆所藏纳。古今志士学人之心思愿力⑨，千变万化，各有至处，不必出于一途。今于上下数千年之中而必欲一之以唐，于唐数百年之中，而必欲一之以盛唐。盛唐之诗岂其不佳，然盛唐之平奇浓淡，亦未尝归一，将又何所适从耶？是故论诗者但当辨其真伪，不当拘以家数。若无王、孟、李、杜之学，徒借枕籍⑩咀嚼之力，以求其似，盖未有不伪者也。一友以所作示余，余曰："杜诗也。"友逊谢不敢当。余曰："有杜诗，不知子之为诗者安在？"友茫然自失。此正伪之谓也。

余不学诗，然积数十年之久亦近千篇，乃尽行汰去，存其十之一二。师友既尽，孰定吾文？但按年而读之，横身苦趣，淋漓纸上，不可谓不逼真耳。

【注释】

①南中：南方，这里指南京。

②汉魏：指汉魏时期的古体诗。

③盛唐：这里指唐诗的全盛时期，有以王维、孟浩然为代表的山水诗派和以高适、岑参为代表的边塞诗派，李白、杜甫则是代表了盛唐诗歌的最高成就。

④崖略：犹粗略。崖，边际。略，粗略。

⑤唱和（hè）：互相作诗酬答。

⑥风雅：风指《诗经》中的十五国风。雅指《诗经》中的大雅、小雅。后以风雅指诗。

⑦驴背蓬底，茅店客位：骑在驴背上，坐在船篷下，住在旅店，总的指在旅途中。

⑧永漏：长夜。永，长。漏，更漏。

⑨愿力：佛教指誓愿的力量，这里指人的心愿的力量。

⑩枕籍：亦作"枕藉"。枕头与垫席，引申为沉溺，埋头。

兵部左侍郎苍水张公墓志铭（节选）

【题解】

人生重在气节。当明末之际，清军南下，天下散乱，当此之时，忠奸立见。张煌言，明末著名抗金将领，字玄著，号苍水，鄞县（今浙江宁波）人。南京失守后，与钱肃乐等起兵抗清，奉南明鲁王及永历帝，坚持抗清斗争近20年。后被清军俘获杀害，为明末忠臣义士之首。后人曾把他与南宋岳飞、明末于谦并称为"西湖三杰"。黄宗羲也是明末抗清义士，在明亡之际，黄宗羲毁家纾难，招募兵勇义士，组织"世忠营"，并受命于南明鲁王朝廷。抗清失败以后，黄宗羲虽入清但拒不入仕。黄宗羲与张煌言同为义士，气节相应。这篇墓志铭，将其以天下为己任的忠贞气节流于字里行间。

【原文】

语曰：慷慨赴死易，从容就义难。所谓慷慨、从容者，非以一身较迟速也。扶危定倾之心，吾身一日可以未死。吾力一丝有所未尽，但不容已；古今成败利钝有尽，而此不容已者，长留于天地之间。愚公移山、精卫填海，常人藐为说铃[①]，贤圣指为血路[②]也。是故知其不可而不为，即非从容矣。武林张文嘉、甬水万斯大与僧超直葬苍水于南屏之阴。余友李文胤谓：文山属铭于邓元荐，以元荐同仕行朝也。今行朝之臣无在者，苍水之铭非子而谁？余乃按公奇零草、北征录及公族祖汝翼世系，次第之以为铭。

公讳煌言，字玄箸，别号苍水。宋相张知白[③]之裔也。曾孙集贤修撰袭，自沧州徙平江；集贤子吁，又自平江徙鄞。九传至景仁，避元末之乱，泛海至高丽；洪武初，始返乡里。又四传，而张氏以雍睦名。长伯祥，举成化癸卯贤书；次珽，次玠，次璟，里人以孝友名之。玠生锡，锡生淮，淮生尹忠，尹忠生应斗。应斗生圭章，字两如，天启甲子举人，仕至刑部员外郎；公之父也。妣赵氏，封宜人。公幼颇跅弛[④]不羁，好与博徒游，无以偿进，则私斥卖其生产；刑部恨之。然风骨高华，落落不可一世。年十六为诸生。时天下多故，上欲重武，试文之后试射。诸生从事者，新射莫能中；公执弓抽矢，三发连三中，暇豫[⑤]如素习者。观者以为奇。崇祯壬午，举乡试。

东江建义[⑥]，公与钱忠介同事，授翰林院编修；出筹军旅，入典制诰。丙戌，师溃，公泛海依肃鲁于滃洲。明年，松江吴胜兆反，以右佥都御史持节监定西侯[⑦]军以援之；至崇明，飓风覆舟，公匿于房师故诸暨令[⑧]家以免，得间道归海上。又明年，移节上虞之平冈山寨，与王司马[⑨]相犄角；焚上虞、破新昌，浙东列城为之昼闭。庚寅，滃洲为行在，公复从之滃洲；随扈跸[⑩]至闽海。时闽事主于延平[⑪]，遥奉桂朔[⑫]，监国为寓公[⑬]而已；公激发藩镇，改鹢首[⑭]而北之。癸巳冬，返浙。明年，复监定西侯军，入长江，登金山，遥祭孝陵[⑮]，三军皆恸哭失声；爟火[⑯]通于建业，题诗兰若中。以上游师未至，左次崇明。顷之，再入长江，掠瓜、仪[17]，抵燕子矶[18]，南都震动；而师徒单弱，中原豪杰无响应者，亦遂乘流东下，联营浙海。戊戌，滇中[19]遣使授兵部左侍郎兼翰林院学士。

甲辰，散兵居于悬岙[20]。悬岙在海中，荒瘠无居人；山南多汉港，通舟，其阴巉岩峭壁。公结茅其间，从者为罗子木、杨冠玉，余惟舟子、役人而已。于时海内承平，滇南统绝，八闽澜安；独公风帆浪楫，傲岸于明、台之间。议者急公[21]愈甚，系累其妻子族属以俟。公之小校降，欲致公以为功；与其徒数十人，走补陀，伪为行脚僧。会公告籴之舟至，籴人谓其僧也，昵之。小校出刀以胁籴人，令言公处，击杀数人，而后肯言。曰：虽然，公不可得也；公畜双猿以候动静，船在十里之外，则猿鸣木杪，公得为备矣。小校乃以夜半出山之背，缘藤逾岭而入，暗中执公，并及子木、冠玉、舟子三人。七月十七日也。十九日，公至宁波。方巾葛衣，轿而入；观者如堵墙，皆叹息以为昼锦[22]。张帅举酒属公曰：迟[23]公久矣。公曰：父死不能葬、国亡不能救，死有余罪；今日之事，速死而已。后数日，送公至省，供帐如上宾。公南面坐，故时部曲皆来庭谒。司道郡县至者，公但拱手，不起；列坐于侧，皆视公为天神。省中人赂守者得睹公面为幸。翰墨流传，视为至宝；每日求书者，堆积几案。公亦称情落笔。九月七日，幕府请公诣市。公赋绝命诗：我年适五九，复逢九月七，大厦已不支，成仁万事毕。遂遇害。子木、冠玉、舟子三人，皆从死。子木名纶，溧阳人。冠玉鄞人。公生于万历庚辰六月初九，年四十五。娶董氏，子万祺，先公三日戮于镇江。今以再从子鸿福为后。

公精于六壬[24]，兵屯东溪岭，占得四课空陷[25]；方大惊，而追骑已及。籴舟未返，占课大凶，主有非常之变；徘徊假寝，卒遭束缚。闻尝以公与文山并提而论，皆吹冷焰于灰烬之中，无尺地一民可据；正凭此一线未死之人心，以为鼓荡。然而形势昭然者也，人心莫测者也；其昭然者不足以制，其莫测者亦从而转矣。唯两公之心，匪石不可转；故百死之余，愈见光彩。文山之《指南录》㉚、公之《北征录》，虽与日月争光可也。文山镇江遁后，驰驱不过三载；公丙戌航海、甲辰就执，三度闽关、四入长江，两遭覆没，首尾十有九年。文山经营者，不过闽、广一隅；公提孤军，虚喝中原而下之。是公之所处为益难矣。

公父刑部尝教授余家；余诸父皆其门人，至余与公则两世之交也。念昔周旋鲸背蛎滩之上㉜，共此艰难；今公已为千载人物，比之文山，人皆信之。余屈身养母，戈戈㉝自附于晋之处士，未知后之人其许我否也？

铭曰：庐陵之祠㉞，四忠一节。文山自许，俎豆其列。谁冠貂蝉，增此像设！曰惟信公㉟，终焉是揭。西湖之阳，春香秋雾。北有岳坟，南有于墓㊱；公亦有言，窀穸㊲是附。同德比义，而相旦暮。前之庐陵，后之甬水；五百余年，三千有里。一时发言，俱同谶语。天且勿违，成人之美。

【注释】

①说铃：指琐屑的言论。

②血路：血心流注之处。

③张知白：字用晦，宋代沧州清池人。端拱二年进士，历任龙图阁待制、御史中丞、参知政事等。

④跅（tuò）弛：放荡，不遵循规矩。

⑤眼豫：悠闲自乐的样子。

⑥东江建义：浙东部起兵抗击清军。建义，树起义旗。

⑦定西侯：南明抗清将领张名振。

⑧房师故诸暨令：崇祯十五年（1642）乡试房官钱世贵知诸暨县。钱世贵，字圣露，上海青浦人。

⑨王司马：王翊，明末抗清志士。

⑩扈跸：随侍皇帝出行至某处。跸，指帝王的车驾或行幸之处。这里指跟从鲁王。

⑪延平：郑成功，桂王曾封他为延平郡王。

⑫桂朔：指永历纪元。奉桂朔即尊奉桂王（永明王）朱由榔。

⑬寓公：古称诸侯失去国家而寄居他国者。

⑭鹢首：船头。鹢，古书上说的一种似鹭的水鸟。

⑮孝陵：明太祖朱元璋墓，在南京紫金山南麓。

⑯燧火：烽火。

⑰瓜、仪：瓜州和仪真。瓜州，又称瓜埠州或瓜洲。本为长江中的沙洲，状如瓜字。在大运河入江处，与镇江相对。仪真即今江苏仪真县。

⑱燕子矶：在江苏省南京市东北长江边。

⑲滇中：指桂王朱由榔政权。

⑳悬岙：岛名，又名花岙山，今属浙江象山县南田区。

㉑急公：急于搜捕张煌言。

㉒昼锦：富贵还乡为"衣锦昼行"，省作"昼锦"。

㉓迟：等待。

㉔六壬：术数的一种，是用阴阳五行占卜吉凶的一种古老的方法。

㉕四课空陷：四课，"六壬"中的课名。这里指四课课象不吉。

㉖《指南录》：南宋文天祥自编的一部诗集。

㉗周旋鲸背蛎滩之上：这里指海上的流亡和战斗生活。

㉘戋戋（jiān jiān）：形容少。

㉙庐陵之祠：文天祥之祠。

㉚信公：指文天祥。

㉛于墓：于谦的墓。于谦，字廷益，号节庵，明朝浙江杭州府钱塘县人，明代政治家、军事家。

㉜窀穸（zhūn xī）：墓穴。

朱岷左先生近诗题辞

【题解】

　　本文为黄宗羲为友人朱岷左诗集所做的题辞。在称赞岷左先生之诗意境高远、蜀中山川壮美之余，抒发了作者于明末清初所感受到的亡国之痛。作者在文中提到的杜甫、陆游、曹能始，都是历史上不同时期的爱国诗人，文中所说的"发愿名山，拼十年为头陀行脚，咽嚌冷汰，涤濯滓瀣"，表达了作者在抗清失败之后，宁可隐居于山野、寄情于山水，而不肯臣事于清王朝的志士情怀。

【原文】

　　岷左先生示余出蜀归田之诗，命题数语。余唯山川文章，相藉而成，然非至性人，固未易领略。尝读陆务观①《入蜀记》，揽结窈冥②，卷石枯枝，谈之俱若嗜欲。故剑南之诗，遂为南渡之巨子。蜀在西南天表，非左思之赋，少陵③之诗，亦不能移其观于中土，岂非相藉哉？

　　百年以来，自曹能始④而后，蜀竟陆沉，再经丧乱，其名迹之幽邃者，固不必论。即工部草堂，古今属目。去万里桥不数里，先生往寻之，蜀人无知其处者。徘徊于荒烟蔓草之间，得浣花残碣，尺寸推按，故地始出。先生如遇故人于万里外，欢叫欲绝，此等情怀，与务观何异？诗那得不佳？故先生之诗，冲雅而刻画，字句之外，一往流连，真能与山川和会者也。先生为余述其入蜀，从潼关过嵩华，磅礴空翠之中，车马都为碧色，栈道之上，高峰入天，停午始漏日影，恍如夜行。汉高祖所谓"烧绝栈道"者，注云：险绝之处，傍凿山岩而施版梁为阁，是人从栈上过耳。不知路凿于山腹，栈增其阔，以收目眩。烧绝者，坏其凿路一处，则百里皆废矣，不是单烧栈，亦不是处处皆烧绝也。江行出峡，巫山巴水，六书像形，阳台十二峰沿亘数百里，突兀霄汉，一一辨其嘉名，以正前人之误。古木穷猿，寒岩怪鸟，空响相答，凄入心脾。先生相对言时，僧楼茗碗，几席亦为浮动。

嗟乎！山水于人，此生亦有缘分。余甲午之岁，发愿名山，拼十年为头陀行脚，咽嚤冷汰⑤，涤濯滓窳⑥，归来读书，方有进益，持志不坚，倏忽而发容难待，便作一尘网俗人，清泉白石，为我懊恨，读先生之诗不禁惘惘。

【注释】

①陆务观（1125～1210年）：即陆游，字务观，号放翁，越州山阴（今浙江绍兴）人，南宋诗人、词人。陆游现留诗作颇多，其一生笔耕不辍，今存九千多首，内容极为丰富。与王安石、苏轼、黄庭坚并称"宋代四大诗人"，又与杨万里、范成大、尤袤合称"南宋四大家"。

②窈冥：深远渺茫的样子。

③少陵：少陵，是唐朝诗人杜甫的自称，杜甫常以"杜陵"表示其祖籍郡望，自号少陵野老，世称杜少陵。

④曹能始（1574~1646 年）：明代官员、学者，名学佺，字能始，号雁泽，又号石仓居士、西峰居士，福建福州府侯官县洪塘乡人。万历二十三年（1595）进士，曾任四川右参政、按察使、广西参议等职，因为撰《野史纪略》而得罪魏忠贤党，被劾去职，家居二十年。明末唐王在闽中称帝，被任为礼部尚书。清兵入闽，自缢殉节。曹学佺精通音律，曾谱写闽剧的主要腔调逗腔，被认为是闽剧始祖之一。

⑤咽嗫（xué）冷汰：咽嗫，谓有会心处而欢乐不止。冷汰，清静淡泊。

⑥涤濯（zhuó）滓薉（yǔ）：涤濯，洗涤。滓薉，犹污浊。

李杲堂^①文钞序

【题解】

李杲堂为明末清初著名诗人。与黄宗羲相似，李杲堂早年也曾随父参加抗清斗争，后兵败被俘，险被清军杀害，蒙友人全力相救，才幸免于难。由于李杲堂与黄宗羲有着相同的抗清经历，同样的经历，使得他们有着共同的人生志趣。黄宗羲在给李杲堂文钞写的这篇序文中深切地指陈了科举制度对思想学术的消极影响："科举盛而学术衰。"并明确地说明，读书著述本为一事，好学术才有好文章，而好文章必是自胸中流出，而不应该是比拟皮毛，明道通理才是学者的使命。

【原文】

往丙子、丁丑间，一时文集行世者十余部。娄东张天如^②曰："此十余人者，皆今之巨子也。吾读正、嘉时不以文名者之文集，其浑厚悠长，反若过之，岂世运之升降欤？"余曰："科举盛而学术衰。昔之为时文者，莫不假道于《左》《史》《语》《策》《性理》《通鉴》，既已搬涉运剂于比偶之间，其余力所沾溉，虽不足以希作者，而出言尚有根柢③，其古文固时文之余也；今之为时文者，无不望其速成，其肯枉费时日于载籍乎？故以时文为墙壁，骤而学步古文，胸中茫无所主，势必以偷窃为工夫，浮词为堂奥，盖时文之力不足以及之也。"为说者谓百年以来，人士精神，尽注于时文而古文亡，余以为古文与时文分途而后亡也。

自余为此言，已历一世矣。风气每变而愈下，举世眯目于尘羹土饭之中，本无所谓古文。而缘饰于应酬者，则又高自标致，分门别户，才学把笔，不曰吾由何、李以溯秦、汉者也，则曰吾由二川以入欧、曾者也。党朱、陆，争薛、王，世眼易欺，骂詈④相高。有巨子以为之宗主，则巨子为吾受弹射矣。此如奴仆挂名于高门巨室之尺籍，其钱刀阡陌之数，府藏筐篚所在，一切不曾经目，但虚张其喜怒，以哃喝⑤夫田骁⑥纤子⑦，高门巨室，顾未尝知有此奴仆也。

余与杲堂然约为读书穷经，浙河东士稍稍起而应之。杲堂之文具在，故未尝取某氏而折旋之，亦未尝取某氏而赤帜之，要皆自胸中流出，而无比拟皮毛之迹，当其所至，与欧、曾、史、汉，不期合而自合也。余尝谓文非学者所务，学者固未有不能文者。今见其脱略⑧门面与欧、曾、史、汉不相似，便谓之不文，此正不可与于斯文者也。濂溪、洛下、紫阳、象山、江门、姚江诸君子之文，方可与欧、曾、史、汉并垂天壤耳，盖不以文为学，而后其文始至焉。当何、李为词章之学，姚江与之更唱迭和，既而弃去，何、李而下，叹惜其不成，即知之者亦谓其不欲以文人自命耳，岂知姚江之深于为文者乎？使其逐何、李而学，充其所至，不过如何、李之文而止。今姚江之文果何如，岂何、李之所敢望耶？杲堂之文出世，必有以作者许之者，然非余与杲堂之所期也。但使读书穷经，人人可以自见，高门巨室，终不庇汝，此吾东浙区区为斐豹⑨焚丹书之意也。

【注释】

①李杲堂（1622～1680 年）：即李邺嗣，原名文胤，又作文允，字邺嗣，又字淼亭，号杲堂，自号东洲遗老，鄞县（今浙江省宁波鄞州区）人。南宋抗金名将李显忠之后，十二岁便能作诗，早年曾随父参加抗清斗争。明亡后，有人出售明朝宫廷器皿，李邺嗣一看到上面所题的字，就痛哭流涕，出售器皿的人也流泪离开。李邺嗣以诗文著称，是清代月湖诸诗社中成就最为卓越的诗人。虽遭国破家亡的历史变故，但爱国激情不灭，写下了许多爱国诗篇，苍凉而激越。著有《诗钞》《西京节义传》等。

②张天如（1602～1641 年）：即张溥，明代文学家，初字乾度，后字天如，号西铭，直隶太仓（今属江苏）人。崇祯进士，选庶吉士，自幼发愤读书，明史上记有他"七录七焚"的佳话。与同乡张采齐名，合称"娄东二张"。

③根柢：比喻事物的根基。

④骂詈（lì）：骂，斥骂。多用作书面语。

⑤哃（tóng）喝：犹恫吓。威吓，吓唬。

⑥田驺：专事农业的役隶。

⑦纤子：犹小人。指识见浅狭之人，含贬义。

⑧脱略：轻慢，不以为意。

⑨斐豹：春秋时晋国奴隶。

陈葵献偶刻诗文序

【题解】

文以载道是中国古代文人士大夫自觉承担的历史使命，这一说法自唐代韩愈始明确，而到了宋代，以周敦颐为代表的理学家尤为重视。然而，在实践中真正能够做到这一点却不容易。文以载道，其说易，做起来实难。在这篇序文里，黄宗羲痛斥了当时只是追求辞藻华丽、文章空无一物的文风，抒发了文以载道的志向。

【原文】

周元公曰："文所以载道也。"今人无道可载，徒欲激昂于篇章字句之间，组织纫缀以求胜，是空无一物而饰其舟车也。故虽大辂舲①，终为虚器而已矣。况其无真实之功，求卤莽之效，不异结柳作车，缚草为船耳。

吾友陈葵献，汲古②穷经③，聚同志为经会，葵献常为都讲。每讲一经，必尽搜郡中藏书之家，先儒注说数十种，参伍而观，以自然的当不可移易者为主，而又积思自悟，发先儒之所未发者，尝十之二三焉。当更端之际，一堂数十人所倾耳注目者，必葵献也。是时葵献固未尝以古文自命，然其笔授之章，论学之书，舂容④典雅，辞气和平，无训诂斗钉⑤之习。余曰："此真古文也，应酬之中岂有古文哉？"

今年秋月，与余同寓吴山，至广化寺，拜先忠端公神位。六一泉虽有石屋覆之，已同行潦⑥。东坡言泉出讲堂下，今泉逼山麓，其上更无堂址，则亦非泉之故处也。寻张司马墓，桑间土堆，乃是精卫口中一丸也。葵献按形家书，谓后来香火，当不下鹏举⑦、节闍二公，徘徊者久之。大观台观潮，潮不上海门十年矣，土人亦无有修此故事者。一僧立台上，薄暮怅然而返。饮唐殿宣书舍，壁间题名，多是南宋名笔。盖紫阳一带，大略是韩平原凿山所置南园也。一滴泉听雨，云居坐月，余间有吟咏，墨痕未燥。而葵献排韵斗险，俄顷成章，牢笼景物，刻画悲欢，视雕肝琢肾⑧日锻月炼者，无以加焉。习葵献者，以为葵献破荒作诗，何工之如是？余曰："曾是有猗顿⑨、师史⑩之货，而忧其不能转毂⑪运棹乎？"

葵献行且计偕⑫北上，渡长江，叹南北之限；过齐鲁燕赵之墟，圣贤豪杰经营之迹，犹有在者；入长安，观其宫室之壮丽，奇材剑客之聚集，盖建都者近千年矣。触目骇心，动成篇什，素所畜积，于此焉发之？所见者与人同，所得者固与人异也。司马子长之文章，得之山川，子长读书十年之后，方可言此。今葵献读书，年过子长，从此而后，方知六经非几案⑬间物耳。此区区所刻，恐不足以尽葵献也。

【注释】

①辂（lù）舱：辂，古代车辕上用来挽车的横木，或者古时候用的一

种大车。舻，后泛指大船、大型战舰。

②汲古：谓钻研或收藏古籍、古物。

③穷经：谓极力钻研经籍。

④舂（chōng）容：声音悠扬洪亮。

⑤斗钉（dìng）：比喻堆砌文辞。

⑥行潦：沟中的流水。亦指混浊的水，以喻浊世。

⑦鹏举：典出《庄子集释》卷一上《内篇·逍遥游》。北方的大海里的鲲，变化成为大鹏鸟，翅膀拍击水面激起三千里的波涛，盘旋而上直冲九万里高空。后以"鹏举"等指奋发有为。

⑧雕肝琢肾：比喻写作时刻意锤炼。

⑨猗顿：春秋时鲁国人，他向陶朱公学致富之术，积累了很多财物。陶朱，即春秋时范蠡，助越灭吴后，离开越国，隐居在陶，以经商致富，自称陶朱公。

⑩师史：河南洛阳人。西汉商人。经营商业，车辆以百数，以洛阳地居齐、秦、楚、赵之中，凭其有利地势。贸易于各郡国。

⑪转毂（gū）：载运货物的车子。

⑫计偕：遂用"计偕"称举人赴京会试。

⑬几案：亦作"几桉"。桌子，案桌。

先师蕺山先生文集序

【题解】

这是黄宗羲为其老师刘宗周文集撰写的序文。刘宗周，明末清初著名思想家，其学说秉承王阳明的良知之学，以慎独为主旨，强调人作为认识主体的能动作用，重视个人的道德修养。黄宗羲的思想学说在很大程度上受到了刘宗周的影响。

【原文】

先师之学在慎独。从来以慎独为宗旨者多矣，或识认本体而堕于恍惚，或依傍独知而力于动念。唯先师体当喜怒哀乐一气之通，复不假品节限制，而中和之德，自然流行于日用动静之间。独体如是，犹天以一气进退，平分四时，温凉寒燠①，不爽其则，一岁如此，万古如此，即有愆阳②伏阴，酿为灾祥之数，而终不易造化之大常。慎者，慎此而已。故其为说，不能不与儒先牴牾③。

先儒曰"意者心之所发"，师以为心之所存，人心径寸间，空中四达，有太虚之象，虚故生灵，灵生觉，觉有主，是曰意。

不然，《大学》以所发先所存，《中庸》以致和为致中，其病一也。然泰州王栋④已言之矣。自身之主宰而言谓之心；自心之主宰而言谓之意。心则虚灵而善变；意有定向而中涵。意是心之主宰，以其寂然不动之处，单单有个不虑而知之灵体，自做主张，自裁生化，故举而名之曰独。少间挽以见闻才识之能，情感利害之便，则是有商量倚靠，不得谓之独矣。若云心之所发，教人审几于动念之初，念既动矣，诚之奚及？师未尝见泰州之书，至理所在，不谋而合也。

先儒曰"未发为性，已发为情。孟子之恻隐、羞恶、辞让、是非，因所发之情，而见所存之性，因所情之善，而见所性之善。"师以为指情言性，非因情见性也；即心言性，非离心言善也。形而上者谓之道，形而下者谓之器，器在斯道在，离器而道不可见。必若求之恻隐、羞恶、辞让、是非之前，几何而不心行路绝？言语道断，所谓有物先天地者，不为二氏之归乎？又言性学不明，只为将此理另作一物看，如钟虚则鸣，妄意别有一物主所以鸣者。夫盈天地间，止有气质之性，更无义理之性。谓有义理之性不落于气质者，臧三耳之说也。师于千古不决之疑，一旦拈出，使人冰融雾释，而弥近理而大乱真者，亦既如粉墨之不可掩矣。

昔者，阳明之良知，与晦翁⑤之格物相参差，学者骇之。罗整庵、霍渭崖、顾东桥断断⑥如也，然一时从游者，皆振古人豪，卒能明其师说，而与晦翁并垂天壤。先师丁改革之际，其高第弟子如金伯玉、吴磊斋、祁世培、章格庵、叶润山、彭期生、王元趾、祝开美一辈，既已身殉国难，皋比凝尘，曩日⑦之旅进者，才识多下。当伯绳辑遗书之时，其言有与雒、闽龃龉⑧者，相与移书，请删削之，若惟恐先师失言，为后来所指摘。嗟乎！多见其不知量也。此如成周王会，赤奕阴羽，绿币献书，而使三家学究，定其绵蕞^⑨耳。昔和靖得朱光庭所抄程子语以质程子，程子曰："某在，何必读此书？若不得某之心，所记者徒彼意耳。"和靖自是不敢复读。古之门人，不敢以爝^⑩火之光，杂于太阳，今之门人，乃欲以天汉之水，就其蹄涔^⑪，不亦异乎？

王颛庵先生视学两浙，以天下不得睹先师之大全为恨，捐俸刻之。浙东门人之在者，羲与董玚、姜希辙三人耳。于是依伯绳原本，取其家藏底草，逐一校勘。有数本不同者，必以手迹为据，不敢不慎也。高忠宪云："薛文清、吕泾野语录中，皆无甚透悟，有之无所增损也。"读先师之集，当有待之而兴者矣，颛庵先生之惠后学岂小哉？

【注释】

①煗（yù）：暖，热。

②愆阳：亦作"愆旸"，阳气过盛。本谓冬天温和，有悖节令；后亦指天旱或酷热。

③牴牾（dǐ wǔ）：抵触，矛盾。

④王栋：字隆吉，号一庵。泰州姜堰（今属江苏）人。师事王艮，属泰州学派。嘉靖三十七年（1558）由岁贡授星子、南城训导，曾主白鹿洞讲席。转南丰教谕，每五日集诸生升堂，训以修养身心之学。

⑤晦翁（1130～1200年）：即朱熹，字元晦，后改字仲晦，晚号晦翁，又号晦庵、紫阳。宋建州尤溪县人。

⑥断断：和悦而能尽言之貌。

⑦曩日：往日，以前。

⑧龃龉（jǔ yǔ）：上下牙齿对不齐，比喻意见不合，互相抵触。

⑨绵蕞：亦作"緜蕞""緜蕝"。据《史记·刘敬叔孙通列传》载，叔孙通欲为汉高祖创立朝仪，使征鲁诸生三十余人，叔孙通"遂与所征三十

人西，及上左右为学者与其弟子百余人为緜蕞野外"，习肄月余始成。按，引绳为"緜"，束茅以表位为"蕞"。后因谓制定整顿朝仪典章为"绵蕞"或"绵蕝"。

⑩爝（jué）：火把，小火。

⑪蹄涔（cén）：指容量、体积等微小。

明儒学案·发凡

【题解】

明儒学案中，黄宗羲所撰写的学人评传都把重点放在阐释学者学问的"门入处"和"得力处"，注重学人"一生精神"的弘扬。这也从另一个层面体现出黄宗羲本人的治学精神。他说"凡倚门傍户，依样葫芦者，非流俗之士，则经生之业也"。凡是标榜、模拟及抄袭都是毫无价值的东西，都要坚决予以摒弃。

【原文】

从来理学之书，前有周海门①《圣学宗传》，近有孙钟元②《理学宗传》，诸儒之说颇备。然陶石篑③《与焦弱侯书》云："海门意谓身居山泽，见闻狭陋，常愿博求文献，广所未备，非敢便称定本也。"且各家自有宗旨，而海门主张禅学，扰金银铜铁为一器，是海门一人之宗旨，非各家之宗旨也。钟元杂收，不复甄别，其批注所及，未必得其要领，而其闻见亦犹之海门也。学者观羲是书，而后知两家之疏略。

大凡学有宗旨，是其人之得力处，亦是学者之入门处。天下之义理无穷，苟非定以一二字，如何约之使其在我？故讲学而无宗旨，即有嘉言，是无头绪之乱丝也。学者而不能得其人之宗旨，即读其书，亦犹张骞初至大夏，不能得月氏要领也。是编分别宗旨，如灯取影，杜牧之曰："丸之走盘，横斜圆直，不可尽知。其必可知者，是知丸不能出于盘也。"夫宗旨亦若是而已矣。

尝谓有明文章事功④，皆不及前代，独于理学，前代之所不及也，牛毛茧丝，无不辨晰，真能发先儒之所未发。程、朱之辟释氏，其说虽繁，总是只在迹上；其弥近理而乱真者，终是指他不出。明儒于毫釐之际，使无遁影。陶石篑亦曰："若以见解论，当代诸公尽有高过者。"与羲言不期而合。

每见钞先儒语录者，荟撮数条，不知去取之意谓何。其人一生之精神未尝透露，如何见其学术？是编皆从全集纂要钩玄，未尝袭前人之旧本也。

儒者之学，不同释氏之五宗⑤，必要贯串到青原、南嶽。夫子既焉不学，濂溪⑥无待而兴，象山⑦不闻所受，然其间程、朱之至何、王、金、许⑧，数百年之后，犹用高、曾之规矩，非如释氏之附会源流而已。故此编以有所授受者，分为各案；其特起者，后之学者不甚着者，总列诸儒之案。

学问之道，以各人自用得着者为真。凡倚门傍户，依样葫芦者，非流俗之士，则经生之业也。此编所列，有一偏之见，有相反之论，学者于其不同处，正宜着眼理会，所谓一本而万殊也。以水济水，岂是学问！

胡季随⑨从学晦翁⑩，晦翁使读《孟子》。他日问季随："至于心，独无所同，然乎？"季随以所见解，晦翁以为非，且谓其读书鲁莽不思。季随思之既苦，因以致疾，晦翁始言之。古人之于学者，其不轻授如此，盖欲其自得之也。即释氏亦最忌道破，人便作光影玩弄耳。此书未免风光狼籍，学者徒增见解，不作切实工夫，则羲反以此书得罪于天下后世矣。

是书搜罗颇广，然一人之闻见有限，尚容陆续访求。即羲所见而复失去者，如朱布衣《语录》、韩苑洛⑪、南瑞泉⑫、穆玄庵⑬、范栗斋⑭诸公集，皆不曾采入。海内有斯文之责者，其不吝教我，此非末学一人之事也。

【注释】

①周海门：周汝登，字继元，号海门，明代浙江嵊县人。历兵、吏部侍郎及南京尚宝司卿。以泰州学派学者罗汝芳为师，均受颜钧主释学说的影响。

②孙钟元：孙奇逢，字启泰，一字钟元，明代容城县（今属河北省）人。明末清初理学大家。

③陶石篑（1562～1609年）：即陶望龄，字周望，号石篑，明会稽人。明万历十七年（1589），他以会试第一、廷试第三的成绩，做了翰林院编修，参与编纂国史；曾升侍讲，主管考试，后被诏为国子监祭酒。

④事功：功利之学，集此派大成的南宋学者陈亮、叶适主张"道"存在于事务之中，注重实际功用和效果，反对空谈性命的义理之学。

⑤释氏之五宗：佛教禅宗，从始祖达摩五传到五祖弘忍，后分为北宗神秀和南宗慧能二派。北宗行于北方，后世无分派；南宗行于南方，有五家、七家之别。五家亦世称五宗，即临济宗、曹洞宗、云门宗、法眼宗、沩仰宗。

⑥濂溪：周敦颐，学者称濂溪先生。

⑦象山：宋代理学家陆九渊，号象山，开创心学一派。

⑧何、王、金、许：朱熹在浙江金华丽泽书院讲学，由高弟黄榦授学的何基及其弟子、再传弟子王柏、金履详、许谦是公认的金华朱学的主要传人。史称何、王、金、许为"金华四先生"，因推广朱学有功，受到后

人的赞扬。

⑨胡季随：胡大时，字季随，南宋福建崇安人。以张栻为师，时向朱熹问难，并同陆九渊相得。

⑩晦翁：朱熹晚号晦翁。

⑪韩苑洛：韩邦奇，明代官员。字汝节，号苑洛，陕西大荔县人。韩邦奇文理兼备，精通音律，著述甚富。所撰《志乐》，尤为世所称。

⑫南瑞泉：南大吉，字元善，号瑞泉，明代陕西渭南人。著名学者，性豪宕，雄于文。

⑬穆玄庵：穆孔晖，明代官员，理学家，心学学者。字伯潜，号玄庵。山东堂邑（今聊城市东昌府区）人。弘治十八年（1505）考中进士，历任翰林院检讨、南京礼部主事、翰林院侍讲学士、南京太常寺卿等官。

⑭范栗斋：范瓘，字廷润，号栗斋，明代浙江山阴人。初师王文辕、许璋，后以王守仁为师。

万里寻兄记

【题解】

本文通过叙述作者六世祖父历尽艰辛，万里寻兄的感人故事，弘扬兄弟情深义重的主题，意在告诫世人应该珍惜情义。同时，此文也具有很强的现实批判意蕴。作者把其祖父重情义的事迹与当朝皇族兄弟之间互相争权夺利、势同水火的现实作对比，提醒世人不要因为眼前的利益而忽视纲常伦理。

【原文】

宗羲六世祖父府君①，讳玺，字廷玺。兄弟六人。长伯震，商于外，逾十年不归。府君魂祈梦请卜之琼茅蚌壳之间②，茫然不得影响③。作而曰："吾兄不过在域内，吾兄可至，吾何不可至乎？"蹑屩④出门。乡党阻之，曰："汝不知兄之所在，东南西北，从何处寻起来？"府君曰："吾兄，商也。商之所在，必通都大邑。吾尽历通都大邑，必得兄矣！"

于是裂纸数千，缮写其兄里系年貌为零丁⑤，所过之处，辄榜之宫观⑥、街市间，冀兄或见之；即兄不见，而知兄者或见之也。经行万里，三山獠洞，八角蛮陬⑦，踪迹殆遍，卒无所遇。府君祷之衡山，梦有人诵"沉绵盗贼际，狼狈江汉行"者，觉而以为不祥。遇士人，占之，问："君何所求？"府君曰："吾为寻兄至此。"士人曰："此《春陵行》中句杜少陵也⑧。春陵，今之道州⑨。君入道州，定知消息。"府君遂至道州。徬徨访问，音尘不接。

一日奏厕，置伞路旁。伯震过之，见伞而心动，曰："此吾乡之伞也。"循其柄而视之，有字一行云："姚江黄廷玺记。"伯震方惊骇。未几，府君出而相视，若梦寐，恸哭失声。道路观者，亦叹息泣下。时伯震已有田园妻子于道州，府君卒挽之而归。

尝观史传，人子所遭不幸，间关踣顿⑩求父求母者不绝书，为人弟而求兄者无闻焉。岂世无其事欤？抑有其事而记载者忽之欤？方府君越险阻，犯霜雪，跋涉山川，饥体冻肤而不顾，钳口槁肠而不恤⑪，穷天地之所覆载，际日月之所照临，汲汲皇皇⑫，惟此一事，视天下无有可以易吾兄者。而其时当景泰、天顺之际⑬，英宗、景皇，独非兄弟耶？景皇惟恐其兄之入，英宗惟恐其弟之生。富贵利害，伐性伤恩，以视府君，爱恶顿殊。可不谓天地纲常之寄，反在草野乎？

【注释】

①府君：古代子孙对其先世的敬称。

②卜之琼茅蚌壳之间：用蓍草和贝壳来占卜。

③影响：音讯，消息。

④蹑屩（juē）：穿草鞋行走。

⑤零丁：古代指寻人招贴。

⑥宫观：即道观，是各类道教建筑的总称，是道教徒们修炼、传道和举行各种宗教仪式以及生活的场所。

⑦三山獠洞，八角蛮陬（zōu）：三山是福州的别称，八角蛮是少数民族的名称。这里泛指少数民族居住的边远地区。陬，山的角落。

⑧杜少陵：杜甫，字子美，自号少陵野老，唐代著名诗人。

⑨道州：道州又称道县，雅称"莲城"。位于湖南南部，与两广毗邻。

⑩间关踣顿：间关，形容旅途的艰辛，崎岖、辗转。踣顿，跌倒。

⑪钳口槁肠：钳口，闭口。意指没有吃饭而肠枯。

⑫汲汲皇皇：急切慌忙，匆忙的样子。

⑬景泰、天顺之际：景泰，明朝代宗朱祁钰的年号。天顺，明朝英宗朱祁镇二次登基后的年号。

柳敬亭传

【题解】

柳敬亭是明末清初著名的说书艺人。黄宗羲本文意在叙述柳敬亭人生的大起大落，还原其真实的人生历程。在一些传记的误导下，当时人们把柳敬亭当作善于弄权的政客。本文对这种错误认识进行了纠正。同时，从柳敬亭的人生历程中，可以深刻地体会到艺术家技艺的纯熟不仅仅在于"书斋"里的苦练，更重要的是人生阅历的丰富。正是由于艺人柳敬亭亲身经历过"豪滑大侠、杀人亡命、流离遇合、破家失国之事"，同时又善于随时随地学习和体味各地的风俗，他的说书艺术才达到炉火纯青的地步。这种"职业生涯"的历练过程值得后人深思。

【原文】

余读《东京梦华录》①、《武林旧事》②，记当时演史小说者数十人。自此以来，其姓名不可得闻。乃近年共称柳敬亭之说书。

柳敬亭者，扬之泰州人，本姓曹。年十五，狂悍无赖，犯法当死，变姓柳，之盱眙③市中为人说书，已能倾动其市人。久之，过江，云间有儒生莫后光见之，曰："此子机变，可使以其技鸣。"于是谓之曰："说书虽小技，然必勾性情，习方俗④，如优孟摇头而歌，而后可以得志。"敬亭退而凝神定气，简练⑤，揣摩，期月而诣莫生。生曰："子之说能使人欢咍嗢噱⑥矣。"又期月，生曰："子之说能使人慷慨涕泣矣。"又期月，生喟然曰："子言未发而哀乐具乎其前，使人之性情不能自主，盖进乎技⑦矣。"由是之杨，之杭，之金陵，名达于缙绅间。华堂旅会⑧，闲庭独坐，争延之使奏其技，无不当于心称善也。

宁南⑨，南下，皖帅⑩欲结欢宁南，致敬亭于幕府，宁南以为相见之晚，使参机密。军中亦不敢以说书目敬亭。宁南不知书，所有文檄，幕下儒生设意修词，援古证今，极力为之，宁南皆不悦。而敬亭耳剽口熟⑪，从委巷活套⑫中来者，无不与宁南意合。

尝奉命至金陵，是时朝中皆畏宁南，闻其使人来，莫不倾动加礼，宰执⑬以下俱使之南面上坐，称柳将军，敬亭亦无所不安也。其市井小人昔与敬亭尔汝⑭者，从道旁私语："此故吾侪同说书者也，今富贵若此！"

亡何，国变，宁南死。敬亭丧失其资产尽，贫困如故时，始复上街头理其故业。敬亭既在军中久，其豪滑大侠、杀人亡命、流离遇合、破家失国之事，无不身亲见之。且五方土音，乡俗好尚，习见习闻。每发一声，使人闻之，或如刀剑铁骑，飒然浮空，或如风号雨泣，鸟悲兽骇，亡国之恨顿生，檀板之声无色，有非莫生之言可尽者矣。

马帅⑮镇松时，敬亭亦出入其门下。然不过以倡优遇之。钱牧斋尝谓人曰："柳敬亭何所优长？"人曰："说书。"牧斋曰："非也，其长在尺牍耳。"盖敬亭极喜写书调文，别字满纸，故牧斋以此谐之。

嗟乎！宁南身为大将，而以倡优为腹心。其所授摄官，皆市井若已者，不亡何待乎？

偶见梅村⑬集中张南垣、柳敬亭二传，张言其艺而合千道，柳言其参宁南军事，比之鲁仲连⑰之排难解纷，此等处皆失轻重。亦如弇州⑱志刻工章文，与伯虎、徵明⑲比拟不伦，皆是倒却文章家架子。余因改二传，其人本琐琐不足道，使后生知文章体式耳。

【注释】

①《东京梦华录》：笔记，宋代孟元老为晚年追忆北宋东京（即汴京，今河南开封）昔日繁盛而作。备载国家庆典、民间琐事，举凡城市规模、经济状况、市民文化亦悉有记录。其中有关北宋典章制度与戏曲、小说的资料尤为后人重视。

②《武林旧事》：是由元周密撰写的，是追忆南宋都城临安城市风貌的著作。

③盱眙（yí）：县名，在江苏省西部。

④勾性情，习方俗：描摹人的性格感情，研习各地的风土人情。

⑤简练：简要精练，简便实用。

⑥欢咍（hāi）嗢（wà）噱：欢咍，欢快。咍，喜悦，欢笑。嗢噱，笑不止，乐不自胜。

⑦进乎技：进，超过。技，指一般技艺。

⑧旅会：大聚会。旅，众。

⑨宁南：指明左良玉。左于崇祯十七年封宁南伯，故称。

⑩皖帅：指提督杜宏斌，柳敬亭故交。

⑪耳剽口熟：指耳中经常听到的，嘴里经常说的。

⑫委巷活套：偏僻小巷的俗语常谈。

⑬宰执：掌政的大官。宰，宰相（明朝"大学士"是宰相职）。执，掌管（政务）。

⑭尔汝：彼此以尔和汝相称，表示亲昵，不分彼此。

⑮马帅：马逢知，原名进宝，明安庆副将，降清后官至苏松常镇提督。

⑯梅村（1609～1671年）：即吴伟业，字骏公，号梅村，明末清初著名诗人、政治人物，长于七言歌行，初学"长庆体"，后自成新吟，后人称之为"梅村体"。

⑰鲁仲连（约前305～前245年）：战国时代齐国茌平人（今山东省茌平县王老乡望鲁店村），为游说名士。曾就学于稷下学宫，不愿出任官职。由于他的游说技巧卓越，有著名的"义不帝秦"辩论，成为现代"和事佬"的代名词。

⑱弇州（1526～1590年）：即王世贞，字元美，号凤洲，又号弇州山人，明朝太仓（今江苏太仓）人，文学家、史学家。"后七子"领袖之一。

⑲伯虎（1470～1523年）：即唐寅，明代著名画家、文学家。字伯虎，又字子畏，以字行，号六如居士、桃花庵主、逃禅仙吏等，南直隶苏州吴县人，吴中四才子之一。徵明（1470～1559年）：即文壁，字徵明，以字行，中国明代画家。

陆周明墓志铭

【题解】

本文旨在彰显游侠精神，文章以司马迁的《游侠传》为引子，认为在当下建功立业的游侠是当世的英豪。尤其颂扬布衣出身而胸怀天下的忠义之侠，更是人们大加赞扬和敬仰的对象。文章通过陈述离奇的故事，塑造了一位慷慨仗义的游侠形象。从作者的阐述中可以发现，游侠陆周明年轻时师从钱司马的学习经历和志向对其日后的行为选择具有决定性的影响。

【原文】

司马迁传游侠，以乡曲①之侠与独行之儒比量，而贤夫②侠者；以布衣之侠与卿相之侠比量，而难夫布衣。然时异势殊，乃有儒者抱咫尺之义，其所行不得不出游侠之途，既无有士卿相之富厚，其所任非复闾巷布衣之事，岂不尤贤而尤难哉！十年以前，亦尝从事于此，心枯力竭，不胜利害之纠③缠，逃之深山以避相寻之急，此事遂止。其时周明与其客以十数见过，皆四方知名之士，余间至其城西田舍，复壁柳车，杂宾死友，咄嗟④食办。

余既自屏，周明亦不相闻问，然颇闻其喜事益甚，江湖多传周明姓名以为异人。嗟乎！周明亦何以异于人哉！华屋⑤甫田，婚嫁有无，人情等尔，亦唯是胸中耿耿者未易下脐。人见其踘侧焦原⑥，手拚雕虎⑦，遂以为异。虽然，周明一布衣诸生，又何所关天下事，而慷慨经营，使人以侠称，是乃所以为异也。

周明姓陆氏，名宇□⑧，鄞县人也。祖某，父世科，大理寺卿。母某氏，配周氏、崔氏、子经异、经周，婿万斯大。少与钱司马读书，忼慨有大志，司马江上之事，周明实左右之。祥兴航海，其诸臣风帆浪楫，栖迟金鳌牡蛎之间，非内主之力则亦莫之能安也。癸卯岁，周明为降卒所诬，捕入省狱。狱具，周明无所注误，脱械⑨出门，未至寓而卒。周明以好事尽其家产，室中所有，唯草荐败絮及故书数百卷。讣闻，家中整顿其室，得布囊于乱书之下，发之，则人头也。其弟春明识其面目，捧之而泣曰："此故少司马笃庵王公头也。"初司马兵败，枭头于甬之城阙，周明思收葬之，每徘徊其下。一日，见暗中有叩首而去者，迹之，走入破屋，周明曰："子何人？"其人曰："吾渔人也。"周明曰："子必有异，无为吾隐。"其人曰："余毛明山，曾以卒伍事司马，今不胜故主之感耳。"周明相与流涕，而诣江子云，计所以收其头者。江子云者，故与周明读书，钱公之将也，失势家居。会中秋竞渡，游人杂沓，子云红笠握刀，从十余人登城遨戏。至枭头所，问守卒曰："孰戴此头也者？"卒以司马对，子云佯怒曰："嘻，吾怨家也，亦有是日乎？"拔刀击之，绳断堕地。周明、明山已豫立城下，方是时，龙舟噪甚，人无回面易视者，周明以身蔽明山，拾头杂侪人⑩而去。周明得头祀之书室，盖十二年矣，而家人无知者，至是而春明始瘗⑪之。

昔李固之死，汝南郭亮左提章钺⑫，右乘铁锧⑬，诣阙上书，乞收其尸。南阳董班亦往哭固，殉尸不肯去。栾布奏事彭越头下，祠而哭之。彼皆门生故吏，故冒死而不顾。周明之于司马，非有是也，一念怜其忠义，遂不惜扞当世之文罔，所谓尤贤尤难者，不更在是乎？初周明读书时，有弟子讼其师，师不得直；周明诣文庙，伐鼓恸哭，卒直其师而后止。昔震川叙唐钦尧争同舍生之狱，以为生两汉时即此可以显名当世；在周明视之，寻常琐节耳，独恨不得司马迁以拾之。余因万斯大而论次，仅以答周明曩者之一顾也。

铭曰：或骇其奇，或叹其拙。茫茫宇宙，腐儒蚓结[14]。

【注释】

①乡曲：古代居民组织的基层单位。

②贤夫：有才德的丈夫。

③紏（tǒu）：丝黄色。

④咄嗟：霎时。

⑤华屋：华美的屋宇，指朝会、议事的地方。

⑥焦原：巨石名。《尸子》卷下："莒国有石焦原，广寻长五百步，临万仞之谿。莒国莫敢近也。"

⑦雕虎：即虎。虎身毛纹如雕画，故名。

⑧□：引文中的"□"属于原版本缺字，全书同此，使用时请注意。

⑨脱械：去掉刑具。谓免罪获释。

⑩俦（chóu）人：众人。

⑪瘗（yì）：掩埋，埋葬。

⑫钺：古代兵器，青铜制，像斧，比斧大，圆刃可砍劈，商及西周盛行。又有玉石制的，供礼仪、殡葬用。

⑬锧：古代腰斩用的垫座。

⑭蚓结：像蚯蚓一样屈曲。

王征南墓志铭

【题解】

本文意在宣扬江湖豪侠王征南的事迹。王征南武功高强，身怀绝技却不肆张扬，做人做事讲求道义，遵守底线原则。对于抵抗清军的事业，他矢志不渝，即便兵败仍然在暗中帮助义军。对于一起共生死的战友他义气豪天，仇人不死，自己则终身素食。通过黄宗羲对王征南为人品格的描述，后人可以从这位侠士身上学习做人做事的原则和方法。

【原文】

少林以拳勇名天下，然主于搏人，人亦得以乘之。有所谓内家者，以静制动，犯者应手即仆，故别少林为外家，盖起于宋之张三峰。三峰为武当丹士，徽宗召之，道梗不得进。夜梦玄帝授之拳法，厥明，以单丁杀贼百余。三峰之术，百年以后流传于陕西，而王宗为最著。温州陈州同从王宗受之，以此教乡人，由是流传于温州。嘉靖间，张松溪为最著。松溪之徒三四人，而四明叶继美近泉为之魁，由是流传于四明。四明得近泉之传者为吴昆山、周云泉、单思南、陈贞石、孙继槎，皆各有授受。昆山传李天目、徐岱岳。天目传余波仲、吴七郎、陈茂弘。云泉传卢绍岐。贞石传董扶舆、夏枝溪。继槎传柴元明、姚石门、僧耳、僧尾。而思南之传则为王征南。

　　思南从征关白①，归老于家，以其术教授；然精微所在，则亦深自秘惜，掩关而理，学子皆不得见。征南从楼上穴板窥之，得梗概。思南子不肖，思南自伤身后莫之经纪，征南闻之，以银卮数器②，奉为美槚之资③。思南感其意，始尽以不传者传之。

　　征南为人机警，得传之后，绝不露圭角④，非遇甚困则不发。尝夜出侦事，为守兵所获，反接廊柱，数十人轰饮守之。征南拾碎磁偷割其缚，探怀中银望空而掷，数十人方争攫，征南遂逸出。数十人追之，皆踣地匍匐不能起。行数里，迷道，田间守望者又以为贼也，聚众围之。征南所向，众无不受伤者。岁暮独行，遇营兵七、八人，挽之负重。征南苦辞求免，不听。征南至桥上，弃其负。营兵拔刀拟之，征南手格，而营兵自掷⑤仆地，铿然刀堕，如是者数人。最后取其刀投之井中，营兵索绠出刀⑥，而征南之去远矣。凡搏人皆以其穴，死穴、晕穴、哑穴，一切如铜人图法⑦。有恶少侮之者，为征南所击，其人数日不溺，踵门谢过，始得如故。牧童窃学其法，以系伴侣，立死。征南视之曰："此晕穴也，不久当苏"。已而果然。征南任侠，尝为人报仇，然激于不平而后为之。有与征南久故者，致金以仇其弟，征南毅然绝曰："此以禽兽待我也"！

　　征南名来咸，姓王氏，征南其字也。自奉化来鄞。祖宗周，父宰元，母陈氏。世居城东之车桥。至征南而徙同岙⑧。少时隶卢海道若腾⑨，海道较艺给粮，征南尝兼数人。直指行部⑩，征南七矢破的，补临山把总。钱忠介公建口，以中军统营事⑪，屡立战功，授都督金事副总兵官⑫。事败，犹与华兵部勾致岛人⑬，药书往复。兵部受祸，仇首未悬，征南终身菜食以明此志，识者哀之。征南罢事家居，慕其才艺者以为贫必易致，营将皆通殷勤，而征南漠然不顾，锄地担粪，若不知己之所长有易于求食者也。一日，过其故人，故人与营将同居，方延松江教师讲习武艺。教师倨坐弹三弦，视征南麻衣缊袍⑭，若无有。故人为言征南善拳法，教师斜盻⑮之曰："若亦能此乎"？征南谢不敏⑯。教师轩衣张眉曰："亦可小试之乎"？征南固谢不敏。教师以其畏己也，强之愈力。征南不得已而应，教师被跌。请复之，再跌而流血破面。教师乃下拜，贽以二缣⑰。

征南未尝读书，然与士大夫谈论，则蕴藉可喜，了不见其为粗人也。余弟晦木尝揭之见钱牧翁⑱，牧翁亦甚奇之。当其贫困无聊⑲，不以为苦，而以得见牧翁、得交余兄弟沾沾自喜，其好事如此。予尝与之人天童，僧山焰有膂力⑳，四五人不掣其手，稍近征南，则蹶然负痛㉑。征南曰："今人以内家无可眩曜，于是以外家搀入之，此学行当衰矣"。因许叙其源流。忽忽九载，征南以哭子死。高辰四状其行，求予志之，余遂叙之于此。岂诺时意之所及乎？生于某年丁巳三月五日，卒于某年己酉二月九日，年五十三。娶孙氏。子二人；梦得，前一月殇，次祖德。以某月某日葬于同岙之阳。

铭曰：有技如斯，而不一施。终不鬻技㉒，其志可悲。水浅山老，孤坟孰保？视此铭章，庶几有考。

【注释】

①征关白：关白，是当时日本在天皇下面掌大权的官，明万历二十年(1592)关白丰臣秀吉派兵入侵朝鲜，明朝出兵救援，时人习惯称之为

"征关白"。

②卮（zhī）：酒器。

③槚（jiǎ）：古人常用来做棺椁。

④圭角：古代玉器，长条形，上端尖。圭的锋芒有棱角。比喻人的言行奇特刻薄。

⑤掷：跳跃。

⑥绠：汲水用的绳子。

⑦铜人图法：宋时编《新铸铜人腧穴针灸图经》，并铸铜人刻示经穴位置名称。

⑧同岙（ào）：地名。

⑨海道：明代在沿海总要地区设有巡海道的官职。

⑩直指：朝廷直接派到地方处理问题的官员，明人则称各省的巡按御史为直指。

⑪中军：统帅的直属部队叫中军，这里指钱肃乐直属卫队的指挥官。

⑫都督金事：明代设五军都督府，每府设都督及都督同知、都督金事。都督金事事实为荣誉性武官。

⑬华兵部：鄞县人华夏。华夏被授予过兵部职方郎中，所以称之为华兵部。

⑭缊袍：以乱麻、乱棉絮成的袍子，指古代贫者之衣。

⑮眄（miǎn）：斜视。

⑯不敏：谦词。犹不才。

⑰贽（zhì）以二缣（jiān）：贽，古时初次求见时所送的礼物，见面礼。缣，双经双纬的粗厚织物之古称。

⑱钱牧翁（1582～1664年）：即钱谦益，字受之，号牧斋，晚号蒙叟、东涧老人，学者称虞山先生。

⑲无聊：无以为生。

⑳膂力：体力，力气。膂，脊梁骨。

㉑蹶：倒下，跌倒。

㉒鬻（yù）技：出卖技术，以技艺谋生。

谢时符先生墓志铭

【题解】

本文主要叙述了明朝遗民谢时符的人生历程。谢时符出身官宦世家，有兼济天下的胸怀和唐林义士的风骨。明朝覆亡后，谢时符躬耕于田，坚持不在清廷为官效力。一生著述颇丰，然而很少给旁人传阅，临终前把所著书稿付之一炬，以警诫后人，体现出谢时符对清廷文字狱的先见之明。此外，本文还体现了黄宗羲的遗民心态。黄宗羲认为："故遗民者，天地之元气也。"遗民表征着人间正气、道德人心，"能确守儒轨，以忠孝之气贯其终始"，因此是"天地之元气"。

【原文】

君讳泰阶，字时栋。谢氏为定海盛门，其先系出平江，宋建炎进士宇，知定海，因家焉。五传为元至元①间高安令嗣谦，又五传为明福建金事琛②，琛弟玙，生廷华，廷华生赠参政维宁，维宁生赠参政大纶③，大纶生四川按察使渭④，则君之父也。母张淑人，梦垣星入怀而生君。君生而颖异，强记绝人。从按察使公于京邸，朝士往还，便能揖让应对于其间，背诵所常课书，娱情谈笑，见者无不奇之。弱冠举童子试第一。已而按察使入蜀，君家居读书。一日，见孤鹤集于塔顶，曼声天末⑤，君不觉泪下如雨，亦不自知其何心也；未几，按察讣闻，人以为孝感所致。三年丙舍⑥，咏世德之骏烈，诵先人之清芬，因为谢氏之家史矣。

君方架学区中，斟酌当世，王路非遥；而金衡⑦委御，玉斗⑧宵亡，君遂灭影桂庭⑨，躬耕于柴楼之野。云间徐闇公⑩、张子退，迎地海滨，与柴楼左近，款狎⑪相过，抵掌⑫指画，继之以章皇痛哭，樵牧见之，不知此数人者，一口而哀乐屡变也。当是时，兵戈销铄，斗米三百钱，流寓羸露⑬。君节缩担石⑭，与之公其饥饱，盖有王英孙主唐林义士之风焉。亡何而烬党阻山，野无宁处。闇公从亡，君亦徒居郡城。甬之名士万泰、董守渝、董德偁、董德偕皆新当失职，以耿介自置，得君而喜甚，听雨之夕，联句之章，未尝不与偕焉。丁亥冬，翁师阑入⑮，甬之好事者多死。君之友范兆芝⑯为所连染，君脱之于剑铓。以君之才固无所不可也。君虽不为世用，而燃脂暝写，弄墨悬书，藏之绵帙⑰，不以示人。临卒，悉括所撰火之。语其子曰："吾寄身弋钓⑱，无关天壤⑲，纸笔遂多。苟不化为烟云，恐作灾样耳。"

嗟呼，亡国之戚，何代无之，使过宗周而不悯黍离，陟北山而不忧父母，感阴雨而不念故夫，闻山阳笛而不怀旧友，是无人心矣。故遗民者，天地之元气也。然士各有分，朝不坐，宴不与，士之分亦止于不仕而已，所称宋遗民王炎午⑳者，尝书速文丞相之死，而己亦未尝废当世之务。是故种瓜卖卜，呼天抢地，纵酒祈死，穴垣通饮馔者，皆过而失中者也；君之所处为得中矣。或者以君之焚书为惜，夫郑思肖之《心史》，铁函封固，沉于井中，是时思肖年四十三耳，至七十八岁而卒。当其沉之之时，与君火之之时，其心一也，盖皆付之乌有耳。思肖岂望三百五十六年之后，其书复出而行于世乎？《心史》断手，其余年三十有五，亦不闻别有著撰也。自有宇宙，只此忠义之心，维持不坠。但令凄楚蕴结，一往不解，原不必以有字无字为成亏耳。君之子孙，可置无悲。

君生于万历丁未三月六日，卒于顺治庚寅年二月十日。娶刘氏，投畚偕隐，宗党贤之；其生也后君一年正月十日，共卒也后君十一年正月十一门。合葬于邑之乐家楼山。子四人：长归昌[21]，历知固始、砀山、德化三县；次炽昌，次禹昌，皆诸生生：次殷昌，壬子举人。孙六人绪远、绪进、绪述、绪遴、绪选、绪育。孙女七人，曾孙二人。初，君为炽昌聘滃洲张氏女，鲁王次滃洲，道闭不通，君梦张女纳于王官，觉而记其事，登候涛山焚之。及滃洲破，君已弃世，炽昌亦改聘。归昌渡海、诹[22]张氏存亡。张氏无恙。异时张父欲纳之王，相国张公不可而止，始见君之为冥契也。相国所居雪交亭与张氏邻，相国殉节，亭下从死者骸骨相撑拄。归昌捃摭置大瓮中埋之，立石书“张相国墓”。归而告于君庙，所以承君之志也。乙丑正月，归昌命绪远来乞铭。八月，余自吴门返，吾友万斯选又书来速，乃铭曰；

采药何许，候潮山矗。日之出兮，以晞吾发。日之没兮，以寄吾哭。前有谢翱，君固其族。阒阒[23]隐隐，终古如昨。水耶哭耶？问诸海若。

【注释】

①至元：元世祖忽必烈的年号（1264～1294年)。

②明福建佥事琛：谢琛，字伯玉，号恒痷。正统四年进士，知上饶县。抚善良，锄豪强，后擢升福建按察使佥事未莅任卒。

③大绂：谢大绂，字世和。

④渭：谢渭，字道游，一字鉴止，大绂次子。

⑤曼声：舒缓的长声。天末：天边，天际。

⑥丙舍：指停放灵柩或墓地旁的房屋。

⑦衡：北斗七星的第五星。

⑧玉斗：北斗星。以色朗如玉，称为玉斗。

⑨灭影桂庭：意指远离仕途科举。桂庭指官场。

⑩徐闇公（1599～1665年）：即徐孚远，字闇公，晚号复斋，江苏华亭（今属上海松江）人，明末诗人。明亡后曾起兵抗清，后追随郑成功到台湾。

⑪款狎：亲切招待。

⑫抵（zhǐ）掌：击掌（表示高兴）。

⑬嬴露：瘦弱，病弱。引申为衰败、穷困。

⑭担石：一旦之量，比喻微小。

⑮澥师阑入：指舟山黄斌卿的水师谋攻宁波的事情。

⑯范兆芝：字香谷，定海人。

⑰绨帙：用绨做的书套。绨，古代一种粗厚光滑的丝织品绨，厚缯也。帙，包书的布套。

⑱寄身弋钓：犹言托身于渔樵。弋，以绳系箭而射。

⑲无关天壤：犹言与世无涉。

⑳王炎午（1252～1324年）：初名应梅，字鼎翁，别号梅边，著有《吾汶稿》，以示不仕异代之意。

㉑归昌：字灵昭，由拔贡入太学，康熙五年授河南固始知县。

㉒诹（zōu）：在一起商量事情，询问。

㉓阗阗：象声词，雷声。

陆文虎先生墓志铭

【题解】

本文作者主要介绍好友陆文虎的人生阅历和品格。其人风貌伟岸，胸藏诗书千卷，曾与友人结课于甬上竹洲，旁人听其谈论，仿佛陈亮、辛弃疾复出。陆文虎为人慷慨豪爽，刚强正直，敢于当面指出世人的过错。当然，也正是因为这种刚正不阿的品行导致了其悲剧命运。黄宗羲写的墓志铭，完整还原了陆文虎正直士人的形象，为后人了解和学习明清之际士人品格提供了较好的素材。

【原文】

陆文虎先生卒三十有二年，其丧尚在浅土，未亡友黄某泫然而叹曰："是余之罪也！"乃告于世之为郭元振①者，而使契家子万斯大董其事，某月某日葬于城西之外，忆其平生崖略而志之。

先生讳符，字文虎。陆氏世为宁波望族，曾祖州丞㳻，祖相龙，父炕，俱庠生。母王氏、夏氏，生母朱氏。四岁时，大父引置膝上，口授以杨忠愍②草疏传奇，先生对客辄抗声高唱，意若深慨慕之者。幼多羸疾，因读《参同》③、《悟真》④，闭关斋祷，以为神仙可学而至。久之不效，复泛滥于释氏。为学位周斗垣所知，拔置第一。授徒海昌，祝耳刘心契之。有谭星命者⑤，耳刘谓文章心力结集，可望而卜人之富贵福泽；文虎之文，避富贵而不可得者也，乌用以星命知之！已读书南里，与许孟宏、王闻修⑥兄弟交。时间修选古文三编，先生与之上下其议，多所裨益。孙子长督学浙中，以林宪濩自辅。宪濩得一卷，奇之，闻修时为水利道，子长以此卷讯之，闻修曰："此吾故人陆文虎，不意君摸索而得之也。"

先生风貌甚伟，胸贮千卷，謦欬⑦为洪钟响，一时士大夫听其谈论，皆以为陈问甫、辛幼安⑧复出。吴楚名士方招群植党，互相题拂，急先生者愈甚。先生谓兵心见于文事，斗气长于同人，乱亡之兆也。凡遇刻文结社，求先生为序者，循环此意，雷霆破柱，冀使人闻之而觉悟也。

崇祯辛巳，复保举之制。副使许平远以先生应诏，诣京入国学。上幸学⑨，先生充班首，进退从容，上过而目之。举壬午顺天乡试。监国时赐进士出身，授行人司行人，奉使闽中，不果行。清查卫所钱粮，千户冯如斗干没⑩政客，恐发觉，刺先生于厅事，不殊⑪，归而养病，结雪瓢于白岩山。丙戌十月初十日卒，年五十。配陈氏、范氏。陈氏子一人某，先生卒后亦夭。女三人，全某、葛某、沈某其婿也。

先生初为举子业，诵习先民，时取古文缘饰章句，厌而弃去，旁涉语录、释典，为沉深刻厉之文，又改为恢悟奥赜⑫。至于其所谭《易》者，则取近代理明义精之学，用汉儒博物考古之功，加之湛思⑬，直欲另为传注，不堕制举方域也。其古文词鹏骞海怒⑭，意之所极，穿天心月胁而出之⑮。苦于才多，使天假之年，自见涯涘⑮耳。诗皆志意所寄，媚势佞生，市交游而作声色者，未尝以片语污其笔瑞也。胸怀洞达，热心世患，视天下事以为数著可了，断头穴胸，是吾人分内事。丙寅，闻先忠端公七人之祸，希风皋羽，作《楚渔父》二首，传之吴中，许孟宏见而取其纸。相体仁⑯动以告讦摧拉异己，先生上书王司马："九重禁御之地，九列大臣之重，一落魄妄男子得以只手障天，狂言作鳄，在朝在野，谁无目摄之仇，莫必挤阱⑰之命。从此凡百有位，相效为负墙鞠躬以事，四方屋邑失业亡命作奸犯科之流，日亦不足矣。圣明在上，未有信臣钩索奸隐，指陈极弊痛切入告者。阁下据职言事，转圜纳牖⑱，直顷间事耳。"乙亥，上以祖陵震惊，下诏罪己，开释罪废，召山阴、毗陵相，吴县诸君子皆有翘然自喜之心，先生以为此消长之会也，语钱虞山曰："古人叹神农、虞、夏之不可作，某谓何必黄、虞，当今目中欲再见隆、万之际士庶风物，已不可得，然则士大夫胸中，断不可仍作当时缙绅受用之想。服御仆从，减省敛敕，凡怀贪射利，乘间抵隙，及故为大言耸听巧售倾险者，预行杜绝。积诚刻意，尽瘁协恭，以结主知。折谗口则明盛可致，不然，彼方以㐹㐹⑲快心，此复以夬夬⑳意得，正如痎疟㉑，一寒一热，出反弥甚，元气随之。"果未几而乌程排吴县、磔塞阳㉒矣。先生之料事如此。

海寇披倡㉓，镇抚闭关断旅，瞠视无策。宣城沈眉生㉔访余，与义其客蔡三策俱。三策故降盗也，精于水战。先生遇之，与之谈海上事，其船式、舵工、火器、白榜㉕皆内地所未有，故能纵横如意。三策叹曰："诚能假某战舰三十只，勇士千余人，当使鲸无纵鳞，波有情恬目。"先生即大声疾呼于当时，给以所言之半，稍稍见功，而卿士大夫以门庭养虎，咎始事之人，为谋不卒而罢。即清查卫所，亦是一时名目，而先生以实心行之，故人骤见之而骇，遂及于难。

虽才堪济世，翛然②常有世外之致。辨书画，识金石古奇器。焚香扫地，与名僧联床对语。尝作誓告紫柏㉘文，手书一册，寄南康推官钱沃心㉙，焚归宗寺古松下，——古松，为紫柏所咒活者也。

余束发出游，吴来之谓"子乡陆文虎，志行士也"。归而纳交于先生。从此左提右挈，发明大体，击去疵杂，念终身偲偲㉚之力，使余稍有所知者，眉生与先生二人而已。在武林、两京，余晨出循通衢委巷搜鬻故书，薄暮一懂肩负而返，先生邀之要路。信宿㉛还书，必向余述其梗概。如此盛事，于今那复可得。乙酉十月十日，先生过我草堂，叹息天下事；明年讣音亦值是日，何其相感之神也。铭曰：

甬东衣钵，玄黄自始。凡偶兼混，布雾十里。于唯先生，暨友万子。分别气类，涧石在水。后来清流，未丧南指。嗟我越中，尚如月死。危言之功，曷其可已。

【注释】

①郭元振（656～713年）：即郭震，字元振，魏州贵乡人，中国唐朝将领。

②杨忠愍：杨继盛，字仲芳，号淑山。明代著名谏臣。家贫，益自刻厉，举乡试，卒业国子监。

③《参同》：全名《周易参同契》，道教早期经典，被视为"丹经之祖"，作者魏伯阳。

④《悟真》：全名《悟真篇》，道教内丹的主要经书之一，与《参同契》齐名。作者为北宋张伯端。

⑤谭星命者：指卜人。谭通谈。星命，术数家把人的出生年月日时配以天干地支成八字，按天星运数，附会人事，推算人的命运，称为星命。

⑥王闻修：王志坚，字弱生，亦字闻修，明江苏昆山人。万历进士，授南京兵部主事，崇祯初以佥事督湖广学政。

⑦謦欬：咳嗽。

⑧辛幼安（1140～1207年）：即辛弃疾，字幼安，号稼轩，山东东路济南府历城县（今济南市历城区遥墙镇四凤闸村）人，中国南宋豪放派词人，人称词中之龙，与苏轼合称"苏辛"，与李清照并称"济南二安"。

⑨上幸学：意谓崇祯帝巡视国学。上，指皇上。幸，特指皇帝到某处去。

⑩干没：侵吞他人财物。

⑪不殊：不死。

⑫奥赜（zé）：指精微的意蕴。

⑬湛思：沉思。

⑭鹏骞海怒：大鹏高飞，比喻奋发有为，仕途得意。海怒，意谓如大海之气势。怒，形容气势盛。

⑮穿天心月胁而出之：意谓语出惊人。

⑯涯涘（sì）：边际，界限。

⑰相体仁：指温体仁（1573～1638年），字长卿，号园峤。明朝的政治家，也是崇祯皇帝当政期间最长的阁辅。浙江乌程（今湖州）南浔辑里村人。万历二十六年进士。崇祯三年（1630）以礼部尚书兼东阁大学士，入阁辅政。对首辅周延儒阳为曲谨，阴为排挤，迫其引退，自为首辅。翻庵党逆案，排斥异己。

⑱挤阱：推入陷阱，意谓陷害。

⑲转圜纳牗：转圜，挽回。

⑳伷伷：小的样子，渺小，微贱。

㉑夬夬：形容果断。

㉒瘃（jiē）疟：疟疾的通名。

㉓磔（zhé）崒（mì）阳：以磔刑处死了郑崒阳。郑鄤，字谦止，号崒阳，常州武进（今江苏）人，天启进士，因反对魏忠贤削籍为民。

㉔披倡：猖狂。

㉕沈眉生（1607～1675 年）：即沈寿民，字眉生，号耕严，宣城人。移寓南京。明末诸生，加入复社，崇祯九年（1636）举贤良方正，与沈士柱合称"江上二沈"。明亡后隐居不仕，与徐枋、巢鸣盛称"海内三遗民"。著有《剩庵诗稿》。

㉖白棓（bàng）：无漆饰的棍棒。

㉗翛（xiāo）然：形容无拘无束、自由自在的样子。

㉘紫柏（1543～1603 年）：即紫柏真可，明代四大高僧之一，晚号紫柏。吴江（江苏）人。

㉙钱沃心：钱启忠，字沃心，浙江鄞县人，钱肃乐的叔伯辈。崇祯进士，曾任南康府推官，死于崇祯十六年。

㉚偲偲：相互勉励，相互督促。

㉛信宿：连住两夜。

王义士传

【题解】

本文主要介绍明清换代之际，散落于民间的明朝遗民的事迹。鉴于对前朝的忠贞，王台辅从容赴死，其民族气节令人振奋。黄宗羲认为作为遗民的士人其气节主要表现在"抱道而不仕"的中道价值上。对于王台辅"不食周粟"的过于极端行为，黄宗羲持不鼓励的态度。

【原文】

万公择、范国雯①自淮上返，得王义士事甚奇，曰："非先生之文不足发之。"作《王义士传》。

王台辅字赞化，别号象山，下邳②人也。家世农。台辅始入太学为诸生。烈皇诛逆奄，未几，复用奄人观军，筹食探汤，败事之后，遂使五岳三途并沦寇窃。台辅草书万言，誓墓入京，欲上之，而都城已陷，痛哭南还，构一利刃自随，曰："吾以此揕贼之胸耳。"闻者笑为何等腐生。史公可法韪其志③，造庐访之。时台辅卧病，起而为公设食，葱汤麦饭，泰然无有不足，公太息而去。御史王燮、东平侯刘泽清会于睢宁，具食与乐。台辅斩衰④直入，慷慨语曰："海内版荡⑤，宗庙播迁，此公等尝胆断指，食不下咽时也；而置酒高会乎？"左右欲鞭之，燮曰："此狂生也，扶而去之。"大兵南下，台辅遮之于辛安，欲叩亲王之马，为前驱所阻。有降将问所欲言，台辅曰："大国为明报仇，恩至渥也。江南一块土，不过千里，捐此撮尔，留为杞、宋⑥，于大国无秋毫之损，千秋万岁，诵义无穷。计不出此，无乃为德不卒乎？"降将掩耳疾走；军旅劻勷⑦，亦不通其为何语。台辅计无复之。

南都既覆，台辅泫然流涕曰："吾谁氏之民也，而可使食有他粟！"赵视其廪，尚有余粟，曰："此吾之所树也，毕此而死，亦未为晚。"丁亥某日粟尽，集其邻里乡党，濯衣幅巾，大呼"烈皇"，北面再拜，自馨⑧于象山之树。聚观者无不恸哭失声。是时有僧过之，持鞭而指台辅曰："丈夫死，宜也；恶用是弥街绝里眩曜于人乎？"后数月，渡河来者，言石屋寺一僧僵立而死，有鞭在其侧。始知僧言不妄发也。

台辅为人重然诺，家贫而喜周人之急。淮阴李杜若应试，不能办装，台辅心许之，而未结言。杜若死，往赴叩丧，改以为赙⑨。纤介之善，咨嗟不置于口；一言不及义，移坐面壁——以是不为人所亲。

太史公谓伯夷义不食周粟者，盖伯夷先时归周禄以养老，隐于首阳，始不受禄，故谓之不食用粟也。若以率土之粟即为周粟，则薇与粟何择焉！台辅之法伯夷，无乃误乎？近闻一事亦相类。温州有徐氏者，丙戌间，约其徒侣数十人，衣锁尘需⑩，苟完粗备，跻雁山之顶，架屋数十，塞断道路，以拟桃源。去今三十余年，无人知其生死如何也。夫桃源亦渊明之寓言耳。今武陵之桃源，无人不可到，而云渔人复往，迷不得路，岂其秘于昔而显于今与？其说既穷，则以黄道真实渔人，与刘、阮⑪无异，非人间世所有。是徐氏之拟桃源亦误也。虽然，血性流行，新陈百变。古之所无，不妨有之；古之所虚，不妨实之。王、徐二子之事，不恨今人不见古人，而恨古人不见今人也。抑亦可谓善学古人者矣。

【注释】

①范国雯：范光阳，清代鄞县人。字国雯，号北山，康熙进士。

②下邳：今江苏睢宁西北古邳镇。

③娓（wěi）其志：以其志为善。娓，善。

④斩衰：丧服名。衰通"缞"，"五服"中最重的丧服，用最粗的生麻布制作，断处外露不缉边，丧服上衣叫"衰"，因称"斩衰"，表示毫不修饰以尽哀痛，服期三年。

⑤版荡：《诗·大雅》有《板》《荡》两篇，皆刺周厉王暴虐无道，而致天下不宁。

⑥留为杞、宋：杞，古代国家的名字。相传周武王封夏禹后人东楼公于杞，后为楚国所灭，地在今河南杞县。宋也是古代小国家的名字。周武王灭商，封商纣王子武庚于旧都（今河南商丘）。成王时武庚叛乱被杀；又以其地封与纣之庶兄微之，号宋公，为宋国。辖地在今天河南省东部及山东、江苏、安徽三省之间。留为杞、宋，意思是请求清朝像周武王封东楼公和武庚那样，保留南明小朝廷。

⑦劻勷（ráng）：急迫不安的样子。

⑧自罄：自缢。

⑨赙：拿钱财帮助别人办理丧事。

⑩农锁尘需：农业生产和日常生活所需之物。

⑪刘、阮：相传东汉永平年间，浙江剡县人刘晨、阮肇到天台山采药迷路，遇到两个仙女，被邀请至家中。半年后回家，子孙已过七代。后重入天台山访女，踪迹渺茫。

忠端刘念台先生宗周

【题解】

刘宗周是黄宗羲的老师，因讲学于山阴蕺山，学者称蕺山先生。他开创的蕺山学派，对中国儒学史的发展产生了重要的影响。清初大儒黄宗羲、陈确、张履祥等都是这一学派的传人。本文详细介绍了蕺山先生的人生历程，让人深切地体会到了一代儒学大师的治学为人风范。刘宗周的儒学思想以慎独为宗，为儒学发展史上的标杆。黄宗羲认为"儒者人人言慎独，唯先生始得其真"。全篇洋溢着作者对于恩师的感恩和敬仰之情。

【原文】

刘讳宗周，字起东，号念台，越之山阴人。万历辛丑进士，授行人①，上疏言国本，言"东林多君子，不宜弹射"②，请告归。起礼部主事，劾阉人魏忠贤、保姆客氏③。转光禄寺丞④，寻升尚宝少卿⑤、太仆少卿⑥，疏辞，不允，告病回籍。起右通政⑦，又固辞，内批⑧为"矫情厌世，革职为民"。

崇祯己巳，起顺天府尹。上方综核名实⑨，群臣救过不遑。

先生以为此刑名之术⑩也，不可以治天下，而以仁义之说进。上迂阔之，京师戒严，上疑廷臣谋国不忠，稍稍亲向奄人。先生谓："今日第一宜开示诚心，为济难之本，皇上以亲内臣之心亲外臣，以重武臣之心重文臣，则太平之业，一举而定也。"当是时，小人乘时欲翻逆案，遂以失事者牵连入之东林。先生曰："自东林之以忠义苦，是非定矣，奈何复起波澜？用贤之路，从此而穷。"解严后，上《祈天永命疏》："上天重民命，则刑罚宜省，请除诏狱⑪。上天厚民生，则赋敛宜缓，请除薪饷。相臣⑫勿兴大狱，勿赞富强，与有祈天永命之责焉。"上诘以军需所出，先生对曰："有原设之兵、原设之饷在。"上以为迂阔也。请告归，上复思之，因推阁员，降诏招先生入对文化殿。上问人才、粮饷、流寇三事，对曰："天下原未尝乏才，止因皇上求治太急，进退天下士太轻，所以有人而无人之用。加派重而参罚严，吏治日坏，民生不得其所，胥化为盗贼，饷无以出矣。流寇本朝廷赤子⑬，抚之有道，寇还为吾民也。"上又问兵事，对曰："臣闻御外亦以治内为本，此干羽所以格有苗也⑭，皇上亦法尧舜而已矣。"上顾温体仁⑮曰："迂哉！刘某之言也。"

用为工部左侍郎⑯。乃以近日弊政，反复言之，谓："呈上但下一尺之诏，痛言前日所以致贼之由，与今日不忍轻弃斯民之意，亨廷臣赍内帑⑰巡行郡国，为招抚使，以招其无罪而流亡者。陈师险隘，听其穷而自解归来。诛渠⑱之外，犹可不杀一人，而毕此役也。"上见之大怒，久之而意解，谕以"大臣论事，须体国度时，不当效小臣图占地步，尽咎朝廷耳"。先生发言："皇上已具尧舜之心，惟是人心道心，不能无倚伏⑲之机。出于人心而有过不及者，授之政事之地，即求治而过不免害治者有之，惟皇上深致意焉。"三疏请告归，上允之。行至德州，上疏曰："今日之祸，己巳以来酿成之也。后日之祸，今日又酿之矣。己巳之变㊵，受事者为执政之异己，不难为法受恶，概置之重典。丙子之变㊶，受事者为执政之私人，不难上下蒙蔽，使处分之顿异。自古小人与中官㊷气谊一类，故天下有比中官之小人，必无合于君子之小人；有用小人之君子，终无党比中官之君子。八年之间，谁秉国成㊸？臣不能为首辅温体仁解矣。"有旨"革职为民"。然上终不忘先生，临朝而叹，谓："大臣如刘某，清执敢言，廷臣莫及也。"

壬午，起吏部左侍郎。先生以为天下治乱，决不能舍道而别有手援㊹之法，一涉功利，皆为苟且。途中上书，以明圣学。未至，升左都御史。召对，上问职掌安在，对曰："都察院㊺之职，在于正己以正百僚，必其存诸中者，上可以对君父，下可以质天下士大夫，而后百僚则而象之。至于责成巡方，其首务也。巡方得人，则吏治清；吏治清，则民生安矣。"已又戒严，先生言："皇上以一心为天地神人之主，镇静以立本，安详以应变，此第一义也。其施行次第，旌卢象昇㊻，戮杨嗣昌㊼。"上曰"责重朕心是也，请恤，追戮，何与兵机事？"召对中左门。御吏杨若侨言火器，先生劾之曰："御史之言非也。迩来功臣，于安攘御悔之策、战守屯戍之法，概置不讲。以火器为司命㊽，不传人而恃器，国威所以愈顿也。"上议督抚去留，先生对："请自督师范志完㊾始。志完身任三协，平时无备，听其阑入；今又借援南下，为脱卸计，从此关门无阻，决裂至此。"上曰："入援乃奉旨而行，何云'脱卸'？"先生对："十五年来，皇上处分未当，致有今日败局。乃不追原祸始，更弦易辙，欲以一切苟且之政，牵补罅漏，非长治之道也。"上变色曰："从前已不可追，今日事后之图安在？"先生对："今日第一义，在皇上开诚布公，先豁疑关，公天下以为好恶，则思过半矣。"上曰："国家败坏已极，如何整顿？"先生对："近来持论者，但论才望，不论操守，不知天下真才望出于天下真操守，自古未有操守不谨而遇事敢前者，亦未有操守不谨而军士畏威者。"上曰："济变㉚之日，先才而后守。"先生对："以济变言，愈宜先守，即如范志完，操守不远，用贿补官，所以三军解体，莫肯用命。由此观之，岂不信以操守为主乎？"上始色解，先生更端曰："皇上方下诏求言，而给事中姜採㉛、行人司副熊开元㉜，以言得罪，下之诏狱。皇上度量卓越，如臣某，累多狂妄，幸宽斧锧㉝。又如词臣黄道周㉞，亦以憨直获宥。二臣何独不蒙一体之仁乎？"上曰："道周有学有守，岂二臣可比？"先生对曰："二臣诚不及道周。然朝廷待言官有体，即有应得之罪，亦当敕下法司㉟定之。遽置诏狱，终于国体有伤。"上怒曰："朕处一、二言官，如何遂伤国体？假有贪赃坏法，欺君罔上，俱可不问乎？"先生对："即皇上欲问贪赃坏法、欺君阁上者，亦不可不付之法司也。"上大怒曰："如此偏党㊱，岂堪宪职㊲，候旨处分！"先生谢罪，文武班行，各申救。遂革职归。

南渡㊳，起原官。先生上言："今日宗社大计，舍讨贼复仇，无以表陛下渡江之心；非陛下决策亲征，亦何以作天下忠臣义士之气？江左非偏安之业，请进图江北。凤阳㊴号称中都，东扼徐淮，北控豫州，西顾荆襄，而南去金陵不远。亲征之师驻跸于此，规模先立，而后可言政事。"一时乱政，先生无不危言。阁臣则劾马士英㊵，勋臣则劾刘孔昭㊶，四镇㊷则弹劾刘泽清㊸、高杰㊹。先生本无意于出，谓"中朝之党论㊺方兴，何暇图河、洛之贼？立国之本计已疏，何以言匡攘之略？"当是时，奸人虽不利先生，然耻不能致先生，反急先生之一出㊻。马士英言先生"负海内重名，自称草莽孤臣，不书新命，明示以不臣也"。朱统镺言先生"请移跸凤阳，凤阳，高墙之所⑩，盖欲以罪宗处皇上"。四镇皆言先生"欲行定策之诛⑪，意在废立"。先生在丹阳僧舍，高杰、刘泽清遣刺客数辈迹之，先生危坐终日，无惮容，客亦心折而去。诏书敦迫再三，先生始受命。寻以阮大铖为兵部传郎，先生曰："大铖之进退，江左之兴衰系焉。"内批"是否确论"，先生再疏，请告予驰驿归。先生出国门，黄童白叟聚观叹息，知南都之不能久立也。

浙省降，先生恸哭曰："此余正命之时也。"门人以文山、叠山、袁阆⑫故事言，先生曰："北都之变，可以死，可以无死，以身在削籍也。南都之变，主上自弃其社稷，仆在悬车⑬，尚曰可以死，可以无死。今吴越又降，区区老臣，尚何之乎？若曰身不在位，不当与城为存亡，独不当与土为存亡乎？故相江万里⑭所以死也。世无逃死之宰相，亦岂有逃死之御史大夫乎！君臣之义，本以情决，舍情而言义，非义也。父子之亲，固不可解于心，君臣之义，亦不可解于心。今谓可以不死而死，可以有待而死，死为近名，则随地出脱，终成一贪生畏死之徒儿已矣。"绝食二十日而卒，乙酉六月八日戊子也，年六十八。

先生起自孤童，始从外祖章颖学，长师许敬痷⑮，而砥砺性命之友，则刘静之、丁长孺、周宁宇、魏忠节、先忠端公、高忠宪⑯。晚虽与陶石梁同讲席，为证人之会⑰，而学不问。石梁之门人皆学佛，后且流于因果。分会于白马山，羲尝听讲，石梁言一名臣转身为马，引其疾姑证之。羲甚不然其言，退而与王业询、王毓著推择一辈时名之士四十余人，执贽⑱先生门下。此四十余人者，皆喜辟佛，然而无有根柢，于学问之事亦浮慕而已，反资学佛者之口实。先生有优之，两者交讯。故传先生之学者，未易一、二也。先生之学，以慎独⑲为宗。儒者人人言慎独，唯先生始得其真。盈天地间皆气也，其在人心，一气之流行，诚通诚复㉗，自然分为喜怒哀乐，仁义礼智之名因此而起者也。不待安排品节㉘，自能不过其则，即中和也。此生而有之，人人如是，所以谓之性善。即不无过不及之差，而性体㉙原自周流，不害其为中和之德。学者但证得性体分明，而以时保之，即是慎矣。慎之工夫，只在主宰上，觉有主，是曰意，离意根一步，便是妄，便非独矣。故愈收敛，是愈推致。然主宰亦非有一处停顿，即在此流行之中。故曰："逝者如斯夫，不舍昼夜。"盖离气无所为理，离心无所为性。佛者之言曰："有物先天地，无形本寂寥，能为万象主，不逐四时调。"此是他真赃实犯㉚，奈何儒者亦曰"理生气"？所谓毫厘之辨，竟亦安在？而徒以自私自利，不可以治天下国家，弃而君臣父子，强生分别。其不谓佛者之所笑乎？先生大指如是。此指出，真是南辕北辙，界限清楚，有宋以来所未有也。识者谓，五星聚奎㉛，濂洛关闽㉜出焉；五星聚室㉝，阳明子之说昌；五星聚张㉞，子刘子之道通。岂非天哉！岂非天哉！

【注释】

①行人：明代官职名称，掌管册封、传旨等事。

②弹射：攻击、斥逐。

③保姆客氏：明熹宗乳母，封奉圣夫人。魏忠贤与之串通，相济为恶，崇祯即位后被杀。

④光禄寺丞：官署名，掌宫廷宿卫及侍从，北齐以后掌膳食账目，唐以后始专司膳。

⑤尚宝少卿：尚宝司的副长官，掌印玺、符牌。

⑥太仆少卿：太仆寺副长官，掌厩牧、辇舆之政，总乘黄、典厩、典牧、车府四署及诸监牧。

⑦通政：官署名，简称通政司。中国明代中央掌受内外章疏敷奏封驳

之事的官署。

⑧内批：皇帝御批。

⑨综核名实：全面考核事物的称说是不是与实际相符。这里指崇祯皇帝即位后为肃清吏治而对臣下实行的各方面综合的考核。

⑩刑名之术：韩非等法家人物主张循名责实，慎赏明罚，后人称为"刑名之学"。

⑪诏狱：就是由皇帝直接掌管的监狱，意为此监狱的罪犯都是由皇帝亲自下诏书定罪。

⑫相臣：对待臣下。

⑬赤子：这里指百姓。封建统治者宣扬君民、官民关系如父子关系，称百姓为"赤子"。

⑭干羽所以格有苗也：干羽指干盾及羽翟，供乐舞只用。格，致。有苗，即古代苗族，曾不服从舜命。

⑮温体仁（1573～1638年）：明浙江乌程（今湖州）人，字长卿，号园峤，万历进士。崇祯三年（1630）以礼部尚书兼东阁大学士，入阁辅政。对首辅周延儒阳为曲谨，阴为排挤，迫其引退，自为首辅。翻阉党逆案，排斥异己。十年，罢官，次年病死。

⑯工部左侍郎：主要掌管各类工程、屯田、水利等事。

⑰内帑（tǎng）：指皇室的仓库。

⑱诛渠：杀掉大头目。

⑲倚伏：祸是福依托之所，福又是祸隐藏之所，意谓福祸可以相互转化。

⑳己巳之变：崇祯二年（1629）。温体仁为首辅，大肆排斥陷害异己，史称"己巳之变"。

㉑丙子之变：指崇祯九年温体仁将兴大狱，穷治异己。

㉒中官：宦官。

㉓谁秉国成：谁掌握着治理国家的权柄？

㉔手援：解救。

㉕都察院：明清时期官署名，由前代的御史台发展而来，主掌监察、弹劾及建议。

㉖卢象昇：字建斗，号九台，江苏宜兴人。中国明末抗清大臣。

㉗杨嗣昌（1588～1641年）：字文弱，号字微，湖南武陵县碴口坡人。明代官员。

㉘司命：即掌管人的生命的神《云笈七籖》文昌星神君，字先常，天子司命之符也。

㉙范志完：字叔恺，号成六，本县利民人，范仲淹后裔。自幼聪颖，为文高古，母作《八行图》以教之。

㉚济变：解决目前事变。

㉛姜採：字如农，明代莱阳人。明亡，削发为僧。

㉜熊开元：字鱼山，明代嘉鱼人，天启五年进士。崇祯四年，征授吏科给事中。后因事被贬。复起后，迁行人司副。

㉝斧锧（zhì）：古代杀人的刑具。

㉞黄道周（1585～1646年）：字幼玄，一作幼平或幼元，又字螭若，螭平，号石斋，福建漳浦铜山（现东山县铜陵镇）人。明末学者、儒学大师、民族英雄。抗清失败，被俘殉国，谥忠烈。

㉟法司：执法部门。

㊱偏党：指偏私。

㊲宪职：负责弹劾纠察的都御史、御史一类官职。

㊳南渡：指公元1644年清军入关后，福王朱由崧在南京建立弘光朝。

㊴凤阳：明太祖朱元璋为凤阳人，称帝后于洪武五年（1372）定凤阳为中都。

㊵马士英：字瑶草，贵州贵阳人，明末凤阳总督，南明弘光朝内阁首辅。

㊶刘孔昭：明开国功臣刘基后代，袭爵诚意伯，亦有拥立之功。

㊷四镇：四藩。其一淮徐，其一扬滁，其一凤泗，其一庐六。

㊸刘泽清：明代山东曹州人。从守备累升为总兵、左都督等职。崇祯

十六年赴河南，为李自成所败，拔营南逃，到处焚掠。清兵南下，扬州告急，降清，后谋反被杀。

㊹高杰：明代陕西米脂人。初参加李自成起义军，崇祯八年降明，官至总兵。福王时封为兴平伯，列为四镇之一。驻扬州城外，与黄得功争扬州。旋奉史可法命，进驻徐州，准备抗击清军，后在睢州为许定国所杀。

㊺中朝之党论：言南明弘光朝廷中又有攻击东林党人的议论。

㊻反急先生之一出：反而急于要刘宗周出来任职。

㊼高墙之所：凤阳为明帝室先祖陵园，设有高墙之所。明代对有罪宗室，有禁锢于高墙之制。

㊽定策之诛：在拥立天子同时杀掉某些人。古称大臣拥立天子为“定策”。

㊾袁阆：字奉高，东汉慎阳（今河南省正阳县）人，汉末士人。

㊿悬车：指隐居不仕。

(51)江万里（1198～1275年）：名临，字子远，号古心，今都昌县阳丰乡府前江家人。万里是其出仕后的用名。南宋著名爱国丞相，与弟江万载、江万顷被时人和后世雅称为江氏“三古”或江氏“三昆玉”。

(52)许敬庵：即许孚远，字孟中，号敬庵，明代德清人。嘉靖进士，授工部主事。官至兵部左侍郎，学宗王阳明，以克己为修身之要谛。

(53)高忠宪：高攀龙，字存之，明代无锡人。万历进士，授行人。以疏诋杨应宿，谪揭阳典史。家居三十年。熹宗立，累官左都御史，发崔呈秀秽状，为魏忠贤所恶，削籍归。

(54)为证人之会：理学家论证“人”的讲会，刘宗周在绍兴创办有证人书院。

(55)执贽：交学费。这里意思是去当学生。

(56)慎独：指当独处而无人觉察时，仍谨慎地使自己的行为符合道德标准。慎独是儒家的一个重要概念，慎独讲究个人道德水平的修养，看重个人品行的操守，是儒风（儒家风范）的最高境界。

(57)诚通诚复：通过之后又返回。

(58)品节：以品级来节制。

(59)性体：性善之本体。

(60)真赃实犯：犯罪的证据确凿，这里指真实思想。

(61)五星聚奎：即金、木、水、火、土五星连珠，和中国的历法有密切的关系，据说三代的尧帝登位，为甲辰年，也出现了五星连珠的现象，因此，“五星聚奎”成了祥瑞之兆。

(62)濂洛关闽：指宋朝理学的四个重要学派。濂指周敦颐，因其原居道州营道濂溪，世称濂溪先生，为宋代理学之祖，程颐、程颢的老师；洛指程颐、程颢兄弟，因其家居洛阳，世称其学为洛学；关指张载，张家居关中，世称横渠先生，张载之学称关学；闽指朱熹，朱熹曾讲学于福建考亭，故称闽学，又称“考亭派”。

(63)室：室宿，二十八宿之一，北方之星。

(64)张：张宿，二十八宿之一，南方之星。

姚江^①学案·前言

【题解】

　　姚江学派，中国儒家学派的一支，成形于明朝中晚期，创始人为明代大儒王守仁，为此姚江学派也被称为阳明学派。黄宗羲指出："自姚江指点出'良知人人现在，一反观而自得'，便人人有个作圣之路。故无姚江，则古来之学脉绝矣。"由此可见，在姚江学派看来，即使是像街头巷尾的普通民众，市井江湖买卖的商贾等处在社会底层的人只要通过不断的学习实践，也能成为尧舜那样贤明的圣贤。它也激发了普通人博学、审问、慎思、明辨等求学的兴致。

【原文】

　　有明学术，从前习熟先儒之成说，未尝反身理会，推见至隐^②，所谓"此亦一述朱，彼亦一述朱"耳。高忠宪^③云："薛敬轩^④、吕泾野^⑤《语录》中，皆无甚透悟。"亦为是也。自姚江指点出"良知人人现在，一反观而自得"，便人人有个作圣之路。故无姚江，则古来之学脉绝矣。然"致良知"一语，发自晚年，未及与学者深究其旨，后来门下各以意见搀和，说玄说妙，几同射覆①，非复立言之本意。先生之格物，谓"致吾心良知之天理于事事物物，则事事物物皆得其理。以圣人教人只是一个行，如博学、审问、慎思、明辨皆是行也。笃行之者，行此数者不已是也"。先生致之于事物，致字即是行字，以救空空穷理。只在知上讨个分晓之非，乃后之学者测度想象。求见本体，只在知识上立家当，以为良知，则先生何不仍穷理格物之训，先知后行，而必欲自为一说耶？《天泉问答》："无善无恶者心之体，有善有恶者意之动，知善知恶是良知，为善去恶是格物。"今之解者曰："心体无善无恶是性，由是而发之为有善有恶之意，由是而有分别其善恶之知，由是而有为善去恶之格物。"层层自内而之外，一切皆是粗机，则良知已落后着，非不虑之本然，故邓定宇以为权论也。其实无善无恶者，无善念恶念耳，非谓性无善无恶也。下句意之有善有恶，亦是有善念有恶念耳，两句只完得动静二字。他日语薛侃②曰："无善无恶者理之静，有善有恶者气之动。"即此两句也。所谓知善知恶者，非意动于善恶，从而分别之为知，知亦只是诚意中之好恶，好必于善，恶必于恶，孰是孰非而不容已者，虚灵不昧之性体也。为善去恶，只是率性而行，自然无善恶之夹杂。先生所谓"致吾心之良知于事事物物也"四句，本是无病，学者错会文致。彼以无善无恶言性者，谓无善无恶斯为至善。善一也，而有善之善，有无善之善，无乃断灭性种乎？彼在发用处求良知者，认已发作未发，教人在致知上着力，是指月者不指天上之月，而指地上之光，愈求愈远矣。得羲说而存之，而后知先生之无弊也。

【注释】

①姚江：即姚江学派，又称"阳明学派"，简称"心学"。学派主旨为"心即理""知行合一"和"致良知"。

②推见至隐：由推论而推测出。

③高忠宪：高攀龙，字存之，明代无锡人。万历进士，授行人。以疏诋杨应宿，谪揭阳典史。家居三十年。熹宗立，累官左都御史，发崔呈秀秽状，为魏忠贤所恶，削籍归。

④薛敬轩：薛瑄，字德温，号敬轩，山西河津人。

⑤吕泾野：字仲木，高陵人。

⑥射覆：就是在瓯、盂等器具下覆盖某一物件，让人猜测里面是什么东西。《汉书·东方朔传》："上尝使诸数家射覆"。颜师古注曰："于覆器之下而置诸物，令闇射之，故云射覆。"从以上记载来看，汉代时期皇宫中已经流行射覆游戏。射覆所藏之物大都是一些生活用品，如手巾、扇子、笔墨、盒罐等。

⑦薛侃（1486～1546 年）：字尚谦，因曾讲学中离山，世人称中离先生。明代潮州府揭阳（今潮州市潮安县）人，明代大儒。

破邪论·地狱

【题解】

本文具有反对迷信的意蕴。文章首句："地狱之说，儒者所不道。"即表明了作者的对"地狱"论说的反对态度。文章通过事实上大奸大恶之人长期存在与地狱惩治恶人说之间的矛盾揭露了地狱之说的荒谬。最后引用"孔子成《春秋》，而乱臣贼子惧"的典故指出了惩治大奸大恶之人的方法。

【原文】

地狱之说，儒者所不道。然《广记》《夷坚》诸书载之甚烦，疑若有其事者。盖幽明一理，无所统属，则依草附木之魂，将散于天地。冥吏①不可无也，然当其任者，亦必好生如皋陶②，使阳世不得其平者，于此无不平焉。阳世之吏，因乎天下之治乱，乱日常多，治日常少，故不肖之吏常多，亦其势然也。冥吏为上帝所命，吾知其必无不肖者矣。乃吾观为地狱之说者，其置刑有碓、磨、锯、凿、铜柱、铁床、刀山、雪窖、蛇虎粪秽，惨毒万状，目所不忍见，耳所不忍闻。是必索元礼、来俊臣③之徒，性与人殊者，始能胜其任。吾不意天帝所任治狱之吏，乃如唐之武后也！且阳世之刑，止有笞、杖、徒、流、绞、斩，已不胜其纷纭上下，若地狱言而信，则故鬼新鬼，大乱于冥冥之中矣。阳世之爱恶攻取方谢，而冥地之机械变诈复生，夫子所谓鬲如罦如而愿息者^④，殆有甚焉。

或曰：地狱之惨形，所以禁阳世之为非者也。上帝设此末命，使乱臣贼子知得容于阳世者，终不容于阴府。以补名教之所不及，不亦可乎？

余曰：不然。大奸大恶，非可以刑惧者也。地狱之说相传已久，而乱臣贼子未尝不接迹于世，徒使虔婆顶老^⑤凛其纤介之恶，而又以奉佛消之，于世又何益乎？夫人之为恶，阴也，刑狱之事亦阴也，以阴止阴，则沍结^⑥而不可解，唯阳和之气足以化之。天上地下，无一非生气之充满。使有阴惨之象滞于一隅，则天地不能合德矣。故知地狱为佛氏之私言，非大道之通论也。

然则大奸大恶，将何所惩创乎？曰：苟其人之行事载之于史、传之于后，使千载而下，人人欲加刃其颈，贱之为禽兽，是亦足矣。孟氏所谓"乱臣贼子惧"，不须以地狱蛇足^⑦于其后也。

【注释】

①冥吏：地狱的各类官吏。

②皋陶：偃姓，又作咎繇，我国古代传说中的人物。曾经被舜任命为掌管刑法的"理官"，以正直闻名天下。

③索元礼、来俊臣：唐朝武则天时著名酷吏。

④鬲如罦如而愿息：在儒家看来，人到死后才可以休息。鬲通隔。

⑤虔婆顶老：虔婆，中国古代传统的女性职业"三姑六婆"中一种，

指开设秦楼楚院、媒介色情交易的妇人。顶老，妓女、歌妓。

⑥沍（hù）结：凝结，冻结。

⑦蛇足：画蛇添足。

东林学案·总论

【题解】

本文是黄宗羲东林学案的开篇，主要对东林学派作了总体的评价。本文对东林学派评价极高："一堂师友，冷风热血，洗涤乾坤。"明代神宗万历年间，以顾宪成、高攀龙为首，创立了东林学派。在黑暗腐朽的封建统治下，他们以读书、讲学、议政等方式，力图唤起民心，消除社会危机，以达到安治天下的目的。他们以天下为己任的赤子之心，以及在清议天下过程中流露出的政治、社会、经济思想，都具有进步意义。

【原文】

今天下之言东林者，以其党祸与国运终始，小人既资为口实，以为亡国由于东林，称之为两党，即有知之者，亦言东林非不为君子，然不无过激，且依附者之不纯为君子也，终是东汉党锢中人物。嗟乎！此臆语①也。东林讲学者，不过数人耳，其为讲院，亦不过一郡之内耳。昔绪山②、二溪③，鼓动流俗，江、浙南畿，所在设教，可谓之标榜矣。东林无是也。京师首善之会，主之为南皋④、少墟⑤，于东林无与。乃言国本⑥者谓之东林，争科场⑦者谓之东林，攻逆奄⑧者谓之东林，以至言夺情⑨奸相讨贼，凡一议之正，一人之不随流俗者，无不谓之东林，若似乎东林标榜，遍于域中，延于数世，东林何不幸而有是也？东林何幸而有是也？然则东林岂真有名目哉？亦小人者加之名目而已矣。论者以东林为清议所宗，祸之招也。子言之："君子之道，辟则坊与"。清议者天下之坊也。夫子议臧氏之窃位，议季氏之旅泰山，独非清议乎？清议熄，而后有美新之上言⑩，媚奄之红本⑪，故小人之恶清议，犹黄河之碍砥柱也。熹宗之时，龟鼎⑫将移，其以血肉撑拒，没虞渊而取坠日者，东林也。毅宗之变，攀龙髯而蓐蝼蚁者⑬，属之东林乎，属之攻东林者乎？数十年来，勇者燔妻子，弱者埋土室，忠义之盛，度越前代，犹是东林之流风余韵也。一堂师友，冷风热血，洗涤乾坤，无智之徒，窃窃然从而议之，可悲也夫！

【注释】

①寱（yì）语：梦话。引申为胡说、无稽之谈。

②绪山（1496～1574年）：即钱德洪，名宽，字洪甫，因避先世讳，以字行。号绪山，尝读《易》于灵绪山中，人称绪山先生。明朝中后期哲学家，思想家，教育家。

③二溪：王畿和顾应祥。王畿，字汝中，号龙溪，学者称龙溪先生。浙江山阴（今绍兴）人。顾应祥，字惟贤，号箬溪，祖籍长洲（今江苏吴县）。两人都为王阳明弟子，属浙中王门学派，合成"二溪"。

④南皋：邹元标，字尔瞻，号南皋。江西吉水县人，明代东林党首领之一，与赵南星、顾宪成号为"三君"。

⑤少墟：冯从吾，字仲好，号少墟，西安府长安（今陕西西安）人。著名思想家、教育家。

⑥言国本：明神宗朱翊钧万历十五年（1587）生子常洛，十四年又生子常洵。常洛母王恭妃无宠，常洵母郑贵妃谋夺常洛长子继承权。内阁大学士申时行、王家屏等请早立常洛为皇子，神宗意在常洵，故意推延。申、王去职，沈一贯等入阁，奉承皇帝旨意，主张缓争。而东林一派朝臣则主急争，自称"争国本"。

⑦争科场：万历初张居正任首辅，大权独揽。其子应考举人，考官秬应科、戴光启舞弊以献媚。又高启愚主试南京时，曾以"舜亦以命禹"为题。张居正败后，御史丁此吕等揭发科场舞弊案，并谓高启愚所出试题暗主神宗禅位给张居正，时称"争科场"。

⑧攻逆奄：天启年间，以魏忠贤为首的阉党专政擅权，倒行逆施。以东林党人为主体的一部分正直士大夫称魏为"逆奄"，群起而攻之。

⑨夺情：中国古代礼俗，官员遭父母丧应弃官家居守制，称"丁忧"。服满再行补职。朝廷于大臣丧制款终，召出任职，或命其不必弃官去职，不着公服，素服治事，不预庆贺，祭祀、宴会等由佐贰代理，称"夺情"。

⑩美新之上言：王莽执政时，杨雄曾撰文骂秦美"新"。"新"是王莽所建国号，美新即指赞美王莽的功德。

⑪媚奄之红本：明清两朝，臣下奏折经朱批后，转发六科给事中，称为红本。奄，指宦官，此指以魏忠贤为首的阉党。

⑫龟鼎：元龟和九鼎，古人认为是传国的宝器。龟鼎将移，犹言要改朝换代。

⑬攀龙髯而蓐蝼蚁者：传说黄帝升天时，有龙从天垂髯而下，黄帝攀龙髯而上，后宫和臣下随后攀缘而上的七十多人，随黄帝骑龙而去。寝蓐地下蝼蚁，借喻死亡。此喻崇祯帝自杀时随从殉节的臣子。

作文三戒

【题解】

本文的主旨在于反对写作的三种不良倾向：其一，为趋附当权者而写作；其二，替别人代笔，写出不符合事实的文章；其三，为了应酬而写作。黄宗羲认为，写作必须符合自己真实的情感体验，绝不能因虚与委蛇而胡乱写出不实的文章。从这一点也可以看出黄宗羲严谨求实的治学精神，值得后人敬仰和学习。

【原文】

山林台阁，其文各体。呕扰酸肠①，以诺凤毛②。组织华虫③，以酬饥鼠。二者交讥，失夫故技。古亦有言，逾垣扫轨④，缚腰札脚，而工软语，可令灶儿，见其底里。南雷松挂，剡溪烟水。一堕尘滓⑤，恐不可洗。右戒当道之文。

文字之衰，降为代言。齐梁霸□⑥，唐宋雄藩，各选上佐，亦命王臣。爱及今世，尺牍⑦寒温，亦有著撰。求衔谒文⑧，割裂王李。咄嗟⑨数幡，儒生胥吏，杂充下陈。频笑为荣，风雅宁论！此手一辱，不可复伸。右戒代笔之文。

文章之事，岂可假人！蚓窍蝇鸣^⑩，孰不自珍？一笑而置，卷轴徒尘。奈何作者，与之共陈。铭必应法，寿^⑪必相亲，诔^⑫视可哀，序视可存。乞言征启，投递沿门。无与文字，买菜积薪。凡彼应酬，仆不敢闻。右戒应酬之文。

【注释】

①呕扰酸肠：呕心劳神，搜括枯肠。

②凤毛：前人留下的风采。

③组织华虫：华虫，古代冠冕服装上的装饰。此指文章词采华丽。

④逾垣扫轨：脱离法则，不遵循规矩。

⑤尘滓：细小的尘灰渣滓，这里比喻卑贱或世间俗事。

⑥□：原文缺。

⑦尺牍：书信。

⑧谒文：请见的文字。

⑨咄嗟：一呼一诺之间，时间很短。

⑩蚓窍蝇鸣：从蚯蚓孔发出像苍蝇一样的嗡嗡叫声。比喻声响微不足道。也比喻没有多大的才能。

⑪寿：祝寿之文。

⑫诔（lěi）：哀悼死者的文章，通常指列叙死者生平事迹，并且赞美其德行的文辞。

缩斋文集序

【题解】

《缩斋文集》由黄宗羲的弟弟黄宗会所著。黄宗会，字泽望，号缩斋，学者称石田先生，明末清初学者，经学家，是明清浙东学派的代表人物之一。本文是黄宗羲为《缩斋文集》作的序。文章通过描述黄泽望的写作风格来刻画其为人处世的品格和态度。同时，又通过黄泽望的惊世骇俗之言，来印证其"能折困其身而不能屈其言"的高贵品格。这也进一步论证了黄宗羲"诗之为道，从性情而出"的观点，为后人创作提供精神和价值指引。

【原文】

《缩斋集》者，余弟泽望所著之诗文也。自泽望亡后，余教授于外。今岁甲寅，四方兵起，偃息衡门，始发大牛箧，出兵所著撰十束。虽体例各异，而散之日记中，不相条贯。余乃离而件系之，以为各录，取其诗文，选定为兹集。

序曰：泽望之为诗文，高历遐清，其在于山，则铁壁鬼谷也；其在于水，则瀑布乱礁也；其在于声，则猿吟而鹳鹤欵且笑也；其在平原旷野，则蓬断草枯之战场，狐鸣鸱①啸之芜城荒殿也；其在于乐，则变征②而绝弦也。盖其为人，劲直而不能屈己，清刚而不能善世，介特③寡徒，古之所谓隘人也。隘胸不能容物，并不能自容。其以孤佰绝人，彷徨痛哭于山巅水澨④之际，此耿耿者终不能下，至于鼓胀⑤而卒，宜矣！独怪古之为文章者，及其身而显于世者无论矣。即或憔悴终生，其篇章未有不流传身后，亦是荣辱屈伸之相折。泽望死十二年矣，所有篇章，亦与其骨俱委于草莽，无敢有明其书者。益惊世骇俗之言，非今之地上所宜有也。苏子瞻所谓"能折困其身而不能屈其言者"至泽望而又文人之一变焉。

虽然，泽望之文，可以弃之使其不显于天下，终不可灭之使其不留于天地。其文盖天地之阳气也。阳气在下，重阴锢之，则击而为雷；阴气在下，重阳包之，则抟而为风。商之亡也，《采薇》之歌非阳气乎？然武王之世，阳明之世也。以阳遇阳，则不能为雷。宋之亡也，谢皋羽、方韶卿⑥、龚圣予⑦之文阳气也，其时遁于黄钟之管⑧，微不能吹矿转鸡羽，末百年而发为迅雷。元之亡也，有席帽⑨、九灵之文，阴气也，包以开国之重阳，蓬蓬然起于大隧，风落山为蛊，末几而散矣。今泽望之文，亦阳气也，无视葭灰，不啻千钧之压也。锢而不出。岂若刘蜕⑩之文冢，腐为墟壤，蒸为芝菌，文人之文而已乎！

【注释】

①鸱：鸟名，似鹰之丑恶鸟类。

②变征：中国民族调式中的一个音级的阶名。

③介特：孤独清高，不随流俗。

④水澨：水涯。

⑤鼓胀：病名。指腹内因蓄水充气或积食物等而胀满如鼓。

⑥方韶卿：方凤，字韶卿，宋代浦江人。试太学，举礼部不第，特授容州文学。宋亡，隐居仙华山而不出。

⑦龚圣予：龚开，字圣予，号翠岩，宋代淮阴人。曾与陆秀夫同居广陵幕府。宋亡不出。

⑧其时遁于黄钟之管：古时检验节气变化的方法，把葭灰放在十二乐律的玉管内，每月当节气，则中律的乐管内灰即飞出。冬至之律为黄钟。

⑨席帽：王逢，字原吉，号梧溪子，又号席帽山人，无锡江阴人。

⑩刘蜕：字复愚，自号文泉子。荆南（今属湖南）长沙人。唐宣宗大中四年中进士，官终中书舍人。

马雪航诗序

【题解】

本文旨在论述"言诗者不可以不知性"。黄宗羲把诗人创作时的性情分为"一时之性情"和"万古之性情"两种。他认为超脱了个人的"一时之性情"而以孔子之性情为性情的诗人才是值得诗人敬仰的"体道君子"。他强调诗人要有很强的社会责任感，要注重自身的道德修养和理想人格的形成，把"万古之性情"融入诗歌创作当中。

【原文】

诗以道性情，夫人而能言之，然自古以来，诗之美者多矣，而知性者何其少也。盖有一时之性情，有万古之性情，夫吴歈越唱，怨女逐臣，触景感物，言乎其所不得不言，此一时之性情也。孔子删之，以合乎"兴、观、群、怨"、"思无邪"之旨，此万古之性情也。吾人诵法孔子，苟其言诗，亦必当以孔子之性情为性情。如徒逐逐于怨女逐臣，逮共天机之自露，则一偏一曲，其为性情亦未矣。故言诗者不可以不知性。

夫性岂易知也？先儒之言性者，大略以镜为喻：百色妖露、镜体澄然，其澄然不动者为性。此以空寂言性。而吾人应物处事，如此则安，不如此则不安，若是乎有物于中，此安不安之处，乃是性也。镜是无情之物，不可为喻。又以人物同出一原，天之生物有参差，则恶亦不可不谓之性。遂以疑物者疑及于人，夫人与万物并立于大地，亦与万物各受一性，如姜桂之性辛，稼穑之性甘，鸟之性飞，兽之性走，或寒或热，或有毒无毒，古今之言性者，未有及于本草者也。故万物有万性，类同则性同。人之性则为不忍，亦犹万物所赋之专一也。物尚不与物同，而况同人于物乎？程子言"性即理也"，差为近之。然当其澄然在中，满腔子皆恻隐之心，无有条理可见，感之而为四端，方可言理，理即"率性之为道"也，宁可竟指道为性乎？晦翁①以为天以阴阳五行化生万物而理亦赋焉，亦是兼人物而言。夫使物而率其性，则为触为啮②，为蠹为蟆③，万有不齐，亦可谓之道乎？故自性说不明，后之为诗者，不过一人偶露之性情。彼知性者，则吴、楚之色泽，中原之风骨，燕、赵之悲歌慷慨，盈天地间，皆恻隐之流动也，而况于所自作之诗乎！

秣陵马雪航④介余族象一请序其诗，余读之，清裁骏发，犊映篇流，不为雅而为风。余从象一得其为人，以心之安不安者定其出处，其得于性情者深矣。如是则宋景濂之五美，又何必拘束而拟之也。

【注释】

①晦翁：朱熹，字元晦，号晦庵，晚称晦翁。南宋著名的理学家。

②为触为啮：抵触、啃啮，动物相互争斗。

③为蠢为婪：表现为愚蠢或表现为贪婪。

④秣陵马雪航：马兆羲，字圣则，号雪航，江宁（今江苏南京）人。秣陵，古县名。

万贞一^①诗序

【题解】

本文旨在借给万贞一诗歌作序的机会，论述诗歌创作中的"温柔敦厚"原则。中国古代诗论注重温柔含蓄，即便是借诗歌批判社会现实也讲究范围、力度和方式。黄宗羲对此持反对意见。他认为："彼以为温柔敦厚之诗教，必委蛇颓堕，有怀而不吐，将相趋于厌厌元气而后已。"在黄宗羲看来真正的诗歌创作必须"激扬以抵和平"。全文体现出黄宗羲鼓励诗人关注和回应社会现实，敢于承担时代使命的精神。

【原文】

今之论诗者，谁不言本于性情？顾非烹炼使银铜铅铁之尽去，则性情不出。彼以为温柔敦厚之诗教，必委蛇颓堕^②，有怀而不吐，将相趋于厌厌元气而后已。若是则四时之发敛寒暑，必发敛乃为温柔敦厚，寒暑则非矣；人之喜怒哀乐，必喜乐乃为温柔敦厚，怒哀则非矣。其人之为诗者，亦必闲散放荡，岩居川观^③，无所事事而后可；亦必茗椀薰炉^④，法书名画，位置雅洁，入其室者，萧然如睹云林、海乐之风而后可。然吾观夫子所删，非无《考槃》《丘中》⑤之什厝乎其间，而讽之令人低徊而不能去者，必于变风变雅⑥归焉。盖其疾恶思古，指事陈情，不异薰风之南来，履冰之中骨，怒则掣电流虹⑦，哀则凄楚蕴结，激扬以抵和平，方可谓之温柔敦厚也。

吾友万贞一，牢骚历落⑧之士，共学主于经术，博览强记，未尝刻意缮性⑨。字栉句比，以诗人自命。召入翰林，荏苒十年，史馆诗之所自出也，庶几可以专心致志矣。顾一时同召者，皆借途以去，而贞一独任其劳，成《崇祯长编》⑩百余卷，《列传》若干卷。短檠木榻，笔退成塚，岂暇为诗？既而晨炊欲绝，自请外补，斗大一城，鹄面苍生⑪，旱蝗孑遗⑫，抚循委曲⑬，继之涕泣，又不忍为诗。嗟呼！贞一风尘困顿，锻炼既久，触景感物，无一而非诗，则以其不暇为、不忍为者溢而成之，此性情之昭著，天地之元声⑭也，岂世人心量手追，如何而汉、魏，如何而三唐，所可比拟者哉？虽然，贞一亦忆当年访我黄竹⑮，徒步往来，野桥村店，高歌泥饮时乎？今俯仰垂三十载，市朝兴味，既不能或过，幸天假吾年，以待子归来，寻此旧游，一唱一和，所得必有异于是者矣。

【注释】

①万贞一：万言，字贞一，号管村，浙江鄞县人，黄宗羲的学生。

②委蛇颓堕：随顺恭从。

③岩居川观：居于岩穴而观赏川流。形容隐居生活悠闲自适，超然世外。

④茗椀薰炉：品茗茶，饮美酒。

⑤《考槃》《丘中》：均为《诗经》具有讽刺意味的作品。

⑥变风变雅：《诗经》中的部分风、雅诗的内容和一般风、雅诗相对，反映国政之衰乱。

⑦掣电流虹：迅猛、剧烈。

⑧历落：与众不同。

⑨缮性：涵养本性。

⑩《崇祯长编》：明思宗崇祯朝的历史资料汇编。

⑪鹄面苍生：饥饿瘦弱的老百姓。

⑫孑遗：遗留、剩余。

⑬抚循委曲：抚慰遭冤屈、受压迫的人。

⑭元声：中国古代律制，以黄钟管发出的音为十二律所依据的基准音，故称元声。这里借指天地之精气。

⑮黄竹：作者的故乡黄竹浦。

陆鉁俟诗序

【题解】

本文主要强调诗歌创作中的创新精神。作者首先给真正具有创新意蕴的"诗"下定义："诗也者，联属天地万物，而畅吾之精神意志者也。"即创作者的主观意志、天地万物的现实以及"连接"前两者的词句。雷同是诗歌创新的最大障碍，作者对现实中有些人采摘宋元诗歌的只言片语，稍做改造而创作的诗歌持否定态度。同时，在黄宗羲看来，普罗大众是喜欢雷同的，因此，真正的诗歌创新不能一味地媚俗。

【原文】

甬上陆鉁俟①，以《双水诗草》示余求序，读之终卷，其古诗似康乐②，律诗似许浑③，缠绵而有情，感慨而多致，排比之间，自然不假人力，顾千锤百炼所不易及。鉁俟为亡友文虎之诸子，文虎之诗，羃兀④耸荡，时见斧凿。文虎之才力，鉁俟之工夫，各不相蒙，要之皆诗人，非俗人也。

诗也者，联属天地万物，而畅吾之精神意志者也。俗人率抄贩模拟，与天地万物不相关涉，岂可为诗？彼才力工夫者，皆性情所出。肝鬲⑤骨髓，无不清净；鈴吟謦咳⑥，无不高雅，何尝有二？即如君家诗人，鲁望以幽艳易晚唐之纤巧，放翁以圆熟易豫章之粗豪，为艺文未坠之领袖，不必出之一隅一辙也。世人多喜雷同，束书不观，未尝见大家源流之论，作半吞半吐之语，庶几蕴藉⑦，以为风雅正宗，不亦冤乎？近来黠者，取宋元诗余，抄撮其灵秀之句，改头换面以为诗。见者嗟其妩媚，遂成风气，此又在元遗山所谓蔷薇无力之下矣。昔人云："吾辈诗文，无别法，但最忌思路太熟耳，思路太熟则必雷同。"右军⑧万字各异，杜少陵⑨千首诗无一相同，是两公者，非特他人路径不由，即自己思路，亦必灭灶而更燃也。

鈴俟之诗，远有端绪，自剑南以至石溪、文虎，代有诗人。几如刘孝绰⑩兄弟及群从子姓，当时七十人并能属文。豫章诗派，取诸四方，鈴俟取之其家而有余矣。文虎诗文尚未行世，昔语杲堂，令其与万悔庵⑪合刻，此愿未了，思之腹痛，鈴俟当亦如余也。

【注释】

①陆鈴俟：陆鋆，字鈴俟，清初浙江鄞县人，陆符之子，学于黄宗羲之门，工诗，著有《双水诗草》。

②康乐（385～433 年）：即谢灵运，祖籍陈郡阳夏（今河南太康），生于始宁（今嵊州和上虞交界），南北朝著名诗人，主要成就在于山水诗。

③许浑：唐朝诗人，字用晦，润州丹阳（今江苏丹阳）人。

④奡（ào）兀：形容文辞格调不同流俗。

⑤肝鬲：亦作"肝膈"。犹肺腑，比喻内心。

⑥謦咳：亦作謦欬，咳嗽。亦借指谈笑，谈吐。

⑦蕴藉：含而不露。

⑧右军（303～361 年）：即王羲之，字逸少，原籍琅琊临沂（今属山

东），后迁居山阴（今浙江绍兴），中国东晋书法家，有书圣之称，后官拜右军将军，人称王右军。

⑨杜少陵（712～770年）：即杜甫，字子美，号少陵野老，一号杜陵野客、杜陵布衣，唐朝现实主义诗人，其著作以社会写实著称。

⑩刘孝绰：字孝绰，本名冉。彭城（今江苏徐州）人。

⑪万悔庵（1598～1657年）：即万泰，明朝末年清朝初年著名学者。字履安，晚号悔庵，浙江鄞县县城（今宁波市鄞州区）人。

曹实庵①先生诗序

【题解】

本文以将帅带兵的方式比喻诗歌写作风格，认为曹实庵的诗歌既继承历代诗歌写作大家的写作体例，又在此基础上有所创新。即"不求与古人合而不能不合，不求与古人异而不能不异，谓之有所学可也，谓之无所学亦可也。"此外，本文还批判了当时社会上其他学人创作诗歌时过度拘泥于唐宋体例而缺乏创新的方法。

【原文】

余至新安②，得交实庵先生。其为人渊淳岳峙，望之使人意消。英辞③风誉，播于寰宇，而处之若无。靳使君④架上有先生《珂雪诗》净本，因携至舟中读之。其为诗如江乎风霁，微波不兴，而汹涌之势、澎湃之声，固已隐然在其中矣。世称李诗得变风之体，杜诗得变雅之体，先生盖兼有之。余顺流而下，惟恐瞬息渔浦⑤，不竟先生之集也。

今之为诗者，曰必为唐，必为宋，规规焉俯首蹈步，至不敢易一辞，出一语。纵使似之，亦不足贵。于是识者⑥以为有所学即病，不若无所学之为得也。虽然，学之至而后可无所学，以无所学为学，将使魏、晋、三唐之为高山大川者，不几荡为丘陵粪壤乎？故程不识⑦之治兵也，正部曲⑧行伍，营陈击刁斗⑨，军不得自便，敌不敢犯。李广行无部曲，行陈人人自便，不击刁斗自卫，敌卒犯之，无以禁，即学诗者之明验矣。先生之诗，以工夫胜，古今诸家，揣摩略尽，而后归之自然。故平易之中，法度历然，犹不识之治兵也。不求与古人合而不能不合，不求与古人异而不能不异，谓之有所学可也，谓之无所学亦可也。先生之乡有冯汝言⑩先生者，辑《汉魏六朝诗纪》⑪，衣被天下。江山寂寞，天未酬其艺苑之功，学者疑焉。顾百年以后，清淑⑫之气，萃于先生，今而后亦可释然矣。

【注释】

①曹实庵：曹贞吉，字升六，号实庵，山东安丘人。清代诗人。曹贞吉的诗多写日常生活，亦有反映民间疾苦和不满权贵的作品。

②新安：古郡名，辖境相当于今浙江淳安西、安徽新安江流域、祁门等地。

③英辞：精妙的文学作品。

④靳使君：靳熊封，曾任吉安知府。

⑤渔浦：这里指码头。

⑥识者：有见识的人，这里含讽刺的意味。

⑦程不识：西汉人，汉文帝时期为边郡太守，与李广共同抵御匈奴。李广治军简易，程不识治军严明。

⑧部曲：原为军队编制的意思，这里指军队中的制度。

⑨刁斗：古代军中用具，形状大小似斗，有柄。白天用来烧饭，晚上敲击巡逻。

⑩冯汝言：冯惟讷，青州临朐（今属山东）人。嘉靖举人，先后任涞水知县、镇江教授、保定通判。

⑪《汉魏六朝诗纪》：汉魏六朝的诗歌总集，网罗散逸，凡孤句只韵，无不搜集。

⑫清淑：亦作淑清，明朗纯净。

山翁禅师文集序

【题解】

　　本文旨在倡导文章的创作崇尚真情，注重本色。然而，古代文人写作时受前人已有字句、章法的束缚，没有能够充分地体现创作者本身的至情、本真、本色。所以，黄宗羲之阐扬至情，就是要把古文创作从模拟的桎梏中解放出来，自如地表达个体的至情与本真。即文中所述"山翁之诗文，亦不免于堆垛妆点。然称情而出，当其意之所至，前无古人，后无来者，既不顾人之所是，人之所非，并不顾己之所是所非。喜笑怒骂，皆文心之泛滥。如是则于文章家之法度，自有不期合而合者。"

【原文】

　　岁乙酉，余游云门诸寺。至平阳，山翁开山经始，坐未定，即出其文集六册，属删为四册。入夜，秉烛相对，阅数卷而止，未卒业也。壬戌，余复至平阳。时天岳继席，出其先师所谓《百城集》者，命删之以终前诺。明年，天岳诣余于黄竹，申之以币。老懒因循，忽忽三年。顷见《直木堂诗》："经久胡不报？绿树欢惚狄。"是责余之爽约也。有自山晓来者，亦以为言。

夏月北窗，蜀山青翠，勉为削笔。既而叹曰：世无文章也久矣，而释氏为尤甚。释氏以不立文字为教，人亦不以文章家法度律之。故今日释氏之文，大约以《市井常谈》《兔园四六》《支那剩语》三者和会而成。相望于黄茅白苇①之间，以为瓮中天地，章亥②之所不步也。读之者亦不审解与不解，疑其有教外微言，落于粗野之中，蟷蛛③在东，莫之敢指。

嗟乎！言之不文，不能行远。夫无言则已，既已有言，则未有不雅驯者。彼《佛经祖录》，皆极文章之变化。即如《楞严》之叙十八天、五受阴、五妄想，与庄子之《天下》、司马谈之《六家指要》，同一机轴④。苏子瞻之《温公神道碑》，且学《华严》之随地涌出，皎然学于韦苏州⑤，觉范⑥学于苏子瞻⑦，梦观学于杨铁崖，梦堂学于胡长孺⑧。其以文名于一代者，无不受学于当世之大儒，故学术虽异，其于文章无不同也，奈何降为今之臭腐乎？虽然，亦儒者有以开之也。明初以文章作佛事者，无过宋景濂⑨。其为高僧塔铭，多入机锋，问答雅俗相乱。试观六朝至于南宋，碑释氏者，皆无此法。虞伯生尚谨守之，至景濂而一变，堤决川奔，则又何所不至也？

山翁之诗文，亦不免于堆垛妆点。然称情而出，当其意之所之，前无古人，后无来者，既不顾人之所是，人之所非，并不顾己之所是所非。喜笑怒骂，皆文心之泛滥。如是则于文章家之法度，自有不期合而合者，奚有于习染之者乎？山翁之弟子山晓、天岳，皆觉范、圆至之亚也，视余此删，当有憬然会于心矣。

【注释】

①黄茅白苇：连片生长的黄色茅草或白色芦苇。形容齐一而单调的

情景。

②章亥：大章和竖亥。古代传说中善走的人。

③螮蛛（dì dōng）：虹的别名，借指桥。比喻才气横溢。

④机轴：比喻诗文的构思、词采、风格。

⑤韦苏州（737～791 年）：即韦应物，京兆长安（今陕西西安）杜陵人。唐代诗人。因其曾任苏州刺史，人称"韦苏州"。

⑥觉范：宋代新昌人。以其书而出奇，同县人邹元佐以其命而出奇，彭渊材以其音乐而出奇，人称新昌三奇，是活跃于宋徽宗时期的黄龙派下名僧，同时又是盛名于当时的诗人、散文家、僧史家、佛学家。他在当时就深受黄庭坚的赏识，并与江西诗派中众多诗人过往唱和，诗名颇响。有人认为慧洪是宋代诗僧中的翘楚，在文学史上应有其一席之位。

⑦苏子瞻（1037～1101 年）：即苏轼，字子瞻，一字和仲，号东坡居士。眉州眉山（今四川眉山市）人，中国北宋文豪。

⑧胡长孺（1240～1314 年）：字汲仲，号石塘，婺州永康活游（今山下村）人。卒于仁宗延祐元年。著有《瓦缶编》《南昌集》等。

⑨宋景濂（1310～1381 年）：即宋濂，字景濂，号潜溪，浙江省浦江县人。明初政治家、文学家、史学家。

陈苇庵年伯诗序

【题解】

本文旨在强调诗歌的时代意义和现实批判精神。黄宗羲作为亲身经历改朝换代的思想家，能深刻体会到社会的剧烈动荡，尤其是国破家亡的危急时刻对于人们情感的激荡。他认为正是这种现实的动荡环境造就了诗歌创作的高潮。他充分肯定"变风"和"变雅"对于诗歌创新的推动作用，即"向令《风》《雅》而不变，则诗之为道，狭隘而不及情，何以感天地而动鬼神乎？是故汉之后，魏、晋为盛；唐自天宝而后，李、杜始出；宋之亡也，其诗又盛：无他，时为之也。"

【原文】

《风》自《周南》《召南》，《雅》自《鹿鸣》《文王》之属以及《三颂》，谓之"正经"；懿王①、夷王②而下讫于陈灵公淫乱之事，谓之"变风"，"变雅"：此说《诗》者之言也。而季札③听《诗》，论其得失，未尝及变；孔子教小子以可群可怨，亦未尝及变。然则正变云者，亦言其时耳，初不关于作《诗》者之有优劣也。美而非珣，刺而非讦，怨而非愤，哀而非私，何不正之有？夫以时而论，天下之治日少而乱日多，事父事君，治日易而乱日难。韩子曰："和平之音淡薄，而愁思之声要妙，欢愉之辞难工，而穷苦之言易好。"向令《风》《雅》而不变，则诗之为道，狭隘而不及情，何以感天地而动鬼神乎？是故汉之后，魏、晋为盛；唐自天宝而后，李、杜始出；宋之亡也，其诗又盛：无他，时为之也。即时不甚乱，而其发言哀断，不与枯菱④变谢者，亦必逐臣⑤、弃妇、孽子、劳人⑥，愚慧相倾、憸算相制者也，此则一人之时也。盖诗之为道，从性情而出，人之性情，其甘苦辛酸之变未尽，则世智所限，易容埋没。即所遇之时同，而其间有尽不尽者，不尽者终不能与尽者较其贞脆⑦。谢皋羽⑧、郑所南⑨同为亡宋之人，皋羽之诗，皎洁当年，所南沉井之时，年四十三岁，至七十八岁而卒，沉井以后三十五年，岂其断手绝笔？乃竟无一篇传者，苟其井渫不食⑩，祇羊失护，宁保心史之不终锢乎？诗之为教，温厚和平，至使开卷络呇，寄心冥漠⑪，亦是甘苦辛酸之迹未泯也。

陈苇庵先生风度闲绰⑫，早优名辈，诗情所结，若开金石，曾靡榛蹊，其对扬恭纪诸诗，与早朝大明宫贾、杜、王、岑，并称典雅。逮夫笙管⑬革文⑭，先生流矢影风，顾有忧色，一唱三叹，凄人心脾，读之者但觉秋风慄栗⑮，中人肌肤，方其悲乐相生，掩卷不能，曾何忌讳之可言乎？此一人之身而正变备焉者也。令子同亮刻之，问序于余。同亮方集《春秋》传注数十家，衷其醇疵⑯。《诗》亡然后《春秋》作，亦知诗之有不亡者乎？不必舍先生之诗而别求也。

【注释】

①懿王：姬囏，西周第七代国王，周共王之子，谥号周懿王。

②夷王：夷王，名姬燮，生卒年不详。周孝王侄孙，懿王的儿子，孝王的侄孙。

③季札：又称公子札，春秋时吴国人，吴王寿梦少子。

④枯荄：干枯的草根。

⑤逐臣：被朝廷放逐的官吏。

⑥劳人：劳苦之人。

⑦贞脆：亦作"贞脃"。坚贞与脆弱。

⑧谢皋羽（1249～1295年）：即谢翱，南宋爱国诗人。字皋羽，一字皋父，号宋累，又号晞发子，著有《晞发集》《登西台恸哭记》等。

⑨郑所南（1241～1318年）：字亿翁，宋末元初诗人、画家。

⑩井渫不食：语出《易·井》："井渫不食，为我心恻。"比喻洁身自持，而不为人所知。

⑪冥漠：空无所有。

⑫闲绰：安闲柔美。

⑬笙管：即笙。笙有十三管，属管乐器，故称。

⑭革文：谓改变繁文缛节。

⑮懔栗：凄怆。

⑯醇疵：醇美与疵病，正确与错误。

明名臣言行录序

【题解】

《明名臣言行录》由明清之际的诗文家徐开任编撰。黄宗羲在为其作序时充分肯定了徐开任的功劳，认为其"博采兼取，一善一长必录，无暇窥见至隐"。同时，本文主要论述了"事功"与"节义"两者之间的关系。黄宗羲认为，两者之间是互为印证，互相影响的，即"事功节义，理无二致。"

【原文】

史之为体，有编年，有列传，言行录固列传之体也。列传善善恶恶，而言行录善善之意长，若是乎恕矣。然非皎洁当年，一言一行足为衣冠者，无自而入焉。则比之列传为尤严也。今徐子①之为是录也，博采兼取，一善一长必录，无暇窥见至隐。以朱子②之严，尚有议其范平章、窦内翰③之不应入者，徐子毋乃长于知君子而短于知小人乎？虽然，徐子之意固有在也。

徐于身逢丧乱，顾当世愚儒无知，不足以备一郜④。琐琐朱墨，徒供全躯保妻子之用，世智限心，风尘破胆，田僮灶妇⑤且窥其底里，何况盗贼？是故守尾生孝己⑥之信于盗贼，而施张仪、苏秦⑦之诈于君父，破城陷邑，智穷不能自免⑧，则以亡卤⑨降人为究竟。遂使天网毁紊，地纽⑩涸绝，普天相顾，命悬晷刻⑪。磋乎！顾安得事功节义之士，而与之一障江河之下乎？

古之君子，有死天下之心，而后能成天下之事；有成天下之心，而后能死天下之事。事功节义，理无二致。今之"君子"，以偷生之心，行尝试之事，亦安有不败乎？徐子是录，大约不出于事劝、节义二者。其间，事功有大小，节义有勇怯，亦视之本领之阔狭，有尽有不尽耳，要不可为无与于此者也。以是求之，顾亦未尝不严也。夫事功必本于道德，节义必源于性命。离事功以言道德，考亭终无以折永康之论；贱守节而言中庸，孟坚究不能逃蔚宗之讥⑫。三百年来，堂阶之崇严，城邑之生聚，边鄙之干陶⑬，至于末造⑭，请议不衰。明之为治，未尝逊于汉、唐也。则明之人物，其不逊于汉、唐、明矣。其不及三代之英者，君亢臣卑，动以法制束缚其手足，盖有才而不能尽也。徐子亦尝尚论⑮其故乎？近时伪书流行，聊举一二，如甲申之死⑯，则杂以俘戮（如陈纯德等）；逆阉之难，则杂以牖死⑰里（如丁乾学等）；杨嗣昌丧师误国，冬心诗颂其功劳；洪承畴结怨秦人，《绥寇纪》张其挞伐；高宫美谥，子姓私加；野抄地志，纤儿信笔。此录出，庶几收廓清之功矣。

【注释】

①徐子：指徐开任。

②朱子：指朱熹。

③范平章、窦内翰：范平章指范质。据《宋史·宰辅表》建隆元年至乾德元年，范质曾任平章事。窦内翰指窦仪。宋太祖时任工部尚书，判大

理寺事。

④鄣：阻塞，阻隔的意思。

⑤田僮灶妇：指身份低下无知者。

⑥尾生孝己：尾生，相传有一个叫尾生的人，与一个美丽的姑娘相约于桥下会面。但姑娘没来，尾生为了不失约，水涨桥面抱柱而死于桥下。孝己，人名。传说为殷高宗武丁之子，以孝行著，因遭后母谗言，被放逐而死。

⑦张仪、苏秦：张仪，魏国安邑（今山西万荣）人，魏国贵族后裔，战国时期著名的纵横家、外交家和谋略家。苏秦，字季子，战国时期周王室直属雒阳（今河南洛阳）人，战国时期著名的纵横家，与张仪齐名。

⑧免：通勉，努力，尽力。

⑨亡卤：逃跑掳掠。

⑩地纽：地纪，地维。

⑪命悬晷（guǐ）刻：生命危在旦夕。晷刻：日晷上的刻度，表示时间极短。

⑫孟坚：东汉史学家、文学家班固，字孟坚。蔚宗：南宋史学家范晔，字蔚宗。

⑬干陬（zōu）：边防巩固。干，盾，古代防卫时用的武器，常比喻防卫，捍卫。陬，山的角落。

⑭末造：指一个朝代的末期。

⑮尚论：追论。尚通上。

⑯甲申之死：指明崇祯十七年李自成农民起义攻取北京时忠于明王朝而死去的人。

⑰牖（yǒu）死：指在家中病死。牖，窗。

明文案序（上）

【题解】

《明文案》由黄宗羲编纂，其中收录了明代政治、经济、文化、武备等各方面的重要文献。这篇序文是黄宗羲编选明代文献的总纲，也是其对明代散文的总体反思和批判。黄宗羲认为明代散文缺乏像唐宋时期韩杜、欧苏一样的大家，其主要原因在于为读书人专注于功名事业，即"三百年人士之精神，专注于场屋之业，割其余以为古文，其不能尽如前代之盛者，无足怪也"。

【原文】

某自戊申①以来，即为明文之选，中间作辍不一，然于诸家文集蒐择亦已过半，至乙卯②七月，《文案》成，得二百七卷。而叹有明之文，莫盛于国初，再盛于嘉靖，三盛于崇祯。国初之盛，当大乱之后，士皆无意于功名，埋身读书，而光芒卒不可掩；嘉靖之盛，二三君子振起于时风众势之中，而巨子嗷嗷之口舌，适足以为其华阴之赤土；崇祯之盛，王李之珠盘已坠，邾、莒③不朝，士之通经学古者耳目无所障蔽，反得以理既往之绪言，此三盛之由也。

某尝标其中十人为甲案，然较之唐之韩、杜，宋之欧、苏，金之遗山，元之牧庵、道园，尚有所未逮。盖以一章一体论之，则有明未尝无韩、杜、欧、苏、遗山、牧庵④、道园⑤之文，若成就以名一家，则如韩、杜、欧、苏、遗山、牧庵、道园之家，有明固未尝有其一人也。议者以震川⑥为明文第一，似矣，试除去其叙事之合作，时文境界，间或阑入，求之韩、欧集中无是也。此无他，三百年人士之精神，专注于场屋之业，割其余以为古文，其不能尽如前代之盛者，无足怪也！

前代古文之选，《昭明文选》⑦、《唐文粹》⑧、《宋文鉴》⑨、《元文类》⑩为最著。《文选》主于修辞，一知半解，文章家之有偏霸⑪也；《文粹》掇菁撷华，亦选之鼓吹；《文鉴》主于政事，意不在文，故题有关系而文不称者皆所不遗；《文类》则苏天爵未成之书也，碑版连牍，删削有待。若以《文案》与四选并列，文章之盛，似谓过之。

夫其人不能及于前代而其文反能过于前代者，良由不名一辙，唯视其一往深情，从而捃摭⑫之，巨家鸿笔以浮浅受黜，稀名短句以幽远见收。今古之情无尽，而一人之情有至有不至，凡情之至者，其文未有不至者也，则天地间街谈巷语、邪许呻吟，无一非文，而游女、田夫、波臣⑬、戍客，无一非文人也。试观三百年来，集之行世藏家者不下千家，每家少者数卷，多者至于百卷，其间岂无一二情至之语？而埋没于应酬讹杂之内，堆积几案，何人发视？即视之而陈言一律，旋复弃去。向使涤其雷同，至情孤露，不异援溺人而出之也。有某兹选，彼千家之文集庞然无物，即尽投之水火，不为过矣。由是而念古人之文，其受溺者何限，能不为之慨然？

【注释】

①戊申：康熙七年（1668）。

②乙卯：康熙十四年（1675）。

③邾、莒：邾，古国名，在中国今山东省邹县。莒，中国周代诸侯国名，在今山东省莒县一带。

④牧庵：字端甫，号牧庵，河南（今河南洛阳）人。元代文学家。

⑤道园：虞集，字伯生，号道园，人称邵庵先生。元代著名学者、诗人。著有《道园学古录》《道园遗稿》。

⑥震川：归有光，字熙甫，号震川，明代散文家、古文家。

⑦《昭明文选》：中国现存编选最早的诗文总集。

⑧《唐文粹》：宋代姚铉编的唐代诗文总集，总一百卷，分十余类。

⑨《宋文鉴》：原名《皇朝文鉴》，北宋诗文总集。

⑩《元文类》：元朝诗文选集。

⑪偏霸：指偏居一方而称霸。

⑫捃摭（jùn zhí）：采取，采集。

⑬波臣：指水族。古人设想江海的水族也有君臣，其被统治的臣隶称为"波臣"。这里指皂隶臣仆一类的人物。

董吴仲墓志铭

【题解】

董吴仲是黄宗羲在宁波证人书院的弟子，是黄宗羲哲学思想的主要继承者和发扬者之一。董吴仲从分析王阳明的哲学思想入手，进一步研习王阳明和先师刘宗周思想之间的互动和对话，为蕺山学派思想的发扬做出了应有贡献。整篇铭文的叙述体现出证人书院教学相长的良好学风和蕺山门人严谨求实的治学精神。

【原文】

先师立证人书院，讲学于越中，至甲申而罢讲。后二十四年为丁未，余与姜定庵①复讲会，修遗书，括磨斯世之耳目。然越中类不悦学，所见不能出于训诂场屋，而甬上之闻风而兴者，一时多英伟高明之士。吴仲其一也。明年，余至甬上，诸子大会于僧寺，亦遂以证人名之。

甬上讲学之事，数百年所创见，传相惊怪。吴仲使疑者解颐，辨者折角②，而甬土风气为之一变。越中书院，承先师之后，为天下所注目。莠言③邪教，思得一假其名以行。吴仲授经在越，以其所言求题拂④，通殷勤，吴仲作长书驳之，使之归正。当先师讲学之时，圆澄、圆悟两家子孙，欲以其说窜入，先师每临讲席而叹。余推择同志王士美⑤、王元趾⑥等数十人，进于函丈⑦，彼释学之黠者，三及吾门而辞焉，其气为之销阻。孔子曰："自吾得由⑧，恶言不入于耳。"余于吴仲同此心也。吴仲于先师梦奠⑨之后，遏绝恶言，勇过子路矣。

吴仲讳允磷，姓董氏，系山广州。汉和帝时，黯⑩以孝闻。世居慈溪。永乐间，梅隐始迁鄞县。高祖邦乐，嘉靖丙午举以乡，知浮梁县。曾祖光亨，赠奉直大夫⑪，易州⑫知州。祖应圭，万历己酉乡荐第二，官至保定府同知。父德偁，字天鉴，崇祯举丙子乡荐。母范氏。天鉴四子，长在中，次二嘉，次侯真，吴仲其季也。弱冠而知名，主持坊社，举足有所重轻。学使者等第，必以吴仲为眉目。其学从阳明入手。已读先师学言，句磨字拆，辨其同异，作《刘子质疑》寄余。大意主阳明教法四句⑬，以先师破"意已发"⑭之说，与阳明"有善有恶意之动"不能相合。余谓先师之意，即阳明之良知⑮；先师之诚意⑯，即阳明之致良知⑰。阳明不曰"良知是未发之中⑱乎？"又何疑于先师之言"意非已发"乎？《中庸》言致中和⑲；考亭⑳以存养为致中，省察为致和，故中和兼致；王龙溪㉑从日用伦物之应感，以致其明，欧阳南野㉒以感应变化为良知，是致和而不致中；聂双江、罗念庵㉓之归寂守静，是致中而不致和，则皆以"意者心之所发"一有为祟。致中者，以意为不足凭，而越过乎意；致和者，以动为意之本然，而逐乎意；中和兼致者，未免拦截于意。分动静为两节，使蕺知意属未发，则操功只有一意，前后内外，浑然一体也。吴仲得余言，胶解冻释，自署为"蕺山学者"。为人磊落不屈折，敢于任事。郡邑利害是非，论议愤发，当事听之夺色。就馆象山㉕，力举社仓法行之。遇赘情⑳鄙行之徒，性不能耐，便戟手⑳而骂，由是为流俗所嫉。其与人交，急难窘助，尝以贫贱徇人，盖非龌龊阘茸㉓，自附于道学者也。卧病半年，临终自书："豪杰之才，善人之质。自负甚侈，斯人斯疾。命也如何，何必叹息？"生于某年丙子十二月十九日，卒于某年辛亥六月初十日。后几年某月某日，葬于某山之原。配周氏。子一：元谟，女一。其友陈赤衷夔献、陈介眉锡嘏，为之周旋于疾病死丧之际。夔献诔之，介眉状之，而以铭属余。吴仲之祖，先忠端公之友也。余复友其父子间，亦何忍而不铭？铭曰：

钟鼓在悬，郑声㉕必孽。木㮚满郊，莠草将茁。辨之不早，卤莽灭裂㉟。嗟乎吴仲，自许豪杰。獐头鼠耳，见之电灭。彼优优㉛者，闻毁圣哲。不护目睛，或反喜悦。剖胸无心，割臂无血。言念吴仲，祝余菀结㉜。斯文未坠，此铭无缺。

【注释】

①姜定庵：姜希辙，字二滨，号定庵，浙江会稽人，清朝官吏。明崇祯间举人。

②折角：汉元帝时，少府五鹿充宗治梁丘《易》，以贵幸善辩，诸儒莫敢与抗论。人有荐朱云者，云入，昂首论难，驳得充宗无言以对。诸儒为之语曰："五鹿岳之，朱云折其角。"后以"折角"喻指雄辩。

③莠言：丑恶之言，坏话。

④题拂：品评，褒奖。

⑤王士美：王业洵，字士美，余姚人，刘宗周学生。

⑥王元趾：王毓蓍，字元趾，绍兴人，刘宗周门人。

⑦函丈：老师讲席与学生座席之间要留出一丈的空地。后以"函丈"作为对老师的敬称。

⑧由：子路，姓仲名由，孔子弟子。

⑨梦奠：过世。

⑩黯：董黯，字叔达，后汉句章人。以孝顺母亲闻名于世。

⑪奉直大夫：散官名。宋代，为文臣寄禄官。大观二年（公元1108年），以右朝议大夫改称。金、元、明、清各代为文散官。

⑫易州：州名。隋开皇元年（公元581年）改南营州置，因境内有易水得名。今属河北省保定市。

⑬阳明教法四句：指王守仁《天泉问答》："无善无恶者心之体，有善有恶者意之动，知善知恶是良知，为善去恶是格物。"

⑭意已发：南宋理学家朱熹认为意是心上一念之发，刘宗周反驳说："意之所存，非所发也。朱子所发训意，非是。"他认为意是先天藏于心的，他说："故意蕴于心，非心之所发也。"

⑮良知：先天具有的道德善性和认识本能。

⑯诚意：儒家道德修养的方法。诚指真实无妄，意指心之所发。

⑰致良知：王阳明提出的道德修养的方法。"致"有恢复、推及之意。良知是一种"不虑而知"的天赋观念。

⑱未发之中：源自《礼记·中庸》中的"喜怒哀乐之未发谓之中，发而皆中节谓之和。"喜欢、愤怒、悲哀、快乐等各种情感没有向外表露的时候，叫作"中"；王阳明在《传习录》中进一步发挥说："未发之中，即良知也，无前后内外而浑然一体者也。"

⑲中和：儒家伦理思想，指不偏不倚。

⑳考亭：指朱熹。

㉑王龙溪（1498～1583年）：即王畿，明代思想家，字汝中，号龙溪，浙江山阴（今绍兴）人。明朝阳明学派主要成员之一。

㉒欧阳南野：欧阳德，字崇一，号南野，明代泰和人。师从王守仁。

㉓聂双江：聂豹，字文蔚，号双江，明代永丰人，师从王守仁。罗念瘫：罗洪先，字达夫，别号念瘫，吉水人。师从王守仁。

㉔蚤：通"早"。

㉕象山：今宁波象山县。

㉖赘情：指品质恶劣。

㉗戟手：徒手屈肘如戟形。指点人或怒骂人时常如此。

㉘阘茸：指地位卑微或品格卑鄙的人。

㉙郑声：古人多用来指淫靡之乐。

㉚卤莽灭裂：形容做事草率粗疏。

㉛侁侁：众多貌。

㉜菀结：郁积。

李因传

【题解】

李因是明末清初的女诗人兼画家。她擅墨笔山水、花鸟。李因，出身贫寒，资质聪慧，勤于读书，常"积苔为纸，扫柿为书，帷萤为灯"，苦学成才。她的画在创作上避开了女画家惯有的构图小气、笔致纤弱等弊病，以潇洒随意及疏爽俊逸的艺术风貌备受时人赞许。本文赞美了李因高尚的节操和闻名于世的诗画成就，尤其是她在跌宕起伏的人生旅程中一直坚持艺术创作，终成不朽佳作，值得后人膜拜和学习。

【原文】

李因字今生，号是庵，钱塘人。生而韶秀，父母使之习诗画，便臻其妙，年及笄①，已知名于时。有传其咏梅诗者："一枝留待晚春开"。海昌葛光禄②见之，曰："吾当为渠验此诗谶"，迎为副室③。崇祯初，光禄官京师，是庵同行，禁邸清严，周旋砚匣，夫妇自为师友，奇书名画，古器唐碑，相对摩玩舒卷，固疑前身之为清照。暇即泼墨作山水或花鸟写生，是庵雅自珍惜，然脱手即便流传。癸未出京，至宿迁，猝遇兵哗，是庵身幛④光禄，兵子惊其明丽，不敢加害。光禄自是无仕宦意，琴台花坞，风轩月榭，丝竹管弦之声不绝，是庵以翰墨润色其间。当是时，虞山有柳如是⑤，云间有王修微⑥，皆以唱随风雅闻于天下，是庵为之鼎足，伧父担板，亦艳为玉台⑦佳话。亡何⑧，海运而徙，锋镝迁播，光禄捐馆⑨，家道丧失，而是庵茕然一身，酸心折骨，其发之为诗，尚有三世相韩之痛⑩。三十年以来，求是庵之画者愈众，遂为海昌土宜馈遗中所不可缺之物，是庵亦资之以度朝夕。而假其画者，同邑遂有四十余人，是庵闻之，第此四十余人之高下不在高第者，母使败我门庭，其残膏剩馥，尚能沾溉如此。吾友朱人远⑪以管夫人比之，其宦游京师同，其易代同，其工辞章同，其翰墨流传同，差不同者，晚景之牢落耳。余读文敏魏国夫人之志，夸其遭逢之盛，入谒兴圣宫，皇太后命坐赐食，天子命书千文，敕玉工磨玉轴送秘书监装池收藏；而是庵方抱故国黍离⑫之感，凄楚蕴结，长夜佛灯，老尼酬对，亡国之音与鼓吹之曲共留天壤，声无哀乐，要皆灵秀之气所结集耳。人远传是庵欲余作传，以两诗寿老母为赘，有"不惜淋漓供笔墨，恭随天女散花来"之句。老母尝梦注名玉札⑬，为第四位天女降谪人世，故读是庵之诗而契焉。余之为此者，所以代老母之答也。

【注释】

①及笄：亦作"既笄"。古代女子满 15 岁结发，用笄贯之，因称女子满 15 岁为及笄。也指已到了结婚的年龄，如"年已及笄"。

②葛光禄：葛徵奇，字无奇，号介龛，明末浙江海宁人。崇祯初进士，官至光禄寺少卿。

③副室：古代指妾。

④幛：在这里指遮挡的意思。

⑤柳如是：明末名妓，能画工诗，后为常熟钱谦益妾。

⑥王修微：字修微，号草衣道人，明末江苏江都人。工诗，善画山水、花卉，常往来西湖，遨游楚粤。

⑦玉台：镜台。

⑧亡何：不久。

⑨捐馆：捐馆是死的比较委婉的说法，"捐"指放弃，"馆"指官邸，字面上来说，就是放弃了自己的官邸，一般是指官员的去世。后遂以"捐馆"为死亡的婉辞。亦省作"捐舍"。

⑩相韩之痛：《史记·留侯世家》载，张良祖籍韩。大父、父五世相韩。"秦灭汉，（张）良年少，未宦事韩。韩破，良家僮三百人，弟死不葬，悉以家财求客刺秦王，为韩报仇。"故以"相韩之痛"指国破家亡。

⑪朱人远：朱迩迈，字人远，别号日观子，浙江海宁人。

⑫黍离：源自《诗经·王风》的典故，用以指亡国之痛。

⑬玉札：对别人书信的尊称。

钱忠介公传

【题解】

钱肃乐，明末抗清将领。1645 年清兵入浙，为抗清，他审时度势，派人奉表南下台州，请鲁王朱以海监国，使浙东抗清诸军有了统一的领导。本文真实的还原了当时的历史境况，从钱忠介公上的"十亡十死"疏中我们可以看到南明政权的内部的黑暗和混乱，也越能凸显出钱忠介公的忠贞和爱国气节。最后，身为东阁大学士、兵部尚书的钱肃乐，目睹政权内部各势力之间的相互倾轧并遭受奸臣陷害后，预判南明王朝气数已尽。为国事操劳忧愤成疾的钱肃乐最终以死殉国。

【原文】

钱忠介公肃乐，字希声，别号虞孙，浙之鄞人也。祖若赓，隆庆辛未进士，知临江府。临江①三子：长靖忠，举万历戊午乡试；次益忠，瑞安县学训导；次敬忠，己未进士，知宁国府。公，瑞安之子也。母杨氏，继母傅氏。公登崇祯丁丑进士第。是时场屋之文，虽宗大家而无所根底，独公沈湛于大全，以欧、曾之法出之，故一时号为名家。授太仓知州。二张负人伦之鉴②，吏于其邑者，瑕疵立见。公下车未几，二张交口赞诵。公每谓人曰："我若得罪天地，当令子孙斩绝。自揣归家，量口炊米，裁身置屋；书生门户，如斯而已。"迁刑部员外郎。丁瑞安忧。浙东议降附，公大会缙绅士子于城隍庙，痛哭敷陈，建立义旗。鄙夫恐为祸阶者，阴致书定帅王之仁③，谓瀺瀺訾訾④，皆起自一二庸妄书生，须以公之兵威胁之，方可无事。庸妄书生者，指公而言也。已而定帅至宁，陈兵教场，亦受公约。出鄙夫之书，雒诵⑤坛上。鄙夫戟手⑥欲夺之，定帅色变。公令之任饷而止。

画江之守，公分汛瓜沥⑦。升都察院右佥都御史，寻升右副都御史。上言国有十亡而无一存，民有十死而无一生。贤人肥遁⑧，不肖攘臂，一也。宪臣刘宗周之死，关系宗社，密章太牢⑨，朝典未备，二也。外戚张国俊权倾中外，共指神丛⑩，三也。台省直谏，发言盈廷，无俾群枉，四也。朝章令甲，委诸草莽，五也。狎邪小人，借推戴以呈身，阘茸⑪下流，冒举义而入幕，六也。楚藩江干开诏，息同姓之争，李长祥⑫面加斥辱，七也。咫尺江波，烽烟不息，而越城衰衣博带⑬，满目太平，宴笑漏舟之中，回翔焚栋之下，八也。所与托国者，强半弘光故臣。鸮鸟怪声，东徙尤恶，飞蛾灭烛，至死不改，九也。民为根本，七月雨水，庐舍漂没，以水死；西成失望，以饥死；执干戈以卫社稷，以战死；文武衙门，绛标寸纸，一日数至，以供应死；越人衣食，取办于舟楫，调发既多，民皆沉舟束手，以无艺死；比户⑭困于诛求，此营未去，彼营又来，以财死；富室输财，亦以义动之，非有罪也，而动加搒掠牢囚，以刑死；大兵所过，沿门供亿⑮，怒骂及于妇女，以辱死；甲献乙之货，丙报丁之怨，百毒齐起，以忧恐死；今竭小民之膏血，不足供藩镇之一吸；将来合藩镇之兵马，不能卫小民之一发，恐以发死，十也。若不图变计，不知所税驾⑯矣。户部主事邵之詹⑰画地分饷，以绍兴八邑，各有义师，专供本郡，宁波专给王藩。公言臣师二千，既无分地，理须散遣。但臣自举义而来，大耻未雪，终不敢归安庐墓。散兵之日，单丁入伍，济则君之灵也；不济，以死继之。

浙师既溃，泛海入闽，思文授以原官。闽亦寻破，隐于福州之化南。鲁王航海至闽，从亡者文臣熊汝霖、孙延龄，武臣止建国郑彩、平夷周崔芝、闽安周瑞、荡胡阮进⑱。汝霖为东阁大学士，建国署兵部尚书事。公朝见，建国举以自代。王谓诸臣曰："江上之师，不能成功，病在不归于一。"公请以建国为元戎，诸镇皆受其节制，则兵出于一矣。又言兵贵精炼，然炼兵非旦夕事也，今命建国挑选敢死善战之士，不论某营某营，另为一军。自今一切封拜挂印，暂行停止，悬金印于此，令曰："有能将建国挑选之兵先锋破敌，不论守、把等官，即以印佩之。"议者曰：不然。各藩以私钱养其私兵，孰肯令其挑之以去？公言：不已，则改前法。今自建国以下六大营，每营挑选敢死善战之士，另为六军；悬金印六于此，令曰："有能将本营挑选之士破敌者，不论守、把等官，各以印佩之。"王以为然。自是之后，兵威颇振。

王之初入闽也，次中左所⑲。中左所者，赐姓⑳所营之地也。赐姓不肯奉王，以丁亥岁为隆武三年，故王改次长垣。建国自以其军，连破郡邑，赐姓不与焉。是年十月，公拟诏，颁明年鲁三年戊子大统历，于是海上遂有二朔。时，刘沂春㉑、吴钟峦皆隐遁不起，公疏荐沂春为右副都御史，钟峦为通政司使。又寓书两公："时平则高洗耳，世乱则美襄裳㉒。急病让夷㉓，前哲训也。司徒女子，犹知君父；东海妇人，尚切报仇。嗟乎！公等忍负斯言！"二公翻然㉔就道，而思文遗臣，无不出矣。

戊子，王次闽安镇，公请立史官，言："近者主上遣使访求隆武；又议为弘光发丧；长乐知县郑以佳，科臣劾之，主上悯其清苦，又重违言官，姑降级消息之，旋与湔雪。即此三事，皆可传远，岂以艰难，遂泯庶绩？"晋东阁大学士，兼吏部尚书。疏辞者四，面辞者三，王终不听。与马思理[25]、刘正亨同入直。当是时，以海水为金汤，以舟楫为宫殿。公每日系河艉于驾舟之次，票拟[26]章奏，即于其中接见宾客。票拟封进[27]，牵船别去，匡坐读书。其所票拟，亦不过上疏乞官部复细小之事。大者则建国主之，王亦不得而问也。

先是，大学士刘中藻[28]起兵福安，攻福宁州。将破，其帅涂登华[29]欲降，第谓人曰："岂有海上天子、船中国公？"公致书谓将军独不闻有宋末年，二王不在海上，文、陆不在船中乎？后世卒以正统归之，而况于不为宋末者乎？今将军死守孤城，以言乎忠义，则非其人也；以言乎保身，则非其策也。依沸鼎以称安，巢危林而自得，计之左矣。登华遂诣建国降。建国欲使其私人守之，刘相[30]不可。建国反掠其地，公与刘相书，每不直建国。建国闻之恨甚。公固有血疾，至是忧愤，疾动而卒。六月五日也。年四十三。王遣官致祭，赠太保，谥忠介。后六年，而闽人叶成晟葬之黄蘗山。

旧史曰：自会稽而航海者，孙硕肤、熊雨殷、沈彤庵[31]与公四人，皆相行朝。孙殒于滃洲，沈沉于南日[32]，公与熊皆因郑彩而死。在昔文、谢孤军，角逐于万死一生之中，空坑、安仁之败，亦是用兵非其所长，其进止固得自由也。未有一切大臣，听命于武夫之恣睢排奡[33]，同此呼吸之死生而蠢然不得一置可否，如幕客、如旅人。闽有平国，浙有方、王，海上则建国、赐姓、定西，不啻一丘之貉。公与雨殷，稍欲有所发舒，朝怀异议，暮入黄垆⑧；忠臣之热血，不洒于疆场之钟鼓，日染夫睚眦之干戈。虽由遇此厄会，然推原其故，有明文武过分，书生视戎事如鬼神，将谓别有授受。前此姑置，当其建义之始，兵权在握，诸公皆惶恐推去，不敢自任；武人大君，而悔已无及矣。

公之从子鲁恭⑬，欲余次之。二十年来乘桴之事，若灭若没，停笔追思，不知流涕之覆面也。

【注释】

①临江：指其祖钱若赓。

②人伦之鉴：指观察评定人才高下的识别力。

③王之仁：字九如，传为崇祯末年东厂提督太监王之心堂兄弟，官苏松总兵。

④瀹瀹訾訾：亦作"訾訾瀹瀹"。诋毁，非议。

⑤雒诵：反复诵读。

⑥戟手：伸出食指和中指指人，以其似戟，故云。常用以形容愤怒或勇武之状。

⑦分汛瓜沥：分汛，分防。瓜沥，地名，钱塘江南岸渡口（在今肖山县）。

⑧肥遁：同"肥遯"。宋王禹偁《送晁监丞赴婺州关市之役》诗："又不见张生狂醉恋扬州，冬瓜堰下甘肥遁。"后称退隐为"肥遁"。

⑨密章太牢：密章即蜜印，死后追赠官职所赐的蜡印。太牢，古代祭祀，牛羊豕三牲俱备谓之太牢。

⑩神丛：神灵依托的群树。以茂密林木多立神祠而名。

⑪阘茸（tà）：指地位卑微或品格卑鄙的人。

⑫李长祥：字研斋，明末清初四川达县人。崇祯十六年（1643）癸未科进士。选庶吉士。明末起兵抗清，结寨于上虞之东山。著有《研斋天问阁集》。

⑬裒（póu）衣博带：服饰富丽，意态安详的样子。

⑭比户：家家户户，这里指民间。

⑮供亿：按需要而供给。

⑯税驾：犹解驾，停车。谓休息或归宿。税，通"捝"、"脱"。

⑰邵之詹：字思远，浙江余姚人，鲁王监国授户部主事。

⑱郑彩（1605～1659年）：即郑彩，字羽长，是明末清初的一名海盗及南明的一位将领。泉州府同安县安仁里高浦人。天启五年（1625），与父亲郑明一起投奔郑芝龙，并自称郑芝龙的同族。郑芝龙被明廷招安之后，郑彩被封为总兵。周崔芝：应为周鹤芝。鹤芝字九元，福清人，唐王加水师都督，副黄斌卿驻舟山。郑芝龙议降，鹤芝力谏。监国入闽，鹤芝以兵入卫，封平夷伯。周瑞：黄斌卿的部将，监国入闽，次长垣，瑞以师来会，封闽安伯。阮进：字大横，福建人，张名振的部将，精水站，累官太子少傅，封荡湖伯。

⑲中左所：今福建厦门。

⑳赐姓：指郑成功。

㉑刘沂春：字泗哲，一字鲁庵，潭头人。曾组织抗清斗争。后兵败自尽于舟山，年七十五岁。

㉒裹裳：相传公输班为楚设置云梯，欲攻宋，墨翟闻之，"自鲁趋而十日十夜，足重茧而不休息，裂衣裳裹足"，赴郢说楚王。事见《战国策·宋卫策》《淮南子·修务训》。南朝陈徐陵《让散骑常侍表》："昔墨子诸生裹裳救楚，鲁连隐士高论却秦，况乎谬蒙知己，宁无感激。"后遂以"裹裳"为不辞劳苦，急于为国事奔波之典。

㉓急病让夷：犹今言将困难留给自己，将方便让给别人。

㉔翻然：也作"幡然"，形容改变得很快而彻底。

㉕马思理：字达生，长乐（今福建长乐县）人。天启年间进士。

㉖票拟：明清内阁代皇帝批答臣僚章奏，先将拟定之辞书写于票签，附本进呈皇帝裁决，称为"票拟"。清代设军机处后，重要奏章改用奏折，此制遂废。

㉗封进：密封进呈给皇上。

㉘刘中藻：字荐叔，福安人。南明时期人物。

㉙涂登华：涂觉，字登华，福宁守将。

㉚刘相：指刘中藻。

㉛孙硕肤（1604～1646年）：即孙嘉绩，原名光弼，字硕肤，浙江余姚（今属慈溪市）人。明末进士，南明抗清人物。沈彤庵（1615～1652年）：即沈宸荃，南明首辅大臣，抗清志士，字友荪，号彤庵，今宁波慈溪观海卫镇师桥昭十三房人。清高宗感其忠义，谥之为忠节。

㉜南日：即南日山，在福建金门岛附近。沈宸荃在此遭遇飓风，没于海。

㉝恣睢（suī）排鏖（ào）：恣睢，放纵，放任。任意做坏事，形容凶残横暴。排鏖，指骄纵、傲视。

㉞黄垆：犹黄泉。

㉟鲁恭：字汉臣，一字果斋，从黄宗羲学，为甬上证人书院弟子，年二十七而卒。

硕肤孙公墓志铭

【题解】

孙嘉绩，明末抗清志士。由于刚强正直，被阉党诬陷入狱，最后由刑部尚书徐石麒营救出狱。1645年清军攻打杭州，孙嘉绩在浙东率先举起抗清大旗，得到四方响应，迅速形成了气势宏大的抗清队伍。他出生入死，战功显赫，晋兵部尚书兼东阁大学士。最后终因操劳过度，患疾而卒，被追赠为太保，赐祭九坛。黄宗羲对他的评价“越唯忠烈，抗节武庙。大厦已倾，一木血指”尤为中肯。

【原文】

顺治丙戌六月二十四日，孙公硕肤卒于海外之滃洲。滃洲寻为界外，殊绝[①]内地。康熙乙丑，还滃洲于定海；其孙讷渡海载公柩，归葬烛湖。盖公墓之不作寒食者四十年矣。余与公共事时，膂大方刚；今瘫残[②]顽鄙不死，始得铭公之墓。

公讳嘉绩，字硕肤，烛湖先生孙应时之后。五世祖燧，巡抚江西右都御史，死宸濠之难[③]，谥忠烈；高祖墀，尚宝司卿；曾祖□，上林苑监丞；祖如游，文渊阁大学士，谥文恭。父□，工部郎中。姒胡氏、屠氏，俱封太淑人。

公刻苦为学，业举子，以才称。登崇祯丁丑进士第，授南京工部主事。时徐忠襄为应天府丞，为公分别邪正，开张闻见，公从捧手④而受之。本兵闻其名，调为职方司郎中。适有风尘之警⑤，傅城闭垒，皆不测其进止，公曰："此不难知，当俟后队南下耳。"既而果然。

高奄起潜⑥求世荫，公覆疏格之，起潜恨甚。烈庙于观德殿较阅军器，谗之，下狱。会石斋先生逮入，上怒其面折，意欲杀之，廷杖而入狱门。幞⑦被药裹，一切撼拦，公彻己服用，遇之甚谨。稍间，从而受易。凡与先生通往来者，杨嗣昌⑧皆指之为福党，因取同狱黄文焕⑨、文震亨⑩等及公杂治之。多睢眦⑪戟手，此分泾渭，公独曰："昔黄霸之在狱，受经于夏侯胜，史传此为美谈。今又何必讳乎？"同事者皆愧其言。清狱诏下，司寇徐忠襄遂出公。逾年，起为九江道佥事。未上而国变。

乙酉，大兵东渡，郡邑望风迎附，然数百年故国，一旦忽焉。当是时，人心恇扰⑫未定，但观望未敢先发。公方买书筑室，欲老泉石，而书卷横胸，利害智力，仓卒不暇较量。闰六月九日，于空然无恃之中，创为即墨之守。黄钟孤管，遂移气运，东浙因之立国一年，顾不可谓无益兴亡之数。血路心城，岂论修短？陈寿即仇诸葛，不能不纪蜀汉；宏范虽逼崖山，未尝不称二王。从来亡社，虽加一日，亦关国脉。此说盖在成败利钝之外者也。

当公丁丑赴试，县令梁佳植梦公廷对第一，榜发不验。及卒瀚洲，适葬张信墓道之南，信固明初之第一也，前定之矣！东浙历官左佥都御史、东阁大学士。

公生万历甲辰九月十四日，配陈氏，封夫人。子延龄，中书舍人；从亡海外，历官司农。孙男六人：讷，州同知；训、谔，诸生；诚、谧、诠。孙女几人，其一嫁太学生黄正谊，即余子也。公诗法孟、王，其文集散失，止存数十首。此外，则《五世传赞》《存直录》。

铭曰：越唯忠烈，抗节武庙。嘉靖名臣，文恪为邵。万历三宰，正色清简。光、熹之际，文恭是显。大厦已倾，一木血指；明之世臣，呜呼孙氏！

【注释】

①殊绝：断绝，隔绝。

②癃（lóng）残：衰老病弱，肢体残废。《旧唐书·文宗纪下》："京城内鳏寡癃残无告不能自存者，委京兆尹量事济恤，具数以闻。"

③宸濠之难：宸濠之乱，又称宁王之乱，指明武宗正德十四年（1519）由宁王朱宸濠在南昌发动的叛乱，波及江西北部及南直隶西南一带（今江西省北部及安徽省南部），最后由赣南巡抚王守仁（王阳明）平定。

④捧手：拱手，表示敬意。

⑤风尘之警：谓兵乱之警报和惊扰。

⑥高起潜：明末宦官，崇祯初为内侍，以知兵称。其与曹化纯，王德化等深受崇祯器重。

⑦幞（fú）：古代男子用的一种头巾。

⑧杨嗣昌（1588～1641年）：字文弱，明末大臣。杨嗣昌出身于名门，祖父杨时芳乃武陵名士，父亲杨鹤以督军著世。杨嗣昌于万历三十八年（1610）进士，官至兵部尚书。

⑨黄文焕（1598～1667年）：字维章，号坤五，又号觚庵、恕斋，永福（今福建省永泰县）人，明天启乙丑（1625）进士，是明末诗人、学者、名宦。

⑩文震亨（1585～1645 年）：字启美，江苏苏州人，祖籍湖南衡阳，明末画家。

⑪睚眦：亦作"睚眥"。瞋目怒视，瞪眼看人。借指微小的怨恨。

⑫恇扰：恐惧慌乱。

周子佩先生墓志铭

【题解】

周茂兰，字子佩，其父周顺昌为东林党人，因针砭时弊，指责魏忠贤等阉党而被迫害致死。崇祯初年，周茂兰写血书为父申冤，本来血书已经写好，但为了修改一些禁忌词语竟然刺破舌头另外书写一节。周茂兰勤奋好学砥砺品行，拒绝接受朝廷的荫封。本文不仅记录了周茂兰先生的忠贞孝行，而且通过其救亲属于危难的事迹体现出他慈悲的心肠和豁达的胸怀。

【原文】

君讳茂兰，字子佩，江右周益公①之后。高祖峦，始自常熟②徙郡城。曾祖冠，龙游③知县，祖可贤，父即忠介公顺昌也。母吴淑人，子佩年十九，补诸生。而逢逆奄之乱，忠介被逮，吴门击杀缇骑④，巡抚毛欲陷之。烈皇⑤登极，子佩刺血颂冤⑥，上为之斩御史倪文焕，徙巡抚毛一鹭、尚书吕纯如。纯如辨不当入逆案，子佩梓⑦其颂奄之疏，上之法司，纯如语塞。一时死难之家，上悯其忠，追封三代，亦缘子佩之疏而发也。方子佩上疏时，同邑姚文毅⑧见之曰："疏中'鼎湖'、'劝进'皆语忌也，奈何？"子佩请更之，文毅曰："子血岂无尽乎？"子佩曰："父死之谓何？此戈戈⑨者正恐洒之无地耳。"卒刺舌另书。

忠介清无宦产，而三世之丧，皆在浅土；子女八人，婚嫁愆期。忠介赍志而殁⑩者，萃于子佩一身。子佩规度深密，转侧闾巷间，以立门户，授绥结帨⑪，皆有条序；棺椁复萦，尽归窀穸⑫，而忠介琴城⑬，尤为修整，丰碑载诏葬之文，华表栖归魂之鹤⑭，不以艰窭⑮而自绌也。乙酉之乱，奉母避兵，仓惶失其诰轴⑯，搜访百端，创痛如积。越岁，有兵子叩门大呼曰："此非忠臣周氏家乎？其诰轴落我手，请收之。"子佩狂喜，赋宝纶篇纪其事，人以为孝感所致。

文相国子乘⑰，子佩之妹婿也，牵连吴日生⑱事被杀，子佩迎妹于家，抚其孤成立。又一年，而子佩之弟子洁，亦遭连染，狱久不解，子佩毁家纾难⑲，无可为计。会溧阳当国，为子求婚于子佩，子佩曰："吾何难以一女易一弟也！"子洁始出。

吴门故为清议所生，危言核论，不避公卿，东林顾、高之时，相为激扬者，忠介与文文肃、姚文毅，嗣之者为徐勿斋、杨维斗。钟石毕变⑳以后，子佩、侯斋贯溪巍然晚出，虽纠奏寂寞，而冥顽阘茸㉑之徒，未尝不以利刃目之。

子佩颇留心二氏，好与其徒往来。是时天童，三峰两家，纷挐㉒不解；青原、南岳，又争其派数之多寡。子佩以调人为之骑邮㉓，不辞劳攘。又尝危病，遇异人授以养练之法，疾寻愈，信之甚笃。过中不食，饮茶数杯而已，晚年注《参同契》，入僧舍，坐四十九日乃出，故其去来翛然。属纩㉔时，曰："今日方闲"非有所得而能如是乎？

子佩生时，忠介梦有儿乘云而下，因字之曰"云间"。尝谓其子弟曰"文山名云孙，阳明亦名云，其降生之时，祖父之梦与余同也，吾独沦落至此，鬼神亦有时而欺人耶！"盖子佩之不能忘世如此。则托于二氏者，亦岂其志乎？虽然，古今之人物，岂以功名定优劣哉！象山云："前辈大力量的人，看有甚大小，大事见如不见，闻如不闻。今人略有些气焰者，多只是附物，元[25]非自立也。"即如文，王二公，邂逅运数[26]，不得已而应之。假使子佩于波振尘骇之中，饰智以求用，大呼以得遇，就令小小有所成就，其于道德，不有丘山之损乎？今于二公何愧焉。

生于万历乙巳三月二日，卒于康熙丙寅正月二十九日，享年八十有二。两娶，俱毛氏，副室陈氏。子靖，诸生。孙凤来。

余与子佩同集阙下，同试南中，乱后，隔绝者久之。甲辰，余至吴门访之。又二十年为癸亥，子佩年七十九矣，忽然至吾草堂，上化安山，拜先忠端公墓而去。又明年乙丑，余至吴门，正子佩习静僧舍之日，破关出见，执手甚喜。岂知其为永诀乎？方欲为之论次，而靖书来属铭，乃所愿也。

铭曰：私谥非古，昔人所诏；郭之有道[27]，孟之贞曜[28]；谁曰不宜，以其惟肖。嗟我子佩，郭、孟交臂；守礼不违，继志述事，端孝先生[29]，允矣作谥。

【注释】

①周益公：宋人周必大，字子充，一字洪道，南宋庐陵（今江西吉安）人。

②常熟：今属江苏。

③龙游：龙游县，位于浙江省西部，金衢盆地中部。

④吴门击杀缇骑：吴门，古吴县城的别称。吴县为春秋吴都，因称吴县为吴门。缇骑，穿红色军服的骑士。泛称贵官的随从卫队。后来为逮治

犯人的禁卫吏役的通称。如明代锦衣卫校尉，清代步军衙门番役等。

⑤烈皇：指崇祯皇帝朱由检。

⑥颂冤：申辩冤屈。

⑦梓：刻印。因梓木质轻易刻，刻板以梓木为上，故以梓代刻板。

⑧姚文毅（1579～1636 年）：即姚希孟，字孟长，吴县人（今属江苏）。万历四十七年（1619）举进士，为庶吉士。天启时，授检讨，纂修《神宗实录》。被崔呈秀的《天鉴录》列为东林党人。作《开读始末》记吴民反阉党事。崇祯时，遭温体仁忌，贬至南京少詹事，崇祯二年（1629）卒。

⑨戋戋：形容少。

⑩赍志而殁：志愿没有实现就死了。

⑪授绥结帨：迎来送往，娶妇嫁女。结帨，古代嫁女仪式之一。

⑫窀穸：墓穴。

⑬琴城：冢墓。

⑭华表栖归魂之鹤：典故出自《搜神后记》："丁令威，本辽东人，学道于灵虚山。后化鹤归辽，集城门华表柱上。时有少年，举弓欲射之，鹤乃飞，徘徊空中而言曰：'有鸟有鸟丁令威，去家千年今始归。城郭如故人民非，何不学仙冢累累。'遂高上冲天。"

⑮艰寠：困苦贫穷。寠，屋室简陋。

⑯诰轴：书写皇帝命令的卷轴。

⑰文相国子乘（1574～1636 年）：即文震孟，字文起，号湛持，明南直隶长洲（今苏州市）人，祖籍湖南衡阳，文徵明曾孙，文三桥之孙。明末政治人物，书法家。

⑱吴日生：南明抗清将领。字日生，号朔清，吴江（今属江苏苏州）人。崇祯十六年进士，明亡坚持抗清，率兵三次占领吴江城，兵败被杀。

⑲毁家纾难：语出《左传·庄公三十年》："鬬榖于菟为令尹，自毁其家，以纾楚国之难。"杜预注："毁，灭；纾，缓也。"后以"毁家纾难"称不惜捐弃家产、解救国难的行为。

⑳钟石毕变：意味改朝换代。

㉑冥顽：昏庸顽钝，愚钝无知。阘茸：卑下。

㉒纷挐：亦作"纷挐"。亦作"纷拿"。错杂貌。

㉓骑邮：指乘马传递文件或书信的人。

㉔属纩：谓用新绵置于临死者鼻前，察其是否断气，这里指临终。

㉕元：同"原"。

㉖邂逅运数：指遇到那样的时局。

㉗郭之有道：宋朝郭希朴，号有道先生。华阳人，以博学闻。

㉘孟之贞曜：唐诗人孟郊卒后，友人张籍私谥为贞曜先生。

㉙端孝先生：周子佩的私谥。

两异人传

【题解】

本文旨在借"剃发令"来表明作者对清朝治国政策的批判。剃发令是清朝统治初期针对汉族和南方其他少数民族人民强制实施的改剃清朝发型的政策，当时的口号俗称："留头不留发，留发不留头。"黄宗羲把清朝初年的政策看作比暴秦更甚，"秦虽暴，何至人人不能保有其身体发肤"，体现出作者极强的现实批判精神。

【原文】

自髡发令①下，士之不忍辱者，之死而不悔。乃有谢绝世事，托迹深山穷谷者；又有活埋土室，不使闻于比屋者。然往往为人告变，终不能免。即不然，苟延蝣蟭②，亦与死者无异。鸿飞冥冥，弋者何慕！求其避世之最善者，以四海之广，仅得二人焉。

温州雁宕山③，其顶有宕六七区，雁去来其间，由是得名。元李伍峰④作记时，犹有两庵，山鼠如小儿，寒夜共人向火。是后庵废，樵径塞断。余辛巳时游雁宕山，欲登其顶，问途而不可得。闻丙戌间有徐姓者，莫详其名，不肯剃发，约其宗族数十人，携牛羊鸡犬，菜谷之种，耕织之具，凡人世资生之所需者毕备，攀援而上，剪茅架屋数十间，随塞来路。去之三十年，其亲串曾莫得其音尘，不知其生死如何也。昔陶渊明作《桃花源记》，古今想望其高风，如三神山⑤之不可即。然亦寓言，以见秦之暴耳。秦虽暴，何至人人不能保有其身体发肤，即无桃花源，亦何往而不可避乎？故是时之避地易，而无有真避者；今日之避地难，徐氏乃能以寓言为实事，岂可及哉！

诸士奇，字平人，姚之诸生也。崇祯间，与里人为昌古社，效云间几社⑥之文，两京既覆，遂弃诸生，载十三经、二十一史，入海为贾。其时日本承平，悬金购中国之书。士奇至日本，试之以文，善之，曰"自大唐之来吾土者，莫不自言为相公；此乃真相公也"。三十年不返。族人皆疑其已死。余近遇补陀⑦僧道弘，言日本有国师诸楚宇，余姚人也，教其国中之子弟，称"诸夫子"而不敢字⑧。尝一至补陀，年可六十矣。众因详讯其状貌，则楚宇为士奇之别号也。余尝友士奇，不知其有异也。使后世而有知士奇，当有愿为之执鞭⑨者。然则毋谓今人不如古人，交臂而失之，似余之陋也。

【注释】

①髡（kūn）发令：剃发的命令。

②蜉蝣：像蜉蝣生命那么短促的时间。

③雁宕山：山名。在浙江省东南部。分南、北两个山群，山多悬崖、奇峰、瀑布。

④李伍峰（1285～1350年）：李孝光，字季和，元代词作家。温州乐清（今属浙江）人。少年时博学，以文章负名当世。

⑤三神山：传说东海中仙人所居之山，即蓬莱、方丈、瀛洲。

⑥几社：明末的文社组织。主要成员有陈子龙、夏允彝、徐孚远、何刚等人。其文学主张颇受前后七子影响，作品则对政治的混浊、民生的疾苦有所揭露。明亡后，陈子龙等数人曾致力抗清。

⑦补陀：普陀岛。

⑧不敢字：不敢叫其名字。

⑨执鞭：举鞭为人驾车，表示景仰追随。

恽仲升文集序

【题解】

本文旨在批判科举制度的：“举业盛而圣学亡。”黄宗羲认为科举制度最大的弊病在于使真正的学问衰亡，而这种衰亡的根源在于官方掌握的“有一定之说”成为判断是非的标准。黄宗羲认为这种“一定之说”与“成说”没有“取证于心”，也不“深求其故”，因此是虚妄的、肤浅的。恽仲升是黄宗羲的同门友人，他认为仲升的学问有很多先前的儒者所没有阐述明白的道理，是自己潜心钻研出来的，不以世俗标准为圭臬的真学问。全文体现了黄宗羲严谨求实的治学精神。

【原文】

举业①盛而圣学亡。举业之士，亦知其非圣学也，第以仕宦之途寄迹②焉尔。而世之庸妄者，遂执其成说，以裁量古今之学术。有一语不与之相合者，愕眙③而视曰：此离经也，此背训也。于是《六经》之传注，历代之治乱，人物之臧否④，莫不各有一定之说。此一定之说者，皆肤论言，未尝深求其故，取证于心，其书数卷可尽也，其学终朝可毕也。虽然，其所假托者朱子也，盍将朱子之书一一读之乎？夫朱子之教，欲人深思而自得之也。故曰："若能读书，就中却有商量。"又曰："且教学者看文字撞来撞去，将来自有撞着处。"亦思其所谓商量者何物也，撞着者何物也？要知非肤论言可以当之矣。数百年来，儒者各以所长，暴于当世，奈何假托朱子者，取其得朱子之商量撞着者，概指之为异学而抹杀之乎？

余学于子刘子，其时志在举业，不能有得，聊备蕺山门人之一数耳。天移地转，僵饿深山，尽发藏书而读之。近二十年，胸中窒碍⑤解剥，始知曩日之孤负为不可赎也。方欲求同门之友，呈露血脉，环顾宇下，存者无几，突如而发一言，离经背训之讥，蹄尾⑥纷然。然吾心之所是，证之朱子而合也，证之数百年来之儒者而亦合也。嗟乎！但不合于此世之庸妄者耳。

武进恽仲升，同门友也。壬午，见之于京师。甲申，见之于武林。通朗静默，固知蕺山之学者未之或先也。而年来方袍圆项，丛林急欲得之，以张皇⑦其教，人皆目之为禅学。余不见二十年，未尝不以仲升去吾门墙，而为斯人之归也。今年渡江吊刘伯绳，余与之剧谈昼夜，尽出其著撰，格物之解，多先儒所未发。盖仲升之学，务得于己，不求合于人，故其言与先儒或同或异，不以庸妄者之是非为是非也。余谓之曰："子之学非禅学也，此世之中而有吾两人相合，可无自伤其孤另矣。"或者曰："仲升既非禅学，彼禅者何急之也？"余曰："今之禅者，其庸妄亦犹夫今之举业之士也，恶能为毫厘之辨哉？其貌是则是之而已。"然则仲升之貌，其貌何也？余弗答，因书以为《仲升文集序》。

【注释】

①举业：科举时代指专为应试的诗文、学业、课业、文字。也指八股文。

②寄迹：犹言暂时托身，借住。

③愕眙：亦作"愕怡"，惊视。

④臧否：善恶，得失。

⑤窒碍：不明了，疑难。

⑥蹄尾：泛指禽兽。

⑦张皇：显扬，使光大。

留别海昌同学序

【题解】

这篇序文旨在说明学术创新与时代呼应的关系。黄宗羲力倡学术创新要适应时代的需要。他认为，当时道学中不论心学或理学，都不能适应改朝换代的时代需求。作为宋明理学两大分支的心学与理学，到了明末清初都已完全没落了，堕落为空洞的概念游戏，不能也不愿回答时代提出的种种新问题。

【原文】

岁丙辰二月，余至海昌西山，许父母以余曾主教于越中甬上也，戒邑中之士大夫胥会于北寺。余留者两月余，已而省觐①将归。同学诸子皆眷眷然，有离别可怜之色。余南雷之野人也，气质卤莽。诸子风华掩映千人，多廊庙之器，余何以得此于诸子乎？

尝谓学问之事，析之者愈精，而逃之者愈巧，三代以上，只有儒之名而已，司马子长②因之而传儒林。汉之衰也，始有雕虫壮夫不为之技。于是分文苑于外，不以乱儒。宋之为儒者，有事功、经制改头换面之异，《宋史》立"道学"一门以别之，所以坊其流也。盖未几而道学之中又有异同。邓潜谷③又分理学、心学为二。夫一儒也，裂而为文苑、为儒林、为理学、为心学，岂非析之欲其极精乎？奈何今之言心学者，则无事乎读书穷理；言理学者，其所读之书不过经生之章句，其所穷之理不过字义之从违。薄文苑为词章，惜儒林于皓首，封己守残，摘索不出一卷之内，其规为措注，与纤儿细士不见短长。天崩地解，落然无与吾事，犹且说同道异，自附于所谓道学者，岂非逃之者之愈巧乎？

吾观诸子之在今日，举宝为秋，摛藻④为春，将以抵夫文苑也。钻研服郑⑤，函雅故⑥，通古今，将以造夫儒林也。由是而敛于身心之际，不塞其自然流行之体，则发之为文章皆载道也，垂之为传注皆经术也。将见裂之为四者，不自诸子复之而为一乎？

某虽学文，而不能废夫应酬，穷经而不能归于一致。洒扫先师蕺山之门，而浸淫⑦于流俗，弦急调哀，不知九品人物，将来何等。诸子苟不见鄙，庶几以为九十里之半，是某之眷眷于离别者，较诸子而益甚。虽然，诸子与某相隔一带水耳，天朗气清，夏盖空翠可摘，此固晁无咎行吟之地也。某居其下，诸子倘闻长啸，若鸾凤之音响乎岩谷焉，知其非余耶？夏四月二十六日书于北山。

【注释】

①省觐：探望父母或其他尊长。

②司马子长：司马迁，字子长，西汉夏阳（今陕西韩城南）人，西汉伟大的史学家、文学家、思想家，司马谈之子，被后世尊称为史迁、太史公、历史之父。

③邓潜谷（1529～1593 年）：邓元锡，字汝极，号潜谷。新城县城南津（今属江西省黎川县日峰镇）人。学识渊博，人称"潜谷先生"。有《潜学编》十二卷，及《五经绎》《函史》等。

④摛藻：铺陈辞藻。

⑤服郑：东汉末经学家服虔与郑玄的并称。

⑥雅故：雅正的训释。

⑦浸淫：引申为浸染，濡染。

念椿许公《霍丘名宦录》序

【题解】

本篇文章旨在叙述官民关系的本质，"唯公爱民之心尚在，故民之思公，亦不以久近幽明为计较耳"，这也与黄宗羲一贯主张的君为民设、君是民仆、君臣为天下人服务的民本思想相契合。

【原文】

许酉山先生治海昌之五年，政通人和，举循吏第一。余数年来得交于先生，每见其举一事，发一言，必称引先世，曰："吾先人之心学若何，吾先人之经世若何，不敏未能推行其一二。"夫海昌之政美矣，先生犹不敢自是如此，岂数典而不忘其祖之义欤？不然何其知之者之寡也？

已得《霍丘名宦录》读之，刑部公之惠政^①，条分缕悉，当年设施之次第，粲然可寻。不必西门豹之投巫妪^②，何易于之焚诏版，但使里巷阡陌之间，其鞅呻^③得自达而已。公之爱民之心，盖至今而尚在也。唯公爱民之心尚在，故民之思公，亦不以久近幽明为计较耳。

夫公之莅任，去今七十九年矣。而霍丘为流贼陷没，频经兵火，山川如故，城郭已非。不特当时之父老，老死略尽④，即公当日之政，霜吞雪蚀。此相与聊生之民，宁犹受其赐欤？即使起公于九原，复理当日之坠绪⑤，时异势殊，吾知其有所不能也。乃父传之子，子传之孙，追想公之声音笑貌，于瓣香庭燎之中不能自已。岂非可没者政也，不可没者心也，宁有所强而然耶？

霍故六、蓼国地也，臧文仲闻六与蓼灭，曰："皋陶、庭坚，不祀忽诸，德之不建，民之无援。"哀哉！夫六、蓼以千年之祀，坠其香火，公以数年之宦，垂其苹藻⑥，使千年不能与数年争者，非其入人之深，何以有此？夫然后知海昌之政，渊源于霍丘者远矣。鸟游空府，影末之余波，犹足以润泽枯槁。子产曰："侨不才，不能及子孙。"若公者，其不谓之及子孙乎？

【注释】

①惠政：仁政，德政。

②巫妪：巫婆。

③颦呻：忧愁叹息。

④略尽：将尽。

⑤坠绪：指行将绝灭的学说。

⑥苹藻：用作祭祀的代称。

汪氏三子诗序

【题解】

本文旨在品读汪氏三子诗歌的超凡脱俗韵致，即"游山题画，种花载书，雅集怀人，一切嚣尘烟火不入笔端，恍然身在隆平之日也"。同时黄宗羲也有意通过赞扬诗人的文风来颂扬汪氏三子不随波逐流的人格，称颂其笃行高志，"为世所急，翱翔王路"的高尚品行。

【原文】

休阳汪周士、晋贤、季青三子皆天下才，而爱风雅，喜读书，侨寓①桐溪书溪，海内之名宿，闻其风者，多操舟到门，结交而后去，顾非今世坊社之气习比也。周士之诗，冲融高迈，从开元、大历诸家咽嚎②澄汰③，别出机杼④；晋贤之诗，怀古感今，往复流连，其悱恻烦伤之旨，情文俱备；季青之诗，磊落多英，其槎枒⑤之致，侧足焦原，而手搏雕虎。三子盖已骎骎⑥逼古作者，宜乎为人之所贵重耳。

嗟乎！天尾旅奎，士生斯世，挨肩叠足，风流都尽，踽踽抗尘而行者，莫不有憔悴可怜之色。追数百年间，嘉、隆以下，艺林、文苑见重于时，布衣稍通声律，便啸傲王公之上，即如谢榛⑦、王稚登⑧所至倾动，草堂之中，羔雁成群，徐渭最为蹇乏⑨，镇海一记，襄愍犹数字酬之，故一名为士，口不言钱，更无米盐俗事。余尝言吾辈福分为前人支尽，无庸更怨寒苦，今读三子诗，游山题画，种花载书，雅集怀人，一切嚣尘烟火不入笔端，恍然身在隆平之日也，岂前人犹有未尽之福分，仅以私俾三子欤？

庚申仲冬，余谢吊过桐溪，三子出其诗求序。余明山之樵人也，偶尔行脚，遂为耳目所迹，行将掩其声光，还山弄月。三子之才，自当为世所急，翱翔王路，余与三子邂逅正未可期，庶几藉此诗口授樵侣⑩，润色枯槁也。

【注释】

①侨寓：侨居，寄居。

②咽噱：犹呕噱。谓读书有会心处而欢乐不止。

③澄汰：谓澄去泥滓，汰除沙砾。多用以指甄别、拣选。

④别出机杼：犹别出心裁。

⑤槎枒：形容错落不齐之状。

⑥骎骎：马跑得很快。

⑦谢榛（1495～1575 年）：明代布衣诗人。字茂秦，号四溟山人、脱屣山人，山东临清人。十六岁时作乐府商调，流传颇广，后折节读书，刻意为歌诗，以声律有闻于时。嘉靖间，挟诗卷游京师，与李攀龙、王世贞等结诗社，为"后七子"之一。

⑧王稚登（1535～1612 年）：字百谷、百穀、伯穀，号半偈长者、青羊君、广长庵主等。先世江阴人，后移居吴门（今苏州）。

⑨蹇乏：谓才识低劣贫乏。

⑩樵侣：打柴的伙伴。

张仁庵古本大学说序

【题解】

本文论说的核心在于澄清学者学问上的造诣与其人生履历之间的关系。张仁庵出身佛门，因此，当时的学者认为他的《古本大学说》所论主要是从佛学的视角论述而与儒学思想相去甚远。黄宗羲则持反对意见，他认为"仁庵之说，本之生平学力，与释氏无与也"。由此可以体现出作者治学的独立而求实品格。

【原文】

癸酉甲戌间，余与江道闇、张秀初同学。道闇读书不求甚解，任怀得意，融然远寄。秀初读书，字栉句比，尝见其读三礼五传，升降拜跪之细，肴蒸笾豆①之烦，时日错互，地名异同，莫不辨析秋毫，立身制行，粹然儒者之矩度②也。当时来学之门人，共建一小楼于南屏之下，余款然良对，闲谈律吕③，因取余杭竹管肉好④停匀⑤者，断之为十二律及四清声，制作精妙。武塘魏子一、吴门薄子珏方讲此学，见之推服。桑海之交，道闇、秀初俱为法门有力者所网罗，道闇寻谢世，秀初白椎升座，听讲常数百人，诸方所称仁庵禅师是也。余见之于灵隐，再见之于云居。仁庵所言唯法门事，不复理经生前说矣，颇为惜之。

庚申季冬，其外孙郑春荐出仁庵《古本大学说》，云是晚年维杨所著，授子止庵，分章断句，天衣无缝，新建欲复古本，尚在离合之间。此说出，纷纭聚讼，诸义尽堕，然以其出自仁庵，世儒妄横儒释之见，未有不疑之者也。夫儒释之淆乱久矣，儒而不醇者固多出入于佛，而学佛者亦未必醇乎于佛。顾视性分⑥学力二者，性分所至，佛法不能埋没，往往穿透而出，学力⑦由来，亦非佛法之所能改，此如水中盐味，济入河流，夹杂之中，历然分别，唯知道者能辨之，不为墉垣肤爪之论所掩盖耳。仁庵之说，本之生平学力，与释氏无与也。仁庵去世今十有六年，当日小楼已毁，其旁虞氏水阁无一存者，老梧数树，僵立冰雪之下，想像旧游，渺若山河，展读此卷，神理绵绵，不异同学之时夜半快谭水鸟惊起也。始知迹像变迁，了不可恃，寻微冥契⑧，别似有物耳，因序而命春荐刻之。

【注释】

①笾豆：笾和豆。古代祭祀及宴会时常用的两种礼器。竹制为笾，木制为豆。

②矩度：规矩法度。

③律吕：古代校正乐律的器具。用竹管或金属管制成，共十二管，管径相等，以管的长短来确定音的不同高度。从低音管算起，成奇数的六个管叫作"律"；成偶数的六个管叫作"吕"，合称"律吕"。后亦用以指乐律或音律。

④肉好：比喻乐音洪润悦耳。《礼记·乐记》："宽裕肉好，顺成和动之音作，而民慈爱。"

⑤停匀：均匀，匀称。

⑥性分：犹天性，本性。

⑦学力：学问上的造诣，学问上达到的水平。

⑧冥契：指天机，天意。

陈叔大四书述序

【题解】

本文旨在强调和重视"心"的能动作用，即人的精神性的理论思维或创造性活动。黄宗羲强调的是认识主体的能动性和人类理性对外部世界的统摄作用。

【原文】

自离怀抱而入学舍，无有不诵《四书》者，然而能知《四书》者，盖亦鲜矣。夫《四书》非可句解而字释也，圣人之言，本于无言，一言而未尝不足，其千万言也，犹之乎其一言也。盘中走丸，横斜圆直，岂有一定？然一定而不可移者，丸必不出于盘也。故先儒欲解《四书》者，必以心性为纲领，顽阴解剥，则条目无瀞雾矣，《西山读书记》《北溪字义》之类是也。然学者工夫未到沉痛，只在字义上分疏，炙毂①淋漓，总属恍惚，决不能于江汉源头酣歌鼓掌耳。

余讲学海昌，每拈《四书》或《五经》作讲义，令司讲宣读，读毕，辩难②蜂起。大抵场屋之论，与世抹杀。余曰："各人自用得着的，方是学问，寻行数墨③，以附会一先生之言，则圣经贤传皆是糊心之具。朱子所谓'譬之烛笼，添得一条骨子，则障了一路光明'是也。"陈子叔大于其间特有领略，端默静好，圣贤微言要语，审括内考，间以《四书》述之，了无滞法。余观其波澜正阔，必收归滥觞，要自明其所独得，不然，自古至今，积千万人之见，新义何限？叔大亦无容于昆冈④烈焰助此爝火⑤耳。余生平颇喜读书。一见讲章，便尔头痛。武林顾邻调曾以所著《五经讲章》饷余，余谢不受。徐虞求先生在坐，诘之曰："性所不耐，置之高阁，恐虚邻调盛意也。"虞求为之一笑。今读叔大之述，不异一堂问答，日征月迈，此书即为积水矣。虽然，近来议论迫狭，圣伏神徂⑥，日益无考，人人私其瓮天⑦，将子之学愈进，则彼之绳益急，吾子其亦能自信已乎？

【注释】

①炙毂：比喻言语流畅风趣。

②辩难：辩驳问难。

③寻行数墨：计算书本上的文字。比喻读书不推究义理，在字里行间讨生活。

④昆冈：亦作"崑岗"。亦作"崐冈"。即昆仑山。

⑤爝火：炬火，小火。

⑥徂（cú）：古同"殂"，死亡。

⑦瓮天：瓮中所观的天。谓局促在极狭小的地方，识见短浅。

沈昭子庚岩草序

【题解】

本文旨在阐述黄宗羲文道合一的理论构想。黄宗羲认为继承儒家圣贤之道的理学家的文章"皆有《史》《汉》之精神";而文学家如欧阳修、苏轼等,他们的古文创作,"皆学海之川流"、"经术之波澜"或"莫非微言大义之散殊",均原本经术,是经术的具体体现。因此,在黄宗羲看来朱熹、陆九源、吕祖谦等人都是师儒、文人合而为一的,即文道合一。

【原文】

昔在嵇太守淑子署中,一时名士刻其诗文者,咸尽其底蕴,最后得《镇海楼碑》读之,因谓淑子曰:"此韩陵山一片石也,徐渭不得孤行矣。"自是始知有先王姓名。后三年,邂逅先生于许使君座上,目之曰:"此作《镇海楼碑》者。"然是时先生不及文章而谈理学。又数年,再见先生,先生亦不及文章而谈史学。余于是知先生之文章,本之经以穷其原,参之史以究其委,不欲如今人刻画于篇章字句之间,求其形似而已。

宋景濂论文，谓汉唐二三儒者，其于文或得皮肤骨骼，独宋室学统数先生，得文之精髓，而为六经孔孟之文。先生论文，谓学统数先生于天人性命经制度数之说，固穷其源而抉其幽，诚非汉唐儒者之文所及，若就文章之能事，而衡之以质文终始之变，则汉唐儒者盖有专长以相胜。其为论不同如此。

余近读宋元文集数百家，则两说似乎有所未尽。夫考亭、象山、伯恭、鹤山、西山、勉斋、鲁斋、仁山、静修、草庐，非所谓承学统者耶？以文而论之，则皆有史汉之精神，包举其内。其他欧、苏以下，王介甫①、刘贡父②之经义，陈同甫③之事功，陈君举、唐说斋之典制，其文如江河，大小毕举，皆学海之川流也。其所谓文章家者，宋初之盛，柳仲涂④、穆伯长、苏子美⑤、尹师鲁⑥、石守道渊源最远，非汛然成家者也。苏门之盛，凌厉见于笔墨者，皆经术之波澜也。晚宋二派，江左为叶水心⑦，江右为刘须溪⑧。宗叶者，以秀峻为揣摩，宗刘者，以清梗为句读，莫非微言大义之散殊。元文之盛者，北则姚牧庵⑨、虞道园，盖得乎江汉之传，南则黄溍卿、柳道传、吴礼部，盖出于仙华之窟。由此而言，则承学统者，未有不善于文，彼文之行远者，未有不本于学，明矣。降而失传，言理学者，惧辞工而胜理，则必直致近譬；言文章者，以修词为务，则宁失诸理，而曰理学兴而文艺绝，呜呼！亦冤矣。

余老屏空山，先生不鄙而属定其文。余卒卷而叹曰："当元之修辽、金、宋史也，其史官最著名者，欧阳玄、揭奚斯、张养浩、宋褧、苏天爵。今之修《明史》，其史官最著名者，亦不数人，先生其眉目也。"先生之文，清深整雅，畜而始发，闲事摹画，而隅角不露，何其似苏伯修也！先生之《修明史议》，与伯修之《三史质疑》同也；先生之《开浚杭州支河运河碑记》，与伯修之《江浙行省浚治杭州河渠记》又同也，其他金石之文，扶植名教，无弗同者。伯修为静修再传，则知先生之文，出于学统无疑矣。

【注释】

①王介甫（1021～1086 年）：王安石，字介甫，号半山。北宋杰出的政治家、思想家、文学家、改革家，官至丞相。

②刘贡父（1023～1089 年）：刘攽，北宋史学家，刘敞之弟。字贡夫，一作贡父、赣父，号公非。一生潜心史学，治学严谨。助司马光纂修《资治通鉴》，充任副主编，负责汉史部分，著有《东汉刊误》等。

③陈同甫（1143～1194 年）：南宋思想家、文学家。字同甫，原名汝能，后改名陈亮，人称龙川先生。著有《龙川文集》《龙川词》。

④柳仲涂（947～1000 年）：北宋散文家。作品文字质朴，然有枯涩之病，有《河东先生集》。诗作现存八首。

⑤苏子美（1008～1048 年）：苏舜钦，字子美，开封（今属河南）人，著有《苏学士集》。

⑥尹师鲁（1001～1047 年）：尹洙，字师鲁，河南洛阳（今河南洛阳市）人，世称河南先生。著有《河南先生文集》《五代春秋》等。

⑦叶水心（1150～1223 年）：叶适，字正则，号水心，谥文定。温州永嘉人（今属浙江）。著有《习学记言》《水心先生文集》。

⑧刘须溪：刘辰翁，字会孟，别号须溪。南宋末年爱国诗人。他一生致力于文学创作和文学批评活动。

⑨姚牧庵（1239～1314 年）：姚燧，字端甫，号牧庵。洛阳（今河南洛阳）人。

李杲堂先生墓志铭

【题解】

在此篇铭文中，黄宗羲明确地提出了自己评判古文优劣的标准。黄宗羲评判文章优劣的标准有五个层面：道、学、法、情、神。同时，道在五个评判文章优劣的层面中，是居于主导地位的。合道，即是好文章；背离道，则是不好的文章。

【原文】

文章不特与时高下，亦有地气限之。明、越两郡，其地密迩^①，同一风气。明初杨铁崖、戴九灵、戴寓明州，为文学宗老；唐丹崖^②、谢元功^③、赵谦比肩而作；宋无逸、郑千子^④皆杨门弟子：其时师友讲习，炳然阡陌，一时号为极盛。凌夷正、嘉而后，竞起邪宗。孙文恪输心于槐野；余君房^⑤瓣香于子威；赤水、月峰疏密不同，而文胜理消，谓论语为孔子之文选耳，苟肆狂狷，无所取裁；陈后冈^⑥、徐文长^⑦虽异趋，时风众势，无以发伏鳌之雄气，即如阳明之文，韩、欧不足多者，而谓文与道二，沟而出诸文苑。是故两郡作者敝精神乎蹇浅^⑧，由来矣。

先生初亦不避轻华，其后每得余作，往往嗟悒，因相与校覆雅、郑，洗其偷薄之说，推原道、艺之一，先生不以余空隙一介之知而忽之也。自此转手，大放厥词，同里稍稍响应，翻然于不迪，于是东浙始得古文正路而由之。四境之内，凡有事于文章者，非先生无以讫意，转相求请，充牣⑨昔席。方外诗人得先生一言，便可坐高声价，歒门⑩云水，疲于应接。里中有鉴湖社，仿场屋之例，糊名易书，以先生为主考，甲乙楼上，少长毕集，楼下候之，一联被赏，门士胪传⑪，其人拊掌大喜，如加十赉。明州自东沙好文下士，主张艺林，士无不捧珠盘而至者，然其气力足以鼓动，不尽关著作。先生以布衣几与之颉颃⑫，而肺疾为梗，流放家门，海内知之者尚未蒲其量也。

先生讳文胤，字邺嗣，今以字行，别号杲堂。宋忠襄李显忠之后，世居清涧，忠襄曾孙守真始迁于鄞。其下六世，是为先生之高祖循义，嘉靖癸未进士，御史，出守衡州；曾祖生威，举于乡，官凤阳府推官。其孙即守贵州之巡抚橒也，因赠兵部尚书；祖德升，永平卫经历，父楣，崇祯丁丑进士，礼部仪制司主事。先生风骨不恒，年十二三能诗，即有秀句。十六为诸生，侍仪部官岭外，通人张孟奇深所叹异，归而时名方起。直兵革之际，眠眦触死，仪部下省狱，先生亦驱至定海，缚马厩中七十日，事得解。仪部之丧从省至，放声一哭，遂绝意人世，穿窜⑬草石，与失职之徒万悔庵、徐霜皋、高辰四诸君缘情绮靡，音调凄凉。先生虽不逃禅⑭，而酒痕墨迹，多在僧寮野庙，木陈、悟留、山晓、天岳皆结忘年之契。四方胜流之至甬上者，先生即匿迹甚深，亦必停车披帷⑮，诗酒流连，否则似垂橐⑯而归矣。

先生愍郡中文献零落，仿遗山中州集例，以诗为经，以传为纬，集甬上耆旧诗，搜寻残帙⑰，心力俱枯。其布衣孤贱，尤所惋结⑱，宛转属人，则顿首于宁，使其感动，夺之鼠尘绩筐⑲饧笛之下，以发其光彩。若片纸未出，先生自比长吉之中表，凛乎有不祥之惧焉。书成，立诗人之位，祀以少牢，闻者为之轩渠⑳。张司马死故国，先生蟄其两世。杨侍御文瓒亦以连染死，浅土十棺，语溪曹广葬之，先生为歌诗记其事。凡见闻所及美事，先生不肯让人。先生尤长于丽语，使当词头之任，真足华国，而以庙堂金石，散为竹枝禅颂之音，岂不可惜！然宋景濂谓谢翱、方凤、吴思齐㉑皆工诗，客浦阳，浦阳之诗为之一变；向若先生草率青云，苟非劳谦㉒庀口，亦岂能一变甬东之风气如三子哉！生于天启壬戌四月二日，卒于康熙庚申十一月八日，年五十九。婆某氏，子一人，暾。女六人，长适万斯备。次适丘瑜，次适沈绍雯，次适林獬锦，余未行。暾将以某年月日蟄先生于某原，与斯备来速铭。

　　铭曰：文之美恶，视道合离；文以载道，犹为二之。聚之以学，经史子集。行之以法，章句呼吸。无情之辞，外强中干。其神不传，优孟衣冠。五者不备，不可为文。野人议璧，称好随群。此言余发，以告先生。先生曰然，但苦三彭，匠石郢人，霜钟应律。先生之死，吾无为质。

【注释】

①密迩：贴近，靠近。

②唐丹崖：唐肃，字处敬，号丹崖，越州山阴人（今日浙江绍兴）。

③谢元功：谢肃，字元功，明代浙江虞县人。与唐肃齐名，时号"会稽二肃"。

④郑千子：即郑真，明朝初年文学家、史学家。

⑤余君房：字君房，晚年改字僧杲，鄞县人。著有《农丈人诗集八卷

文集二十卷》《乙未私志》《同姓名录》《吴越游稿》等。

⑥陈后冈：陈束，字约之，号后冈，明朝官员、作家、文学家，"嘉靖八才子"之一。

⑦徐文长（1521～1593 年）：徐渭，字文长，中国明代文学家、书画家、军事家。

⑧蹇浅：犹言鄙陋浅薄。

⑨充牣：丰足。

⑩欵门：犹款塞。

⑪胪传：专指传告皇帝诏旨。

⑫颉颃：谓不相上下，相抗衡。

⑬穿窜：奔逃隐匿。

⑭逃禅：逃出禅戒。

⑮披帷：拨开帷幕。

⑯橐：口袋。

⑰残帙：犹残卷。

⑱悁结：谓怅恨之情郁结于心。

⑲绩筐：纺绩时用以盛纱缕的筐。

⑳轩渠：欢悦貌，笑貌。

㉑吴思齐：字子善，号全归子，浙江永康前吴村人。著有《左氏传阙疑》《陈亮叶适二家文选》《俟命录》等。

㉒劳谦：勤劳谦恭。

金介山诗序

【题解】

本文旨在批判以"一时之好尚者"为出发点的诗歌写作，倡导以"己之性情"为宗旨而创作的诗歌。黄宗羲认为金介山作诗"直不欲作明以前一语"，具有鲜明的独创精神。

【原文】

古人不言诗而有诗，今人多言诗而无诗，其故何也？其所求之者非也。上者求之于景，其次求之于古，又其次求之于好尚。以花鸟为骨，烟月为精神，诗思得之坝桥驴背，此求之于景者也；赠别必欲如苏、李，酬答必欲如元、白，游山必欲如谢，饮酒必欲如陶，忧悲必欲如杜，闲适必欲如李，此求之于古者也；世以开元、大历之格绳作者，则迎之而为浮响①，世以公安②、竟陵③为解脱，则迎之而为率易为混沦，此求之于一时之好尚者也。夫以己之性情，顾使之耳目口鼻皆非我有，徒为殉物④之具，宁复有诗乎？

吾友金介山之诗，清冷竟体⑤，姿韵欲绝，如毛嫱、西施，净洗却面，与天下妇人斗好，一举一动，无非诗景诗情，从何处容其模拟？读之者知其为介山之人，知其为介山之诗而已。昔人不欲作唐以后一语，吾谓介山直不欲作明以前一语也。故介山胸中所欲鬯⑥之语，无有不尽，不以博温柔敦厚之名，而蕲⑦世人之好也。虽然，介山其亦何能尽乎？雷霆焚槐，天地大絯⑧，万物之摧拉摇荡者，寥而为穷苦愁怨之声，澡雪风泉之满听矣，介山能无动乎？将一一写之以为变风，无有也，且不物介山，古之能自尽其情者，莫如渊明，然而《述酒》等作，未尝不为廋辞⑨矣。此亦温柔敦厚之教，见于诗外者也。

【注释】

①浮响：谓响声飞扬。

②公安：公安派，中国明末文学流派。代表人物是公安三袁：袁宗道、袁宏道、袁中道三兄弟。主张文学重性灵、贵独创，所作清新清俊、情趣盎然。

③竟陵：竟陵派，为中国明朝晚期小品文代表流派之一，继公安派而起，文学领袖有钟惺、谭元春、刘侗。竟陵派反对仿摹，主张"独抒性灵"。

④殉物：为追求物质利益而丧生。

⑤竟体：遍体，全身。

⑥鬯：同"畅"。

⑦蕲（qí）：同"祈"，祈求。

⑧絯（hài）：同"骇"，惊骇。

⑨廋辞：隐语，谜语。

今水经序

【题解】

本文阐明阅读古人的经典作品时正确理解作者原意的重要性。作者以《水经》为例，指出古代人写书都是从治国理政的现实需要出发，而后人理解古人著述时，有些人则陷入了词句修饰的推敲没有能很好地领会原书作者的意思。全文体现了作者著书立说坚持经世致用的原则和精神。

【原文】

古者儒、墨诸家，其所著书，大者以治天下，小者以为民用，盖未有空言无事实者也。后世流为词章之学，始修饰字句，流连光景，高文巨册，徒充污惑之声而已。由是而读古人之书，亦不究其原委，割裂以为词章之用。作者之意如彼，读者之意如是。其传者，非其所以传者也。

先王体国经野，凡封内之山川，其离合向背，延袤①道里，莫不讲求。《水经》之作，亦禹贡之遗意也。郦善长②注之，补其所未备，可谓有功于是书矣。然开章"河水"二字，注以数千言，援引释氏无稽，于事实何当？已失作者之意。余，越人也，以越水证之：以曹娥江为浦阳江，以姚江为大江之奇分，苕水出山阴县，具区在余姚县，沔水至余姚入海，皆错误之大者。以是而概百三十有七水，能必其不似欤？欧阳原功谓：郭璞③作经，郦善长作注，璞，南人，善长，北人，当时南北分裂，故闻见有所不逮。余以为不然。璞既南人而习南水矣，其南水又不应错误至此。后之为《水经》之学者，蔡正甫《补正水经》，惜不获见；朱郁仪《水经注笺》，毛举一二传写之误，无所发明；冯开之以经传相淆，间用朱墨勾乙，未曾卒业；若钟伯敬《水经注钞》，所谓割裂以为词章之用者也。

余读《水经注》，参考之以各省通志，多不相合。是书不异汲冢④断简，空言而无事实。其所以作者之意，岂如是哉？乃不袭前作，条贯诸水，名之曰《今水经》。穷源按脉，庶免空言。然今世读书者，大抵钟伯敬其人，则简朴之诮，有所不辞尔。

【注释】

①延袤：绵亘，绵延伸展。
②郦善长：郦道元，字善长，北魏范阳（今河北省涿州市）人。
③郭璞（276～324年）：字景纯，东晋著名学者。
④汲冢：指晋不准所盗发之古冢。墓在汲郡，故称。

姚江逸诗序

【题解】

本文体现了作者诗与史相结合的思想。诗学虽不是黄宗羲最擅长的学术领域，但他对诗歌的见识独到而深刻。其"诗史"理论在清初诗学中独树一帜，编纂的《姚江逸诗》开创了浙派诗家诗史研究的先河，最终形成具有浓厚史学倾向的浙江诗学传统。

【原文】

孟子曰："《诗》亡然后《春秋》作。"是诗之与史，相为表里者也。故元遗山《中州集》窃取此意，以史为纲，以诗为目，而一代之人物，赖以不坠；钱牧斋仿之为《明诗选》，处士①纤芥②之长，单联之工，亦必震而矜之，齐蓬户③于金闺④，风雅衮钺⑤，盖兼之矣。

然天下之大，四海之众，欲以一人之耳目，江湖台阁，使无遗照，必不可得，是故不胜其逸者之多也。即以姚江而论，陈、隋而上，止存虞氏一家之诗。有唐一代，见之《唐诗纪事》者，虽下邑偏方，皆有诗人点缀，而姚江独缺。宋之诗人高菊磵⑥、孙常州皆为眉目⑦，其集皆不传。元之郑山辉、杨元度，其时诸老集中，多见其唱和姓名，今求一篇亦不可得。数百年以来，海内文集，列屋兼辆，而姚江独少。即有成刻者，问之子孙，间供茶铛⑧药灶之用。亦有诵咏已落四方之口，邑中反无知之者。盖科举抄撮之学，陷溺人心，谁复以此不急之务，交相劝勉？由是言之，前此之逸者，宁有既乎？

余少时读宋文宪⑨《浦阳人物记》而好之，以为世人好言作史，而于乡邑闻见，尚且未备，夸诬⑩之诮，容讵免诸？此后见诸家文集，凡关涉姚江者，必为记别，其有盛名于前者，亦必就其后裔而求之，如是者数十年矣。以其久，故箧中之积，多有其子孙所不识者。然而兵尘迁徙，蹇篷下担，时有坠落，如柴广敬⑪《金兰录》《魏尝斋文集》之类，正不复少。及今不为流通，使之再逸，自此以往，皆余之罪也。

欧阳子言文章言语之在人，无异草木荣华之飘风，鸟兽好音之过耳，不可为恃。虽然，此为作之者言之也。士生后世，凭虚而观盛衰之故，彼富贵利达，蝇翔萤腐，没于晷刻⑫之间，复令其性情深浅，无所附丽，文责谁归？是为忍人。故余与静岳先生为此选也。名之"逸诗"，盖有二义：前乎此者，是编为所逸之余也；后乎此者，庶几因是编而不逸也。

【注释】

①处士：本指有才德而隐居不仕的人，后亦泛指未做过官的士人。

②纤芥：细微。

③蓬户：用蓬草编成的门户，形容穷苦人家的简陋房屋。

④金闺：指金马门，亦代指朝廷。

⑤衮钺：谓褒贬。古代赐衮衣以示嘉奖，给斧钺以示惩罚，故云。

⑥高菊磵：高翥，初名公弼，后改作翥，字九万，号菊磵、又号菊卿、信天。南宋晚期著名诗人、画家，人称"江湖游士"。

⑦眉目：比喻群才中的杰出者。

⑧茶铛：煎茶用的釜。

⑨宋文宪：即宋濂，谥文宪。

⑩夸诬：夸大欺罔。

⑪柴广敬：柴广敬，名钦，以字行，浙江余姚人。明朝政治人物。

⑫晷刻：片刻。谓时间短暂。

靳熊封诗序

【题解】

本文作者借褒扬靳熊封诗歌创作基于真情实感的阐发，体现出黄宗羲一贯的诗"本之于性情"观点。

【原文】

从来豪杰之精神，不能无所寓。老、庄之道德，申、韩之刑名，左、迁之史，郑、服之经，韩、欧之文，李、杜之诗，下至师旷之音声，郭守敬之律历，王实甫、关汉卿之院本，皆其一生之精神所寓也。苟不得其所寓，则若龙挐虎跋，壮士囚缚，拥勇郁遏①，垒愤②激讦③，溢而四出，天地为之动色，而况于其他乎？

靳使君天才飙发，少攻举子业，拘于例，不得就试。其胸停书史，无所发泄，乃一寓之于诗。故其为诗，富艳精工，仍不失乎平淡清夷之骨。将使寒郊发幽，鬼贺破咽，而又砺之以新安之山水，元英、虚谷之诗迹，次第摸索，盖骎骎④乎而未有已也。百年之中，诗凡三变。有北地、历下之唐，以声调为鼓吹；有公安、竟陵之唐，以浅率幽深为秘笈；有虞山之唐，以排比为波澜。虽各有所得，而欲使天下之精神，聚之于一涂，是使诈伪百出，止留其肤受耳。使君未尝循一家之门户，时而律吕相宣，则豫章失其派；时而言近指远，则王、孟辟其牖⑤；时而行空角险，则北征、南山启其涂。其精神所注，如决水于江河淮海，冲砥柱，绝吕梁，因其所遇而变生焉。方今礼乐将兴，其作为雅颂以鸣一代之盛者，舍使君其谁适欤？

【注释】

①郁遏：谓受压抑，遏止。

②坌愤：谓郁愤迸发。

③激讦：激烈昂扬。

④骎骎：急促，匆忙。

⑤牖：窗户。

万悔庵先生墓志铭

【题解】

黄宗羲是一位治学严谨的学者，他撰写的人物传记和墓志铭，都从传主的一生事迹中采摘典型素材，精心撰写而成，对人物的刻画可谓深入骨髓，堪称文史合璧的佳作。本文通过叙述万履安的人生历程阐释了明代遗民的"抱道而不仕"的气节。

【原文】

予束髪出游，于浙河东所兄事者两人，曰陆文虎、万履安。两人皆好奇，胸怀洞达，埃泥泊①之虑，一切不入，焚香扫地，辨识书画古奇器物。所至鸾翔冰峙，世间嵬琐②解果③之士，文虎直叱之若狗；履安稍和易，然自一揖以外，绝不交谈，其人多惶恐退去。葛袍布被，邮筒束帛，皆修饬合度。尝见一名士作答此两人者极其矜慎④，予偶问之，曰："吾闻文虎、履安一签题亦有讲究，恐仓卒裁答，为其所陋耳。"其标致如此。诗坛文社，三吴与浙河东相闭隔，而三吴诸老先生皆欲得此两人为重，浙河东风气渐开，实由此两人。

文虎既死，履安只轮孤翼，然其好奇日益甚。东江□□，士人皆乘时猎取名位，□以户部主事授先生，先生独不受。方、王二帅专正供，分别诸公之召募者以为□兵，令取饷于劝分。司饷者，兵民交怨，其在宁波则先生独任之。大兵渡浙，一时士人讳言受职，皆改头换面充赋有司，而公交车之征，先生独不行。当是时，先生遁迹榆林，丧其夫人，已又丧其太夫人，翰林之书卷青毡，荡于兵火。先生一病三年，炊烟屡绝，形废心死，然友人高中丞在狱，子弟晦木犯难，犹能以奇计出之。先生既无心于当世，庙堂著作，坊瓦摸勒，凡士林之所矜贵者，一不以寓目。有传吴霞舟先生遗稿自海外者，用故名纸书之，半叶千言，漫漶⑤漏夺，先生摩娑⑥细视，手抄件系遂为完书。间或出游，则多与失职之人聚于野店僧寮⑦，闻一奇事，咨嗟而乐道之。逮夫粤返，舟出九江，天风簸荡，一童侍侧，先生疾革，喟然曰："此行得水坑石数片，娘子香数瓣，未及把玩，遽尔缘绝，此为恨事耳。"夫家室万里，诸子寒饿，先生之言不出于彼，先生之好奇，乃至是耶？

先生讳□，字履安，晚年自号悔庵，其先定远人，国珍从明高皇帝起兵，赐名斌，北征战殁，赠明威将军。子钟，世袭宁波卫指挥，遂为宁波人，逊国之难死之。子武嗣，从征交趾，又死之。弟文嗣，夜哨锯门，见两炬，射之，炬灭而涛作，溺死于海。所见之炬，盖龙目也。七传而为曾祖讳表，南京中军都督府都督同知，理学名臣也。祖讳达甫，广东督理海防参将。父讳邦孚，镇守福建总兵官，左军都督佥事。母陈氏，封恭人。总戎公祷于东岳像设而祀之，先生生而类夫像设者，因以为名。举崇祯丙子乡试，郁然领袖名士。十年流落，饥渴寒冻，未尝不为江湖所传诵，正复不恶。然方具盛时，交游满地，事有不可言，风波消铄^⑥且尽，先生间行过之，荒台天末，彷徨而不能去。先生即好奇乎？而抑郁憔悴，已见之于发容矣。盖先生本用世之才，售答俄倾，悬然天得，置之寂莫，非其所长，而乃忍人之所不能忍，斯真可谓之好奇者也。先生之病，始于南安，有毛泙者，先生之同年生，染疫将死，同舟皆欲弃之，先生为之收载，亲其药裹，泙得生而先生病矣。即此一事之奇，亦人之所不可及者。

生于万历戊戌二月十三日，卒于丁酉十月初六日。配闻氏，先十二年卒。以是年十二月二十六日合葬西山之应岙。子八人，斯年、斯程、斯祯、斯昌、斯选、斯大、斯备、斯同。女一人，壻谢为兆。孙六人，言、世培、世泽、世懋、世德、经。孙女三人。自文虎死后，先生始为诗文。虎之诗以才，先生之诗以情，皆有可传。当其渡岭，则酸咸苦辣之味尽矣。斯年以予与先生久，故托铭其墓。忆晦□之际，予过甬上，文虎新死，先生病疟，剪烛相对，凄惋欲断，是日先生之疟为之不发。十年以来，岁必相过再三。每一会合，破涕收泪，竟不知其身在困顿无聊之中也，今顾舍吾而去乎？

铭曰：崇祯之初，名士郁起；浙河而东，唯陆、万子。长铗^⑨切云，高驰方轨；尘世突梯^⑩，逢之心死。大冶火烈，汞飞铅徙；陆子刚折，万子孤美。京、洛车马，煌煌流水；子独不然，躄薛霜履，越台枫青，商山芝紫；千年且暮，以其有此。

【注释】

①沤泊：水泡，浮沫。

②崒琐：险诈奸邪。

③解果：狭隘。

④矜慎：谨严慎重。

⑤漫漶：模糊不可辨别。

⑥摩挲：抚摸。

⑦僧寮：僧舍。

⑧消铄：亦作"消烁"。消减，减损。指事物由多变少，由大变小，由盛而衰。

⑨长铗：指长剑。铗，剑柄。

⑩突梯：圆滑貌。

论文管见

【题解】

本文旨在阐述黄宗羲的文学写作理论，他认为从事古文最根本的在于"原本经术，文、道合一"。所谓"经术"，即儒家古圣贤之道。所谓"文、道合一"，就是为文要有心之所明的"至情"，如在社会剧烈变革时期会产生震荡人心的力量，由这种正能量触动而发，便是好的文章。

【原文】

昌黎①"陈言之务去"。所谓"陈言"者每一题，必有庸人思路共集之处，缠绕笔端，剥去一层，方有至理可言；犹如玉在璞中，凿开顽璞，方始见玉，不可认璞为玉也。不知者求之字句之间，则必如《曹成王碑》，乃谓之去陈言。岂文从字顺者，为昌黎之所不能去乎？

"言之不文，不能行远。"今人所习，大概世俗之调，无异吏胥②之案牍，旗亭③之日历，即有议论叙事，敝车羸马，终非卤簿中物。学文者须熟读三史八家，将平日一副家当，尽行籍没，重新积聚，竹头木屑，常谈委事，无不有来历，而后方可下笔。顾伧父④以世俗常见者为清真，反视此为脂粉⑤，亦可笑也。

作文虽不贵模仿，然要使古今体式，无不备于胸中，始不为大题目所压倒。有如女红之花样，成都之锦自与三村之越异其机轴。今人见欧、曾一二转折，自诩能文。余尝见小儿抟泥为□，击之石上，铿然有声，泥多者声宏，若以一丸为之，总使能响，其声几何？此古人所以读万卷也。

叙事须有风韵，不可担板⑥。今人见此，遂以为小说家伎俩，不观《晋书》《南》《北史》列传，每写一二无关系之事，使其人之精神生动，此颊上三毫⑦也。史迁《伯夷》《孟子》《屈贾》等传，俱以风韵胜，其填《尚书》《国策》者，稍觉担板矣。

文必本之《六经》，始有根本。唯刘向、曾巩多引经语，至于韩、欧，融圣人之意而出之，不必用经，自然经术之文也。近见巨子，动将经文填塞，以希经术，去之远矣。

文以理为主，然而情不至，则亦理之郭廓⑧耳。庐陵之志交友，无不呜咽；子厚之言身世，莫不凄怆；郝陵川之处真州，戴刿源之入故都，其言皆能恻恻动人。古今自有一种文章，不可磨灭，真是"天若有情天亦老"者。而世不乏堂堂之阵，正正之旗，皆以大文目之，顾其中无可以移人之情者，所谓刳然无物者也。

作文不可倒却架子。为二氏之文，须如堂上之人，分别堂下臧否。韩、欧、曾、王莫不皆然，东坡稍稍放宽，至于宋景濂，其为《大浮屠塔铭》，和身倒入；便非儒者气象；王元美为《章箕志》，以刻工例之征明、伯虎，太函传查八十，许以节侠，抑又下矣。

庐陵志杨次公云："其子不以铭属他人而以属修者，以修言为可信也。"然则铭之其可不信？表薛宗道云："后世立言者，自疑于不信，又惟恐不为世之信也。"今之为碑版者，其有能信者乎？而不信先自其子孙始，子孙之不信先自其官爵赠谥始。聊举一事以例其余。如主江西试，以试策⑨犯时忌削籍。有无赖子高守谦，结党十余人，恐喝⑩索赂，丁不应，遂掠其资以去，丁寻死。崇祯初，昭雪死事者，窜名⑪其中。得赠侍读学士。今其子孙乃言逆奄窃柄⑫，□□抗疏纠参，几至不测，阁臣为之救解，已而理刑⑬指挥高守谦等缇骑⑭逮讯。□□辩论侃侃，被拷掠⑮而毙。崇祯初，赠侍读学士，谥文忠。脱空无一事实。不知文忠之谥，谁则为之？且并无赖之高守谦授以伪官，真可笑也。潘汝祯⑯建逆奄祠于西湖，黄汝亭⑰已卧疾不能起。奄败，遂有汝亭言入祠不拜、为守祠奄人所挺、因而致死、以之入奏者，今无不信之矣。近见修志，有无名子之子孙，以其父祖入于文苑，勃然不悦，必欲入之儒林而止。呜呼！人心如是，文章一道，所宜亟废矣。

所谓文者，未有不写其心之所明者也。心苟未明，劬劳⑱憔悴于章句之间，不过枝叶耳，无所附之而生。故古今来不必文人始有至文，凡九流百家以其所明者，沛然随地涌出，便是至文。故使子美而谈剑器，必不能如公孙之波澜；柳州而叙宫室，必不能如梓人⑲之曲尽。此岂可强者哉！

【注释】

①昌黎（768～824 年）：即韩愈。

②吏胥：地方官府中掌管簿书案牍的小吏。

③旗亭：市楼。古代观察、指挥集市的处所，上立有旗，故称。

④伧父：晋南北朝时，南人讥北人粗鄙，蔑称之为"伧父"。

⑤脂粉：比喻诗文中的艳丽风格。

⑥担板：呆板。

⑦颊上三毫：比喻文章或图画的得神之处。

⑧郛（fú）廓：喻浮泛不切。

⑨试策：古代考试取士的方法之一。有司就政事、经义等设问，令应试者作答。

⑩恐喝：亦作"恐愒"，"恐曷"，恫吓威胁。

⑪窜名：谓以不正当手段列名其中。

⑫窃柄：窃夺权柄。

⑬理刑：指掌理刑法之官。

⑭缇骑：为逮治犯人的禁卫吏役的通称。如明代锦衣卫校尉，清代步军衙门番役等。

⑮拷掠：鞭打，多指刑讯。

⑯潘汝祯（1573～1627 年）：阉党人，为魏忠贤建生祠的始作俑者。

⑰黄汝亨（1558～1626 年）：明朝书法家。

⑱劬劳：劳累，劳苦。

⑲梓人：泛指木工、建筑工匠。

高旦中墓志铭

【题解】

高斗魁，字旦中，号鼓峰，明清际鄞县人。明诸生，明朝灭亡后，放弃通过科考读取功名的道路，在祖墓侧鼓峰山潜心读书，钻研医道。其人行侠仗义，重气节，受学于黄宗羲。黄宗羲的弟弟黄宗炎因为抗清而被捕，他把行医得来的收入全部都拿出来，并用计谋将其救出。本文主要介绍高旦中跌宕起伏的一生，从中可以感受明代遗民的气节和精神。

【原文】

启祯①间，甬上人伦之望，归于吾友陆文虎、万履安。文虎已亡，履安只轮孤翼，引后之秀以自助，而得旦中。旦中有志读书。履安语以"读书之法，当取道姚江，子交姚江而后知吾言之不诬耳"。姚江者，指余兄弟而言也。慈溪刘瑞当亦言："甬上少年黑而髯者，近以长诗投赠，其人似可与语"。已丑，余遇之履安座上。明年，遂偕履安而来。

当是时，旦中新弃场屋，彩饰字句，以竟陵为鸿宝②。出而遇其乡先生长者，则又以余君房、屠长卿之谰语③告之。余乃与之言："读书当从六经，而后史、汉，而后韩、欧诸大家。浸灌④之久，由是而发为诗文，始为正路。舍是则旁蹊曲径矣。有明之得其路者，潜溪、正学以下，毗陵、晋江、玉峰，盖不满十人耳。文虽小伎，必由道而后至。毗陵非闻阳明之学，晋江非闻虚斋之学，玉峰非闻庄渠之学，则亦莫之能工也"。且中锐甚，闻余之言，即遍求其书而读之，汲深解惑，尽改其纨绔余习，衣大布之衣，欲傲岸颓俗。与之久故者，皆见而骇焉。

余自丧乱以来，江湖之音尘不属。未几，瑞当、履安相继物故，且中复然出于震荡残缺之后，与之惊离吊往，一泄吾心之所甚痛，盖得之而喜甚。自甬上抵余舍，往来皆候潮汐，疾风暴雨，泥深夜黑，且中不以为苦，一岁常三、四至。一日病蹶，不知人，久之而苏，谓吾魂魄栖迟成山车厩之间，大约入黄竹浦路也。黄竹浦，余之所居，其疾病瞑眩⑤，犹不置之。且中之于余如此。

且中家世以医名，梅孤先生针灸聚英、志斋先生灵枢⑥摘注皆为医家轨范。且中又从赵养葵得其指要，每谈医药，非肆人之为方书者比。余亟称之。庚子，遂以其医行世。时陆丽京⑦避身为医人已十年，吴中谓之陆讲山，谒病者如市。且中出而讲山之门骤衰。盖且中既有授受，又工揣测人情，于容动色理之间，巧发奇中，亦未必纯以其术也。所至之处，蜗争蚁附，千里拏舟，逾月而不能得其一诊。孝子慈父，苟能致且中，便为心力毕尽，含且中之药而死亦安之若命矣。嗟乎！且中何不幸而有此？一时簧鼓⑧医学为之一哄，医贯类经家有其书，皆且中之所变也。且中医道既广，其为人也过多，其自为也过少。虽读书之志未忘，欲俟草堂资具而后可以并当一路。近岁，观其里中志士蔚起，横经讲道，文章之事，将有所寄。且中怃然谓吾交姚江二十余年，姑息半途，将以桑榆之影收其末照，岂意诸君先我绝尘耶？傍惶慨叹，不能自已，而君病矣，是可哀也。

且中美髯玉立，议论倾动。虽复流品分途，而能缱绻⑨齐契，三吴翕然以风概相与。其过金阊⑩，徐昭法必招之入山，信宿话言。蠡城刘伯绳少所容接，每遇且中，不惜披布胸怀。且中亦此两人自重。所过之地，喜拾清流佚事，不啬珠玉，盖履安之余教也。少喜任侠。五君子之祸，连其内子。且中走各家告之，劝以自裁。华夫人曰："诺！请得褒衣以见先夫于地下"，且中即以其内子之服应之，殡殓如礼。家势中落，药囊所入有余，亦缘手散尽，故比死而悬磬⑪也。

且中姓高氏，讳斗魁，别号鼓峰，韩国武烈王琼之后。建炎南渡，王之五世孙修职郎世殖目汴徙鄞，始为鄞人。修职生元之，字端叔，学者称为万竹先生，楼宣献公钥志其墓。万竹之四世孙明善，洪武初亦以隐德称安敬先生。安敬之四世孙士有文名，尝摘注灵枢，称志斋先生，赠刑部山东司郎中，且中之曾祖也。祖萃，万历甲戌进士，知广东肇庆府，赠右副都御史。父德，光禄寺署丞，致仕封右副都御史。母黄氏，赠太淑人。且中则马氏孺人所生也。光禄五子。长斗枢，崇祯戊辰进士，巡抚陕西右副都御史。且中行在第三，娶朱氏，生子五人，宇靖、宇厚、宇丰、宇皥、宇调；侧室赵氏，生子二人，宇祝、宇胥。女三人。孙男几人。

去年十月，且中疾亟，余过问之。且中自述："梦至一院落，锁镭甚严，有童子告曰：邢和璞丹室也，去此四十七年，今将返矣。某适四十有七，非前定乎"？卧室暗甚，且中烧烛自照曰："先生其视我！生平音容尽于此日。先生以笔力留之，先生之惠也"。余曰："虽然，从此以往，待子四十七年而后落笔，未为晚也"。

明年，过哭旦中，其兄辰四出其绝笔，有"明月冈头人不见，青松树下影相亲"之句，余改"不见"为"共见"。夫可没者形也，不可灭者神也。形寄松下，神留明月。神不可见，则堕鬼趣⑫矣。旦中其尚闻之。辰四理其垂殁之言以请铭，余不得辞。生于某年癸亥九月二十五日，卒于某年庚戌五月十六日。以其年十一月十一日葬于乌石山。

铭曰：吾语旦中，佐王之学。发明大体，击去疵驳⑬。小试方书，亦足表襮⑭。淳于件系，丹溪累牍。始愿何如，而方伎龌龊。草堂未成，鼓峰矗矗。日短心长，身名就剥。千秋万世，恃此幽斯⑮。

【注释】

①启祯：明朝天启和崇祯年号的并称。

②鸿宝：泛指珍贵的书籍。

③癔（yì）语：梦话。引申为胡说、无稽之谈。

④浸灌：浸渍，熏陶。

⑤瞑眩：泛指头晕目眩。

⑥灵枢：泛指医书、医方。

⑦陆丽京：即陆圻，字丽京，一字景宣，号讲山，仁和（今杭州）人。明末清诗人、名医。著有《诗经吴学》《威风堂集》《西泠新语》等。

⑧簧鼓：用动听的言语迷惑人。

⑨缱绻：牢结，不离散。

⑩金阊：苏州有金门、阊门两城门，故以"金阊"借指苏州。

⑪悬磬：形容空无所有，极贫。

⑫鬼趣：即鬼道，佛教六道之一。

⑬疵驳：犹疵杂。

⑭表襮：暴露，显露。

⑮斯：同"斫"。

与李杲堂^①陈介眉^②书

【题解】

本文体现了黄宗羲科学求实的处世原则和精神。黄宗羲的门人高旦中去世后，黄宗羲为其撰写了墓志铭。文中，黄宗羲对于高旦中稍微有一些贬抑之词，如"医行世，未必纯以其术"、"身名就剥"等语言。对此，当时一些人建议稍加圆融。黄宗羲则坚持"宁不喜于今人，毋贻议于后人"的原则，终不肯修改一个字，遂成此文。

【原文】

万充宗^③传喻，以高旦中志铭中有两语，欲弟易之，稍就圆融。其一谓"旦中之医行世，未必纯以其术"；其一谓"身名就剥"之句。弟文不足传世，亦何难迁就其说。但念杲堂、介眉方以古文起湔河^④，芟除黄茅白苇^⑤之习，此等处未尝熟讲，将来为名文之累不少，故略言之，盖不因鄙文也。

夫铭者，史之类也。史有褒贬，铭则应其子孙之请，不主褒贬。而其人行应铭，法则铭之；其人行不应铭，法则不铭；是亦褒贬寓于其间。后世不能概拒所请，铭法既亡，犹幸一二大人先生一掌以堙江河之下，言有裁量，毁誉不淆。如昌黎铭王适，盲其谩妇翁；铭李虚中、卫之玄、李于，言其烧丹致死⑥；虽其善若柳子厚，亦言其少年勇于为人，不自贵重。岂不欲为之讳哉？以为不若是，则其人之生平不见也。其人之生平不见，则吾之所铭者，亦不知谁何氏也，将焉用之？

大凡古文传世，主于载道，而不在区区之工拙。故贤子孙之欲不死其亲者，一则曰宜得直而不华者，铭传于后；再则曰，某言可信，以铭属之。苟欲诬其亲而已，又何取"直"与"信"哉！亦以诬则不可传，传亦非其亲矣，是皆不可为道。

今夫且中之医，弟与晦木⑦标榜⑧而起，贵邑中不乏之肩背相望⑨，第且中多一番议论缘饰耳。若曰其术足以盖世而跻之和、扁⑩，不应贵邑中扰扰多和、扁也。曩者，且中亦曾以高下见质，弟应之曰："以秀才等第之，君差可三等。"且中欲稍轩之，弟未之许也。生前之论如此，死后而忽更之，不特欺世人，且欺且中矣。说者必欲高抬其术，非为且中也，学且中之医，且中死，起而代之。下且中之品，则代者之品亦与之俱下，故不得不争其鬻术之媒，是利且中之死也。弟焉得膏唇贩舌⑪，媚死及生，周施其刻薄之心乎？且铭中之意，不欲置且中于医人之列，其待之贵重，亦已至矣。如说者之言，乃所以薄待且中也。

至于"身名就剥"之言，更之尤不可解。古人立德、立功、立言三者⑫，且中有一于是乎？自有宇宙，不少贤达圣士，当时为人宗物望所归⑬者，高岸深谷，忽然湮灭。是身后之名，生前著闻者尚不可必，况欲以一艺见长而未得者乎？弟即全无心肝⑭，谓且中德如曾、史⑮，功如禹、稷⑯，言如迁、固⑰，有肯信之者乎？是于且中无秋毫⑱之益也。惟是且中生平之志，不安于九品之下中⑩，故铭言"日短心长，身名就剥"，所以哀之者至矣。不观欧公之铭张尧夫㉑乎："其有莫施，其为不伐，充而不光，遂以昧灭，后孰知也！"尧夫为欧公好友，哀之至故言之切也。

今日古文一道，几于坠地，所幸渐河以东二三君子，得其正路而由之，岂宜复徇流俗，依违㉒其说。弟欲杲堂、介眉，是是非非，一以古人为法，宁不喜于今人，毋贻议于后人耳。若鄙文不满高氏子弟之意，则如范家神刻，其子擅自增损㉓，尹氏铭文，其家别为墓表，在欧公且不免，而况于弟乎？此不足道也。

【注释】

①李杲堂（1622～1680 年）：李文胤，字邺嗣，以字行，别号杲堂，鄞县（今浙江省鄞县）人。

②陈介眉：陈锡嘏，字介眉，号怡庭，鄞县人。康熙十五年（1676）进士，官至翰林院编修。曾纂《皇舆表》《鉴古辑览》二书。

③万充宗：万斯大，字充宗，鄞县人。与弟万斯同齐名。为清初经学家。

④渐河：浙江的古称。

⑤黄茅白苇：连片生长的黄色茅草或白色芦苇。形容齐一而单调的情景。

⑥"李虚中"二句：李虚中（762～813 年），字常客，魏郡（今河北省临漳县西南）人。卫之玄（761～813 年），字造微，习词章之学。李于（776～813 年），元和十年进士。三人烧丹致死之事，见韩愈《殿中侍御史李君墓志铭》《监察御史卫府君墓志铭》《太学博士李君墓志铭》。

⑦晦木（1616～1686 年）：黄宗炎，字晦木，黄宗羲之弟，学者称鹧鸪先生，著有《周易象辞》《图书辨惑》等。

⑧标榜：称扬。

⑨肩背相望：谓相继而起，连续不断。

⑩和、扁：指医和与扁鹊。医和，春秋时秦国医学家，是我国早期"病因说"学者之一。扁鹊，战国时医学家。姓秦，名越人，渤海郑郡（今河北省任丘市）人。古代著名的良医，脉学的倡导者。

⑪膏唇贩舌：犹言膏唇拭舌。润滑嘴唇，拭净舌头。意谓极力用话语打动人，多指谗毁。

⑫"古人立德"句：《左传·襄公二十四年）："豹（叔孙豹）闻之，大上有立德，其次有立功，其次有立言，虽久不废，此之谓不朽。"

⑬物望所归：众望所归。物望，众望。

⑭心肝：良心，正义感。

⑮德如曾、史：曾即曾参（前 505～前 435 年），字子舆，春秋末期鲁国人，儒家主要代表人物之一，孔子的弟子，有宗圣之称。史即史鱼，春秋时卫国大夫，字子鱼，也称史鳅，名佗，卫灵公时任祝史，故称祝佗，负责卫国对社稷神的祭祀。

⑯功如禹、稷：禹即大禹，传说中的古代部落联盟领袖，领导百姓疏通江河，导流入海，治水有功。稷即后稷，虞舜时农官，史称其播种百谷，发展农业生产有功。

⑰言如迁、固：迁即司马迁，字子长，西汉著名史学家和文学家，有《史记》等传世。固即班固，字孟坚，东汉著名史学家和文学家，有《汉书》和《班兰台集》传世。

⑱秋毫：秋季鸟兽的毫毛。形容极小的事。

⑲九品之下中：九品官制中的第八等级。从魏晋开始，官职分九个等级：上上、上中、上下、中上、中中、中下、下上、下中、下下。

⑳欧公之铭张尧夫：欧阳修《居士外集·河南府司录张君墓志铭》载此五句。意思是："张尧夫的本事，没有机会全部施展出来；他做出了成绩，也不居功骄傲。他的道德文章虽然高尚充沛，但未曾获得应有的光荣；他将同世人一样湮灭无闻，后世有谁知道他呢！"张尧夫（997～1033年），襄邑（今河南省睢县）人，官至大理寺丞。

㉑依违：且依且违，模棱两可。

㉒"范家神刻"二句：欧阳修《资政殿学士户部侍郎文正范公神道碑铭并序》："自公坐吕公贬，群士大夫各持二公曲直，吕公患之，凡直公者皆指为党，或坐窜逐。及吕公复相，公亦再起被用，于是二公**驩**然相约，戮力平贼。"《邵氏闻见录》："当时文正子尧夫不以为然，从欧阳公辨，不可得，则自削去**驩**然戮力等语。公不乐，谓苏明允曰：'《范公碑》，为其子弟擅于石本改动文字，令人恨之。'"

庚戌集自序

【题解】

黄宗羲在本文中批判了明代诗文创作的现实，并提出了自己的诗文观。黄宗羲擅长诗文撰述，认为当时的诗文创作"奄奄无气，日流肤浅，盖已不容不变"。他反对"文必秦汉"，主张应该以唐宋为法度，要求作品"自胸中流出"。同时他对众弟子的诗文创作也有殷切的期望，希望他们能在时风众势当中独树一帜，改变浙东日益衰败的学风和文风。

【原文】

余观古文，自唐以后为一大变：唐以前字华，唐以后字质；唐以前句短，唐以后句长；唐以前如高山深谷，唐以后如平原旷野，盖画然若界限矣。然而文之美恶不与焉，其所变者词而已；其所不可变者，虽千古如一日也。得其所不可变者，唐以前可也，唐以后亦可也，不得其所不可变，而以唐之前后较其优劣，则终于愦愦^①耳。有明一代之文，论之者有二：以谓其初沿宋、元之余习，北地一变而始复于古；以谓明文盛于前，自北地至王、李而法始亡。其有为之调人者，则以为两派不妨并存。嗟乎！此皆以唐之前后较其优劣者也。

夫明文自宋、方以后，直致而少曲折，奄奄无气，日流肤浅，盖已不容不变。使其时而变之者以深湛之思一唱三叹而出之，无论沿其词与不沿其词，皆可以救弊。乃北地欲以一二奇崛之语，自任起衰，仍不能脱肤浅之习，吾不知所起何衰也，若以修词为起衰，盍思昌黎以上之八代，除俳偶之文之舛，词何尝不修？非有如唐以后之格调也。而昌黎所用之词，亦即八代来相习之调也，然则后世以起衰之功归昌黎者何故？是故以有明而论，余姚、昆山、毗陵、晋江，其词沿唐以后者也，大洲、浚谷，其词追唐以前者也，皆各有至处，顾未可以其词之异同而有优劣其间。自此意不明，末学无智之徒，入者主之，出者奴之，入者附之，出者污之，不求古文原本之所在，相与为肤浅之归而已矣。

庚戌冬尽，雨雪余十日而不止，四野凶荒，景象惨澹②，聊取平日之文自娱，因为选定，以序事议论者编于甲，考索者编于乙，古今诗编于丙。昔元、白编次其集于穆宗朝，题曰《长庆集》，郝伯常集其文于甲子，命曰《甲子集》，今余编次于庚戌，遂题曰《南雷庚戌集》。又余生于庚戌，其支干为再遇也，念六十年来所成何事，区区无用之空言，即能得千古之所不变者已非始愿。吾闻先圣以庚戌生，其后朱子亦以庚戌生，论者因谓朱子发明先圣之道，似非偶然。余独何人，以此名集，所以志吾愧也。

【注释】

①愦愦：烦闷忧愁的样子。汉焦赣《易林·讼之升》："愦愦不悦，忧从中出。"

②惨澹：同"惨淡"，悲惨凄凉。

余姚县重修儒学记

【题解】

本文突出表现了姚江学校对于国家治理的重要作用。首先，学校承担着传承圣人学问的重要作用。其次，学校影响国家的治乱兴衰。此文不仅对于专制主义国家统治影响深远，而且对于当今国家治理也具有重要的启示作用。

【原文】

唐荆川①、王道思以为汉之经术、宋之道学，其人才之成就，皆师弟子私相授受，无所与于学校。此盖有激之言。以吾余姚论之，则大有不然。自虞仲翔②之易，擅东南之美，嗣起者代不乏人，其出于学校与否，姑不具论。元末明初，经生学人习熟先儒之成说，不异童子之述朱、书家之临帖，天下汩没于支离章句之中。吴康斋、陈白沙③稍见端倪，而未臻美大圣神之域，学脉几乎绝矣。高忠宪云："薛文清、吕泾野无甚透悟，亦谓是也。

贞元之运，融结于姚江之学校，于是阳明先生者出，以心学教天下，示之作圣之路。马医夏畦，皆可反身认取，步趋唯诺，无非太和真觉，圣人去人不远。孟子曰："人皆可以为尧舜。"后之儒者，唯其难视圣人，或求之静坐澄心，或求之格物穷理，或求之人生以上，或求之察见端倪，遂使千年之远亿兆人之众，圣人绝响。一二崛起之士，又私为不传之秘，至谓千五百年之间，天地亦是架漏过时，人心亦是牵补度日，是人皆不可为尧舜矣。非阳明亦孰雪此冤哉！故孟子之言，得阳明而益信。今之学脉不绝，衣被天下者，皆吾姚江学校之功也。是以三百年以来，凡国家大节目，必吾姚江学校之人出而揝⑨定。宋无逸之纂修元史，黄埠、陈子方之自沉逊国；"宸濠之变"死之者孙忠烈，平之者王文成；刘瑾窃政，谢文正内主弹章；魏奄问鼎，先忠端身殉社稷；北都之亡，施恭愍执绥龙驭；南都之亡，孙熊伏剑海鸟，其知效一官，德合一君者，不可胜数。故姚江学校之盛衰，关系天下之盛衰也。

先是庙学颓败，上雨旁风，一宫之外，皆为茂草。当事簿书之事，胜于俎豆⑤，即有畚筑⑥，聊尔具文。至使数十年之中，人才寥落，科名亦且天荒。夫营室无功，单子知陈有咎；国庠为圃，元舆忧道将陵。忍使阳明阙里，而顦顇于盛世乎？晋中康侯如琏，以经术为吏治，下车即为此惧。广文沈君煜、方君运昌佐以精诚，沈君以己财首创启圣宫，康侯捐俸倡之，田二尹守一继之。郡侯李公行部至姚，嘉与是举，复加申勅⑦，士心雷动，各捐有差，董其役者，诸生某某等。谨刀布以索力，拷鼛鼓⑧以程工，经始于某年某月，落成于某年某月。以羲尝学于旧史，见属为记。

念阳明之学，今时间有异同，余尝移书史馆，诸公不执己见，慨然从之。夫道一而已，修于身则为道德，形于言则为艺文，见于用则为事功名节。岂若九流百家，人自为家，莫适相通乎？古之释奠于先师者，必本其学之所自出。非其师勿学也，非其学勿祭也。今天下万国皆有学，亦复有先师如阳明先生者乎？阳明非姚江所得私也，天下皆学阳明之学，志阳明之志，使吾姚江之士，沟犹瞽儒⑨，嚻嚻⑩然不能效门室之辨，有一阳明而不能有之，不其恧⑪欤！圣天子崇儒尚文，诸君子振起以复盛时人物，行将于庙学十之矣。

【注释】

①唐荆川（1507～1560年）：即唐顺之，字应德，另字义修，号荆川，谥襄文。明朝南直隶武进（今属江苏常州）人，官右佥都御史卒。与归有光、王慎中两人合称嘉靖三大家。

②虞仲翔：字仲翔，余姚人。

③陈白沙（1428～1500年）：即陈献章，字公甫，号实斋，广东新会会城都会乡人，后迁居白沙乡，人称"白沙先生"。明代著名的思想家，岭南学派创始人。著有《白沙诗教解》。

④搘：同"支"，支撑。

⑤俎豆：指奉祀。

⑥畚筑：盛土和捣土的工具。

⑦申勒：同"申敕"，意指告诫。

⑧鼛（gāo）鼓：大鼓。古代用于役事。

⑨瞽儒：愚昧无知的儒生。

⑩嚻嚻：喧嚣貌。

⑪恧：惭愧。

念祖堂记

【题解】

本文旨在借念祖堂来赞扬姜子学对于君主、王朝的效忠和坚守仁义的处世原则与精神。黄宗羲所处的时代是一个内忧外患、"天崩地解"的时代，他亲历了明王朝灭亡的整个过程。与文中所述的姜子学对于仁义原则的"愚守"一样，对于清朝贵族入主中原、明王朝灭亡这一事实，黄宗羲在思想感情上难以接受。本文所记述的姜子学对于"仁义"原则的坚守体现出遗民知识分子的节操和气节，令今人叹服和称道。

【原文】

吴门周子洁，不见者十余年矣。丁巳中秋，得其一札，乃为姜子学在求《念祖堂记》。念祖堂者，乡墅先生之居也。先生家莱阳。侨寓①吴门。不忘其本，故名堂以识之。

昔周元公以营道之濂溪识于匡庐，朱文公以婺源之紫阳识于崇安，其义一也。然而先生则异于是，当崇祯壬午，小人造为二十四气之谣，中伤善类，毅宗入其说，戒谕②言官，谓言官论事，各有所为，不出公忠。先生言："言官不能必其无私，然皇上不可以此厌薄③言官。皇上所云'代人规卸④，为人出脱'何所闻之？岂于章奏知之耶？抑悬揣得之乎？愿勿以委巷之言，摇惑圣聪。"上大怒，下之诏狱，密诏令金吾赐尽。金吾漏言，吾夫子面诤于上，上畏清议⑤，止前诏，杖先生百，淹留刑部狱一载余。甲申二月，遣戍宣州卫。未逾月，而京师陷，先生不敢以桑海之故，弁髦⑥君命，终身不返故居，卒葬于敬亭。

君子曰："可谓仁之尽，义之至也。夫国破君亡，是非荣辱，已为昨梦，先生犹硁硁⑦不变，自常人言之，未有不以为迂者也。试揆之于义，朝廷无放赦之文，臣子营归田之计，谓之不违，得乎？故升庵殁于戍所，势所不得不然；先生葬于戍所，势可以不然，而义所不得不然者也。古人作事，未尝草草：苏武十九年而返，奉太牢⑧谒武帝园庙；栾布从齐还，奏事彭越头下，而后使事告终。先生下窆宣城，而后戍事告终，岂以幽明有间也！是之谓'义至'。南齐华宝父戍长安，宝年八岁，临别谓宝曰："须我还，当为汝上头。"长安既陷，父不得还，宝年至七十不婚冠。或问之，辄号恸弥日。毅宗不过期月，必召用先生，毅宗之不得召用先生，犹宝父之不得为宝上头也。宝思父而终不忍上头，先生思主而忍离戍所乎？是之谓"仁尽"。若以为先生念其故居而已，枌社⑨春秋，何所阻隔？行李往来，无人牵挽，栖栖旅人，似有简书之畏者，盖安故居则不能安此心，安此心则不能安故居，徘徊两岐之间，先生之念亦苦矣！宁与周、朱可司论乎？

斯堂也，为文文肃歌哭之所。文肃之后，废为马厩，马厩之后，辟自先生。文肃为乌程所忌，先生为阳羡所陷，亡国之戚，两相与有力焉，天下之兴亡系于一堂。余昔谒文肃，两至其地，曲池怪石，低回欣赏，不知其可悲如是也。

【注释】

①侨寓：侨居，寄居。

②戒谕：告诫训谕。

③厌薄：厌恶，鄙视。

④规卸：规避推卸。

⑤清议：郭沫若《中国史稿》第三编第五章第一节："东汉后期，封建统治阶级越来越腐败，农民起义的浪潮此起彼伏，官僚和知识分子也有对当权的统治者不断地发出抗议的，形成一种社会舆论，叫作'清议'。"

⑥弁（biàn）髦：引申为鄙视。

⑦硁硁：形容浅陋固执。

⑧太牢：古代祭祀，牛羊豕三牲俱备谓之太牢。

⑨枌社：泛指家乡、故里。

天一阁藏书记

【题解】

天一阁是我国保存最古的、被誉为"江南书城"的藏书楼。本文首句彰显了文章的主旨，如果把"藏书"比作读书人的事业和梦乡的话，我们可以从另一种视角体会本文所流露的励志意蕴。黄宗羲本身就是读书人兼藏书人，为了实现人生的志向他遍访各大著名藏书楼，甚至倾其所有去收藏珍贵图书，让后辈读书人敬仰之情油然而生。

【原文】

尝叹读书难，藏书尤难，藏之久而不散，则难之难矣！

自科举之学兴，士人抱兔园寒陋十数册故书，崛起白屋①之下，取富贵而有余。读书者一生之精力，埋没敝纸渝墨②之中。相寻于寒苦而不足。每见其人有志读书，类有物以败之，故曰："读书难"。

藏书，非好之与有力者不能。欧阳公③曰："凡物好之而有力，则无不至也。"二者正复难兼。杨东里④少时贫不能致书，欲得《史略释文十书直音》⑤，市直不过百钱，无以应，母夫人以所畜牝鸡易之。东里特识此事于书后。此诚好之矣！而于寻常之书犹无力也，况其他乎？有力者之好，多在狗马声色之间，稍清之而为奇器，再清之而为法书名画，至矣。苟非尽捐狗马声色字画奇器之好，则其好书也不专。好之不专，亦无由知书之有易得有不易得也。强解事者以数百金捆载坊书，便称百城之富，不可谓之好也。故曰："藏书尤难。"

归震川⑥曰："书之所聚，当有如金宝之气，卿云轮囷覆护其上⑦。"余独以为不然。古今书籍之厄，不可胜计。以余所见者言之：越中藏书之家，钮石溪⑧世学楼其著也。余见其小说家目录亦数百种，商氏之《稗海》⑨皆从彼借刻。崇祯庚午间，其书初散，余仅从故书铺得十余部而已。

辛巳余在南中⑩，闻焦氏书欲卖，急往询之，不受奇零之值，二千金方得为售主。时冯邺仙官南纳言⑪，余以为书归邺仙犹归我也，邺仙大喜。及余归而不果，后来闻亦散去。庚寅三月⑫，余访钱牧斋⑬，馆于绛云楼⑭下，因得繙其书籍，凡余之所欲见者无不在焉。牧斋约余为读书伴侣，闭关三年，余喜过望。方欲践约，而绛云一炬，收归东壁矣⑮！歙溪⑯郑氏丛桂堂，亦藏书家也。辛丑在武林捃拾程雪楼、马石田集数⑰部，其余都不可问。甲辰馆浯溪⑱，檇李⑲高氏以书求售二千余，大略皆钞本也。余劝吴孟举⑳收之。余在浯溪三年，阅之殆遍。此书固他乡寒故也。江右陈士业㉑颇好藏书，自言所积不甚寂寞。乙巳㉒寄吊其家，其子陈澎书来言兵火之后，故书之存者惟熊勿轩㉓一集而已。

浯溪吕及父，吴兴潘氏婿也，言昭度㉔欲改《宋史》，曾弗人、徐巨源㉕草创而未就，网罗宋室野史甚富，缄固十余簏在家。约余往观，先以所改历志见示。未见而及父死矣，此愿未遂，不知至今如故否也？祁氏旷园之书，初庋㉕家中，不甚发视，余每借观，惟德公知其首尾，按目录而取之，俄顷即得。乱后迁至化鹿寺，往往散见市肆。丙午，余与书贾入山翻阅三昼夜。余载十捆而出，经学近百种，稗官百十册，而宋元文集已无存者。途中又为书贾窃去卫湜《礼记集说》《东都事略》㉖。山中所存，唯举业讲章、各省志书，尚二大橱也。丙辰，至海盐，胡孝辕㉗考索精详，意其家必有藏书，访其子令修，慨然发其故箧，亦有宋元集十余种，然皆余所见者。孝辕笔记称引《姚牧庵集》㉘，令修亦言有其书，一时索之不能即得，余书则多残本矣。吾邑孙月峰亦称藏书而无异本，后归硕肤㉙。丙戌之乱㉚，为火所尽。余从邻家得其残缺实录，三分之一耳。由此观之，是书者造物者之所甚忌也，不特不覆护之，又从而灾害之如此。故曰："藏之久而不散，则难之难矣。"

天一阁书，范司马㉛所藏也。从嘉靖至今盖已百五十年矣。司马殁后，封闭甚严。癸丑，余至甬上，范友仲破戒引余登楼，悉发其藏。余取其流通未广者纱为书目，凡经、史、地志、类书坊间易得者及时人之三式㉜集之书，皆不在此列。余之无力，殆与东里少时伯仲，犹冀以暇日握管怀铅，拣卷小书短者钞之。友仲曰诺。荏苒七年，未蹈前言。然余之书目，遂为好事流传。昆山徐健庵㉝使其门生誊写去者不知凡几。友仲之子左垣，仍并前所未列者重定一书目，介吾友王文三求为藏书记。近来书籍之厄，不必兵火，无力者既不能聚，聚者亦以无力而散，故所在空虚。屈指大江以南，以藏书名者不过三四家。千顷斋㉞之书。余宗兄比部明立所聚。自庚午讫辛巳，余往南中，未尝不借其书观也。余闻虞稷㉟好事过于其父，无由一见之。曹秋岳倦圃㊱之书，累约观之而未果。据秋岳所数，亦无甚异也。余门人自昆山来者，多言健庵所积之富，亦未寓目。三家之外，即数范氏。韩宣子聘鲁，观书于太史氏，见《易象》与《鲁春秋》，曰："周礼尽在鲁矣！"范氏能世其家，礼不在范氏乎？幸勿等之云烟过眼，世世子孙如护目睛，则震川覆护之言，又未必不然也。

【注释】

①白屋：用茅草覆盖的屋，指没有做官的读书人住的屋子。

②敝纸淤墨：指印得马虎的书，纸破烂，墨色浸染。淤，溢出的意思。

③欧阳公：欧阳修。

④杨东里：杨士奇，仁宗、宣宗、真宗时任大学士辅政，著有《东里经》。

⑤《史略释文十书直音》：元人曾先之撰《十八史略》，自上古至宋而止，明初梁孟寅增加元代史事为《十九史略》，这《史略释文十书直音》当是明初人对曾书或梁书的注释本，因为是村俗初学读物，早已失传了。

⑥归震川：字熙甫，号震川，世称"震川先生"。明代官员、散文家，古文家。

⑦卿云轮囷覆护其上：卿云，"卿"通"庆"，古代象征吉祥的一种彩云。轮囷，盘曲貌。

⑧钮石溪：字仲文，号石溪。越州会稽（今浙江绍兴）人。明著名藏书家。

⑨商氏之《稗海》：是明商濬编刻的丛书，所收录的都是历代野史和唐宋笔记。

⑩辛巳：崇祯十四年（1641）。南中：指今南京。

⑪冯邺仙官南纳言：冯邺仙，冯元飙，别号邺仙，浙江慈溪人。南纳言，即南京通政使。明代通政使雅称纳言，明代北京的中央职官在南京也多数设有，故多加一"南"字区别。

⑫庚寅：顺治七年（1650），作者四十一岁。

⑬钱牧斋：钱谦益，号牧斋，崇祯时任礼部侍郎，明末清初的诗人，藏书家。

⑭绛云楼：钱谦益的藏书楼。

⑮东壁：壁宿别名，二十八宿之一，旧说它"主文章"，是天下图书之秘府。收归东壁，也就是说收归天上，不再留在人间。

⑯歙（shè）溪：在今安徽歙县境内。

⑰辛丑：顺治十八年（1661）。作者五十二岁。武林，今浙江杭州。捃拾，收集。程雪楼，元程巨夫的《雪楼集》三十卷。马石田集，马祖常的《石田集》十五卷。

⑱甲辰：康熙三年（1664），作者五十五岁。梧溪，地名，今浙江桐乡。

⑲檇（zuǐ）李：古地名，浙江嘉兴的别称。

⑳吴孟举：吴之振，字孟举，浙江石门人，家中有名国黄叶山庄，爱好藏书，多秘本。

㉑江右：本指长江下游以西地区，此指江西。陈士业：陈弘绪，字士业，新建（今江西南昌）人。好藏书，顺治二年（1645）入山，车载所藏书不下几万卷。

㉒乙巳：康熙四年（1665），作者五十六岁。

㉓熊勿轩（1247~1312年）：熊禾，字位辛，一字去非，号勿轩，晚号退斋。南宋遗民，朱熹的三传弟子，著名理学家、教育家。宋亡不仕，隐居武夷山讲学，筑洪源书堂。有《三礼考异》《春秋论考》《勿轩集》等。

㉔昭度：藏书家潘曾纮，乌程（今属湖州）人。

㉕曾弗人：曾异撰，字弗人，祖籍晋江（今泉州）。诗文有奇气，著有《纺授堂集》。徐巨源：徐世溥，字巨源，江西南昌新建人，明末文学家。世人称其才雄气盛，长于古文辞，兼工书法。著述丰厚，有《江变纪略》《夏小正解》《逸稿》等。

㉖庋（guǐ）：放置，收藏。

㉗卫湜：字叔正，宋代嘉兴华亭人，学者称栎斋先生。《东都事略》：

纪传体北宋史，南宋孝宗时王称撰。全书一百三十卷，起自宋太祖赵匡胤，终于宋钦宗赵桓。

㉘胡孝辕：胡震亨，字孝辕，自号赤城山人，浙江海盐人。明代文学家、藏书家。先世业儒，藏书万卷。著有《唐音统签》《赤城山人稿》等作品。

㉙《姚牧庵集》：元代姚燧，字端甫，号牧庵，河南（今河南洛阳）人。原有集，已散逸，清人辑有《牧庵集》。

㉚硕肤：孙嘉绩，字硕肤，浙江余姚人，崇祯进士，为抗击清名臣。

㉛丙戌之乱：清朝顺治三年夏，清兵南下，抗清军败绩江上的史实。

㉜范司马：范钦，天一阁主人。司马，古时掌管军政与军赋的官名。范钦曾作兵部侍郎，故称其为范司马。

㉝三式：术数家用语，以六壬、遁甲、太乙为三式。

㉞徐健庵：徐乾学，字原一，号健庵，江苏昆山人。清代大臣、学者、藏书家。曾主持编修《明史》《大清一统志》《读礼通考》等书籍，著《憺园文集》三十六卷。家有藏书楼"传是楼"，乃中国藏书史上著名的藏书楼。

㉟千顷斋：明著名藏书家黄居中的藏书楼。黄居中，字明立，号海鹤，学者称"海鹤先生"。

㊱虞稷：黄居中之子。他继承父志，藏书增至八万卷。

㊲曹秋岳倦圃：曹溶，字秋岳，号倦圃。浙江秀水（今嘉兴）人，崇祯进士，好收集宋、元人文集。著有《静惕堂书目》《静惕堂诗文集》。

传是楼藏书记

【题解】

传是楼在江苏昆山，是清代内阁学士徐乾学的藏书楼。徐乾学家资殷实，且爱好书籍，曾多方搜集江浙的许多珍贵典籍。传是楼贮藏各种图书数万卷，按部类排列，井然有序。本文论述了藏书的必要条件及黄宗羲对于徐乾学藏书行为的敬佩之情。同时，本文也是研究明清私人藏书文化的重要史料，是黄宗羲藏书思想的核心文献。

【原文】

欧阳公云："物常聚于所好，而常得于有力之强，二者正是难兼。"至于书之为物，却聚而藏之矣。或不能读，却有能读之矣，或不能文章，求是三者而兼之，自古至今，盖不能数数然也。古来文士，不乏抱兔园寒陋十数册故书，修饰成家，偃然欲以行远，难矣！古来藏书者，亦不乏兼收并蓄，锦轴牙籤①，长于名画奇器之间，酒阑②烛□，充为耳目之玩，此可谓之读乎？近世之以博洽③名者，陈晦伯、李于田、胡元瑞之流，皆不免疖驼④书簏之诮，弇洲、牧斋，好丑相半。上下三百年间，免于疑论者，宋景濂、唐荆川二人，其次杨升庵⑤、黄石斋⑥、森森武库，霜寒日耀，诚间世之学者也。何意当吾世而见之健庵先生乎！

丧乱之后，藏书之家，多不能守。异日之尘封未触，数百年之沉于瑶台⑦牛箧⑧者，一时俱出，于是南北大家之藏书，尽归先生。先生之门生故吏遍于天下，随其所至，莫不网罗坠简，搜抉缇帙⑨，而先生为之海若，作楼藏之，名曰传是。昔人称藏书之盛者，谓与天府相埒⑩，则无以加矣。明室旧书，尽于贼焰，新朝开创，天府之藏未备。朝章典故，制度文为，历代因革皆于先生乎取之。是先生之藏书，非但藏于家也。先生内备顾问，外奖风流，虽十行俱下，而矻矻焚膏，倚相之九丘⑪、八索⑫，子产之实沉、台骀⑬，方之昔人，岂繄⑭多让？其精勤如此。当贞元会合之气，文统必有所归，先生施于名命为雅诰⑮，刻于金石无愧。辞风声所播，山心松友之士，莫不推琴而起，共集门墙，一经盼睐，皆合宫悬，其为文也宏矣。然则兼是三者而有之，非先生其谁与？

嗟乎！自科举之学盛，世不复知有书矣。《六经》子史亦以为冬华之桃李，不适于用。先儒谓传注之学兴，蔓词⑯衍说，为经之害，愈降愈下。传注再变而为时文，数百年亿万人之心思耳目，俱用于揣摩剿袭之中，空华臭腐，人才阘茸⑰至于细民，亦皆转相模锓⑱，以取衣食。遂使此物汗牛充栋，幛蔽⑲聪明，而先王之大经大法，兵、农、礼、乐，下至九流六艺，切于民生日用者，荡为荒烟野草。由大人之不说学以致之也。数穷必复，时文之力，会有尽时，先生主持文运，当必有以处此。人将指此楼也，与白鹿争高矣。先生以某尝登是楼，命之作记，惜某老矣，不能假馆而尽读之也。

【注释】

①牙籤：籤，同"签"。用象牙制成的图书标签，极言藏书很多。

②酒阑：谓酒筵将尽。

③博洽：学识广博。

④疥驼：同"疥骆驼"，指生疥疮的骆驼。此处比喻不为人喜爱的事物。

⑤杨升庵（1488～1559 年）：杨慎，字用修，号升庵，别号博南山人、博南戍史，谥文宪，四川新都（今成都市新都区）人。与解缙、徐渭合称"明朝三才子"。

⑥黄石斋（1585～1646 年）：黄道周，字幼玄（又作幼元、幼平），又字螭若、细遵，号石斋，谥忠烈，乾隆时改谥忠端，人称石斋先生，学者、书法家、艺术家、明朝官员，明亡后抗清，被俘殉国。

⑦瑶台：美玉砌的楼台。泛指雕饰华丽的楼台。

⑧牛箧：牛皮小箱。

⑨缇帙：借指书籍。

⑩相埒：相等。

⑪九丘：传说中我国最古的书名。

⑫八索：古书名。后代多以指称古代典籍或八卦。

⑬台骀：相传上古金天氏少暤的后代昧，生允格、台骀。台骀承袭祖业，为水官之长，疏通汾洮二水，帝颛顼嘉其功，封之于汾川，后世遂以为汾水之神。

⑭緊：相当于"是"。

⑮雅诰：雅正的文告、训诫。

⑯蔓词：亦作"蔓辞"。芜杂繁冗的言辞。

⑰阘茸：指地位卑微或品格卑鄙的人。

⑱橅锓（qǐn）：仿制刻印。

⑲幛蔽：遮蔽。

与康明府书

【题解】

这是一篇为民请命的书信。余姚当地闹虎患，黄宗羲旁征博引，叙述古代德政时代治理动物伤人事件的经典案例，指出当今虎患猖獗的根源在于朝廷对于地方官吏的政绩考核项目中，不包括为民解除虎患等动物伤害百姓的事项。最后，黄宗羲还根据史书记载，整理出了一套完整的消除虎患的具体方略。从本文可以看出作者对时政的批判态度和为民请命的侠义精神。

【原文】

南山一带，虎变异常，两月以后，所伤将及二十余人矣。撺水之下，有一小庵，四僧而食其三；东奥居人，今月初五日至初九日，每日而杀一人。四五成群，白昼跳梁，其中一黑虎，锐喙人立，尤为毒害；其次一黄虎，面有白文，若川字与之为副：抟人而食，无有脱者。近山村落凤亭、双雁、通得之间，当昼蔽户，不敢轻出，樵采路绝。居民醵金^①设醮^②，毫无应验。人言老父母之德政，虎宜渡河，今肆行无忌若此，其故安在？

尝读东汉循吏③传，童恢之治不其，民尝为虎所害，乃设□捕之，生获二虎杀之。古人之为政，正不必出于一道也。有以德化者，有以力制者，其为循良则一而已矣。鳄鱼之患，韩文公④作文以祭之；陈文惠公因其害张氏之子，遂命郡吏，挈小舟操巨网往捕，曳之以出，鸣鼓诛之，因作戮鳄鱼。文并传千古，以为美谈，后人无有优劣之者。老父母固二公之流亚也。宁肯坐视宇下之小民肝脑涂地而不为之动心乎？且鳄鱼之害，不过张氏一童子耳，文惠尚为之复仇，况今残暴至于二十人外乎？若曰此非考成所及，大吏不以之督责，小民不以之怨咨⑤，何与吾事？此则俗吏之恒情，老父母必不出于此也。

然则若何可以除之？夫虎虽多力，不过兼壮夫二三，敌以十人则绌；爪牙虽利，但可施于咫尺，御以□炮则绌。弟尝访问猎夫，有陆奇者，自言用乌铳六人，锐叉四人，与之从事，势可必获。但非数日可以成功，当其踪迹所至，居民不供顿食，谁肯裹粮以蹈危事？就令杀虎，亦无赏格。所以任其咆哮，视人为不足畏矣。诚使明府张挂榜文，约束猎户，使之讨捕。勒以严限，苟得杀虎，悬以重赏。居民无不愿出。虎方不畏人，日在山麓，一月之内，必可成功。又不然，驻防之兵，所以御盗贼之为民患者，猛兽食人，甚于盗贼，同一杀人也，人之与兽。岂有异乎？而束手饱食，虚费钱粮，老父母苟申文协镇，使之除害，准以讨贼之功，尤易为力。如此则老父母之政治，与昌黎、文惠而为三矣。

【注释】

①醵（jù）金：集资，凑钱。

②设醮：道士设立道场祈福消灾。

③循吏：守法循理的官吏。

④韩文公：即韩愈。

⑤怨咨：亦作"怨訾"，怨恨嗟叹。

学礼质疑序

【题解】

本文主要论述黄宗羲的礼学思想。黄宗羲认为"道"是礼的根本，是万物运转正常，人类社会纲纪合理规约人的行为的内在规律。统治者制定礼的目的是安上治民。"安上"指的是通过礼来约束君王的行为，"治民"则指通过礼来引导民众安守本位，化民成俗。同时，本文还指出，秦汉以后的礼制本身越来越失去了三代的圣人宗旨。

【原文】

六经皆载道之书，而礼其节目也。当时举一礼必有一仪，要皆官司①所传，历世所行，人人得而知之，非圣人所独行者。大而类禋②巡狩，皆为实治；小而进退揖让，皆为实行也。

战国、秦、汉以来，相寻于干戈智术之中，佥③以为不急而去之。数百年之耆旧④既尽，后生耳目不接久矣。汉儒煨烬⑤之余，掇拾成编，错陈午割⑥，得此失彼，又何怪其然乎？郑康成⑦最号通博⑧，而不知帝王大意，随文附会，辄形笺传。有宋儒者继起，欲以精微之理，该其粗末，三代之弥文缛典，皆以为有司之事矣。朱子亦常修《仪礼》经传，不过章句是正，于其异同淆乱，固未弹驳而使之归于一也。其时唐说斋创为经制之学，茧丝牛毛，举三代已委之刍狗⑨，以求文、武、周公、成、康之心，而欲推行之于当世。薛士隆、陈君举和齐斟酌之，为说不皆与唐氏合，其源流则同也。故虽以朱子之力，而不能使其学不传，此尚论者所当究心者也！

吾友万充宗，为履安先生叔子。锐志经学，六经皆有排纂，于三礼则条其大节目，前人所聚讼者，甲乙证据，摧牙折角，轩豁呈露，昌黎所谓"及其时而进退揖让于其间"者也。此在当时固人人所知者，于今则为绝学矣。不谓晚年见此奇特，其友魏方公为之先刻数卷，充宗以为质疑者，欲从余而质也。余老而失学，群疑填膈，方欲求海内君子而质之，又何以待质？充宗亦姑以其所得，参考诸儒，必求其精粗一贯，本末兼该，凿然可举而措之，无徒与众说争长于黄池，则所以救浙学之弊，其在此夫！

【注释】

①官司：官府，多指政府的主管部门。

②类禋：类祭禋祀。

③佥：众人，大家。

④耆旧：年高望重者。

⑤煨烬：经焚烧而化为灰烬。

⑥午割：交叉切割。

⑦郑康成（127～200 年）：郑玄，字康成，北海高密（今山东省高密市）人，东汉经学家。

⑧通博：通达渊博。

⑨刍狗：古代祭祀时用草扎成的狗。

答恽仲升论子刘子节要书

【题解】

黄宗羲坚决反对在学术上追求整齐划一，反对搞党同伐异的学术专制。黄宗羲的同门恽仲升著有《刘子节要》一书，欲将刘宗周重"意"的部分删除，他写下本文，表示反对。黄宗羲认为重"意"为刘宗周的思想独创，不能因为这种学说与先儒的一些说法相冲突而有意删除。

【原文】

《刘子节要》成，老兄即命弟为之增删，此时草草不能赞一辞。今已刻成，老兄又寓书曰："老师之学，同门中惟吾兄能言之。或作序，或书后。《节要》中有可商榷处，更希一一指示。"以弟之固陋①，而老兄郑重下问如此，则其大同无我可知。弟敢不尽一得之愚乎？

夫先师宗旨，在于慎独②，其慎独之功，全在"意为心之主宰"一语，此先师一生辛苦体验而得之者。即濂溪之所谓人极，即伊川③所言主宰谓之帝，其与先儒印合者在此；自意者心之所发之注，烂熟于经生之口耳，其与先儒抵牾④者亦在此。因起学者之疑亦在此。先师存疑杂者，大概为此而发。其后伯绳编书，另立学言一门，摁括先师之语，而存疑之目隐矣。董标《心意十问》，史孝复《商疑十则》，皆因学者疑此而辨明之也。今《节要》所载董、史问答，去其根柢而留其枝叶，使学者观之，茫然不得其归著之处。犹如《水经》为诸水分合而作，而读者止摘其隽语逸事，于作者之意亦何当乎？原老兄之心，总碍于《论语》"毋意"之一言，以从事于意，终不可以为宗旨，故于先师之言意者，一概节去以救之。弟则以为不然。凡《论语》之所谓意、必、固、我，皆因事而言之也，在事之意，则为将迎，故不可有；诚意之意，不着于事为，渊然在中，户居龙见，与意、必、固、我之意，两不相蒙。字义之此然而彼否者何限，如《论语》既云"言忠信"，又云言必信为小人。既云："由也果，于从政乎何有？"又云："果哉！末之难矣。"《大学》言正心，《孟子》言勿正心，必欲相提而求其无碍，则圣经已是可疑矣。

《人谱》一书，专为改过而作，其下手功夫，皆有涂辙可循：今《节要改过》门无一语及之，视之与寻常语录泛言不异，则亦未见所节之要也。程子不欲及门记其问答，以为同此一语，其间转换一二字，则其意已不同；今先师手笔粹然无疑，而老兄于删节接续之际，往往以己言代之，庸讵⑤知不以先师之语，迁就老兄之意乎？《节要》之为言，与文粹语粹同一体式，其所节者，但当以先师着譔为首，所记语次之，碑铭行状皆归附录；今老兄以所作之状，分门节入，以刘子之《节要》，而节恽子之文，宁有是体乎？嗟乎！阳明身后，学其学者遍天下，先师梦奠以来，未及三十年，知其学者不过一二人，则所藉以为存亡者，惟此遗书耳！使此书而复失其宗旨，则老兄所谓明季大儒惟有高、刘二先生者，将何所是寄乎？且也，阳明及门之士亦多矛盾，以其学之者之众也，有离者即有合者；先师门下，使老兄而稍有不合，则无复望矣。弟是以叨叨进其商榷，冀望来教，用匡不逮。

【注释】

①固陋：见识浅薄，见闻不广。

②慎独：在独处时谨慎不苟。语出《礼记·大学》："此谓诚于中，形于外，故君子必慎其独也。"

③伊川：即程颐（1033～1107 年），字正叔，北宋洛阳伊川（今属河南省）人，世称伊川先生，北宋理学家，教育家。

④抵牾：亦作"抵啎"。抵触，矛盾。

⑤庸讵：岂，何以，怎么。

赠编修弁玉吴君墓志铭

【题解】

本文旨在借此墓志铭彰显黄宗羲评价历史人物注重其节操和实际功业的特色。黄宗羲坚决反对那些崇尚空谈、欺世盗名的儒者。他认为这些人平时死背几条二程语录便自认为进入伊、洛门下，充当儒者，一旦遇到国破家亡的关键时刻，便成了缩头乌龟。更有甚者，有些人在关键时刻卖主求荣，这些人都是儒门的败类。只有那些在治国平天下的伟业中建立功勋的人才值得世人尊崇和学习。

【原文】

儒者之学，经纬天地。而后世乃以语录为究竟，仅附答问一二条于伊、洛门下，便厕儒者之列，假其名以欺世。治财赋者则目为聚敛，开阃①扞边者则目为粗材②，读书作文者则目为玩物丧志，留心政事者则目为俗吏，徒以"生民立极，天地立心，万世开太平"之阔论钤束③天下。一旦有大夫之忧，当报国之日，则蒙然张口，如坐云雾，世道以是潦倒泥腐，遂使尚论者以为立功建业别是法门，而非儒者之所与也。余于吴君为之三叹。

君讳梦寅，字弁玉，其先有为宣抚者，随宋南渡，世居杭之皋亭，后徙石门。曾祖皋冈；祖素庵，嘉靖辛酉举人，父养素。君生而颖悟绝人，目览万言，未尝再读。与妹壻姚纳揆同学，指所撰时文，一省数十篇，即便背诵，以多寡为胜负。姚亦强记，不能不屈服也。一日从吏求讼谍①，约千余言，吏钤尾示之，索钱而后相授。君已诵之若流，无烦覆视，吏惊为神。应奉之五行俱下，弥衡之一览便记不是过也。读书费华杨家塾，同会者十余人，其文半出君手。风警信笔，皆有思理。当是时，唯临川陈际泰⑤尽日得制艺三十首，士林□为君似之。然君以为章句细微，无关重轻，所贵乎学者，必为当世所倚仗，蟠根错节，取定俄顷。语溪举澄社，郁起麟、钱咸皆欲以君为领袖，君虽应之，而未尝以之标榜也。县令龚立本豪杰自置，祁忠敏之按吴，每事多咨之。立本知君有当世才具，深相降挹⑥，谓余子春华，吴君秋实耳。兵革之际，武人豪健，更相骈藉⑦。邑人睚眦⑧触死，闭门不保家室，君举幡入省，落其牙距⑨，武人惶遽⑩请成。君□上坐，谈谐间作，弓刀摩戛之间，视若孤鼠。江东衣冠道尽，奸人造作飞条，时时□及缙绅，鞠躬傲吏之下，狼狈折扎之命，君阽身⑪捀⑫定，删剪疑事，而后此风始息。草摇风动，百毒齐起，君所以破除之者，盖非一端。有以急可乘为言者，君曰："商贾之事，此言何及于我乎？"君在语溪，吏不得以售其奸欺，往往恨之。千里委命，以情相归，君照其辛苦，为之擘画⑬，于是君游侠之名，闻于郡国。嗟乎！其才本足以用世，顾束之一乡，君又不甘自附于闭眉合眼之徒，不得已溢而为此，夫岂其志之所存乎？是则可哀也已！当宋之亡也，庆元多故公相家，入元为里胥所躏践，片纸叱名，立召庭下。视君以布衣雄世，不既多乎？君起自孤童，篡修世德，准的⑩将来，莫不以至情出之，非徒一往之才也。

以子贵，赠翰林院编修。娶程氏，继陈氏，俱赠太孺人。生于万历丁未二月二十八日，卒于康熙丁巳十月十三日，年七十一。子五人：曰潜、曰涛、皆诸生，先卒；曰渭；曰涵，康熙壬戌进士第二人，翰林院编修，曰淳。女五人，其壻曰潘江；曰蒋尔位，诸生；曰张煌；曰顾朱，崇祯癸未进士，行人；曰颜广熙，诸生。孙九人，枚、树、师栻、枸、关杰、祚垣、正榘、师□、蔚林。孙女六人。曾孙一人，元德。曾孙女一人。余与钱咸为友，故得交君。甲申八月，君客吴令吴梦白所，与余辈饮市肆，议论激发，疾呼如探汤，而世无知之者。甲辰，余馆语溪，君不一见过，固知鄙余为行墨之儒，而君亦侧身闾巷，耿耿不下者，欲于其子发之。今年丙寅，涵从京师致币，作书千言，丐余铭墓。其书宛转凄怆，颇类曾子固与欧阳舍人书，愧余非欧阳，然而不敢不实也。

铭曰："天之生才，元会间气。大道既蒙，小儒成艺。遂使庸人，充满斯世。奔车覆舟，茫茫相继。岂无豪杰，袖手旁睇⑫！惟此豪杰，亦欲一试。靳⑬而小之，乡邑攸济。时耶命耶，亦云其志。谁传龙可？谁录秦士？后之君子，凭吊雪涕。"

【注释】

①阓：特指城郭的门槛。

②粗材：亦作"麄材"，粗鲁无才学的人。

③钤束：管束，约束。

④讼谍：同"讼牒"，诉状。

⑤陈际泰（1567～1641年）：字大士，号方城，临川鹏田人。明末古

文家。著有《四书读》《五经读》《易正义》《太乙山房集》等。

⑥降挹：谦退损抑。

⑦骀藉：践踏，蹂躏。

⑧睚眦：瞪眼看人。此处借指微小的怨恨。

⑨牙距：犹爪牙。

⑩惶遽：惊恐慌张。

⑪阽身：谓身近危境。

⑫搘：古同"支"，支撑。

⑬擘画：筹划，安排。

⑭准的："准"、"的"都是箭靶，即射击目标，故引申为标准。

⑮睇：斜着眼看。

⑯斲：古同"斫"，大锄，引申为用刀、斧等。

万充宗墓志铭

【题解】

本文中黄宗羲指出他基于反思的治经方法。他认为如果后世学者只是一味地迷信传注，唯传注是从，就不可能反思经文本身，传注是否与经文贴切也就不得而知。在黄宗羲看来，只有有意识地抛开传注的视域限制，在反思的基础上有自己的见识和见解，才称得上通经。

【原文】

《五经》之学，以余之固陋，所见传、注、诗、书、春秋皆数十家，三《礼》颇少，《仪礼》《周礼》十余家，《礼记》自卫湜以外亦十余家，《周易》百余家，可谓多矣！其闻而未见者尚千家有余。如是则后儒于经学可无容复议矣，然《诗》之《小序》，《书》之今、古文，《三传》之义例①，至今尚无定说。《易》以象数、□纬晦之于《后汉》；至王弼②而稍霁，又以老氏之浮诞③，魏伯阳④、陈搏之封气晦之；至伊川而欲明，又复以康节之图书、先后天晦之。《礼经》之大者，为郊社⑤、禘祫⑥、□

服、宗法、官制，言人人殊，莫知适从。士生千载之下，不能会众以合一，山谷而之川，川以达于海，犹可谓之穷经乎？自科举之学兴，以一先生之言为标准，毫秒摘抉⑦，于其所不必疑者而疑之；而大经大法，反置之而不道。童习自守，等于面墙。圣经兴废，上关天运，然由今之道，不可不谓之废也。此吾于万充宗之死，能不恸乎！

充宗讳斯大，吾友履安先生之第六子也，其家世详余先生志中。充宗生逢□乱，不为科举之学，湛思⑧诸经。以为非通诸经，不能通一经；非悟传、注之失，则不能通经；非以经释经，则亦无由悟传、注之失。何谓通诸经以通一经？经文错互，有此畧而彼详者，有此同而彼异者，因详以求其畧，因异以求其同，学者所当致思者也。何谓悟传、注之失？学者入传、注之重围，其于经也无庸致思，经既不思，则传、注无失矣，若之何而悟之？何谓以经解经？世之信传、注者过于信经。试拈二节为例：八卦之方位载于经矣，以康节离南坎北之臆说，反有致疑于经者。"平王之孙，齐侯之子。"证诸《春秋》，一在鲁庄公元年，一在十一年，皆书"王姬归于齐"。周庄王为平王之孙，则王姬当是其姊妹，非襄公则威公也。毛公以为武王女、文王孙，所谓平王为平正之王，齐侯为齐一之侯，非附会乎？如此者层见叠出。充宗会通各经，证坠缉缺，聚讼之议，涣然冰泮⑨，奉正朔以批闰位，百注遂无坚城，而老生犹欲以一卷之见，申其后息之难，宜乎如腐朽之受利刃也。

所为书，曰《学礼质疑》二卷，《周官辨非》二卷，《仪礼商》二卷，《礼记偶笺》三卷，《初辑春秋》二百四十卷，烬于大火，复辑绝笔于昭公。《丁灾》《甲阳艸》各一卷，其间说经者居多，《万氏家谱》十卷。噫，多矣哉！学不患不博，患不能精。

充宗之经学，由博以致精，信矣其可传也。然每观古人著书，必有大儒为之流别而后传远。如蔡元定⑩诸书，朱子言："造化微妙，唯深于理者能识之，吾与季通言而不厌也。"故元定之书人皆敬信。陈澔之《礼记集说》，陈栎之《礼记解》吴艸卢曰："二陈君之说礼，无可疵矣。"故后皆列之学宫。自蕺山先师梦奠之后，大儒不作，世莫之宗。墙屋放言，小智大黠，相煽以自高，但有讲章而无经术。充宗之学，谁为流别？余虽叹赏而人亦莫之信也。

充宗为人刚毅，见有不可者，义形于色，其嗜义若饥渴。张苍水⑪死国难，弃骨荒郊，充宗葬之南屏，使余志之，春秋野祭，盖不异西台之哭焉。父友陆文虎，甬中所称陆、万是也，文虎无后，两世之□皆在浅土，充宗葬其六棺。凡所为皆类此，不以力绌只轮而自阻也。崇祯癸酉六月六日，其生也，康熙癸亥七月二十六日，其卒也。娶陆氏，子一人，诸生经，能世其学。充宗之卒，余许铭其墓，以郑禹梅之《跛翁传》尽其大指，故阁笔者久之。而经累请不已，又二年，始克为之。

铭曰：三代之治，悬隔千祀。制度文为，三《传》三《礼》；牛毛茧丝，精微在此。释者以意，或得或否；蹢讹踵陋，割裂经旨；侃侃充宗，寻源极委。会盟征伐，冠昏□纪；如捧珠槃，如承明水；如服玄端⑫，不谓故纸。三尺短碑，西溪之址，书带环之，不生葛藟⑬。

【注释】

①义例：著书的主旨和体例。

②王弼（226～249年）：字辅嗣，经学家，魏晋玄学的主要代表人物之一。

③浮诞：虚妄荒谬。

④魏伯阳：东汉著名炼丹家，号云牙子，是世界公认为留有著作的一位最早的炼丹家。魏伯阳认为万物的产生和变化是阴阳相需，彼此交媾，使精气得以抒发的结果。

⑤郊社：祭祀天地。周代冬至祭天称郊，夏至祭地称社。

⑥禘祫：古代帝王祭祀始祖的一种隆重仪礼。或禘祫分称而别义，或禘祫合称而义同，历代经传，说解不一。

⑦摘抉：犹言发掘，阐发。

⑧湛思：沉思。

⑨冰泮：冰冻融解。

⑩蔡元定（1135～1198年）：字季通，号西山。朱熹门人，世称西山先生。精于风水之说，曾筑室于西山山顶，刻苦读书。著有《律吕新书》《皇极经世指要》《八阵图说》《脉经》等书。

⑪张苍水：即张煌言（1620～1664年），字玄著，号苍水，鄞县（今浙江宁波）人。南明大臣，文学家，被清兵所俘，殉国。著有《张苍水集》《奇零草》《北征录》《探微吟》等。

⑫玄端：古代的一种黑色礼服。祭祀时，天子、诸侯、士大夫皆服之，天子晏居时亦服之。

⑬葛藟：植物名，又称"千岁藟"。夏季开花，圆锥花序，果实黑色，可入药。

进士心友张君墓志铭

【题解】

　　黄宗羲借为张心友作墓志铭而阐发的是他"学贵适用"的事功原则和对科举制度的深刻批判。科举制度发展到明代已经是积重难返，弊端重重。他认为通过科举制度只能豢养对主忠诚的奴才而不能培养经世致用的人才。黄宗羲认为，这是科举制度对社会发展的最大阻碍。

【原文】

　　心友张君没于京师，其友无不哀之，哀其有才而业未就也，有志而学未遂也。慨自时风众势趋于科举一途，苟非卓立千古之士，一第进士，便意蒲志得，以为读书之事毕矣。故流俗之论，虽穿穴经传，形灰心死，至于老尽者，苟不与策名，皆谓之无成。岂知场屋之外，复大有事。古今事物，错落高下，不以涯量①，帝王之所经营，圣贤之所授受，下而缘情绮靡之功，俱属吾人分内。学者穷年②矻矻③，仿佛其涯涘④而不可得。总溢才命世，抗志思古，道之未通，吾夫子所谓苗而不秀，秀而不实，在此而不在彼也。

君天姿朗秀，率性聪达，年二十四举于乡，明年登进士第，纵横指取，无不如意。流俗莫不交口羡之，为人得如君，则亦已矣；而君独歉然不自以为足，将暂息乎其已学者。而勤乎其未学者于是亲师取友，里中有讲经会，君帖帖⑤坐诸生下，恐不卒得闻；同邑范氏多藏书，余偕同学借抄，日计君所手抄，过于佣书者；君不特抄之，而且发之为诗，无僻固狭陋之习。使由是而之焉，则且浡之为道德，流之为文章，溥之为事业，皆未可知。未几而君卒矣，乃仅仅以诗见之于友朋间，是其才可惜而志可哀也。故论君者，不在君之所就，于其所未就者，君自此远矣。

君讳士埙，字心友，别号雪汀。张氏显于宋，宰相知白无子，以兄子子思为后，仕至尚书工部侍郎。后有呀者，自沧州徙鄞。呀孙用明，迁云龙溪。明永乐间，用明之后允肃，赘城西青石桥余氏，因家焉。允肃生宁，宁生泮，弘治辛酉乡进士，知丰县，改汀州府学教授，聚徒讲学，称为味芹先生。味芹生仕，仕生国纪，国纪生一相，一相生遇勋。字振寰，治产积居，与时逐，遂至富厚。君其仲子也。君应授推官，以汰冗员改知县，值铨选壅滞⑥，又连丁内外艰，需次于家者十余载。读书之外好，古书画法帖，与其友陈夒献、陈介眉、范国雯、王文三、郑禹梅之辈，相砥砺于古昔。乙卯，始入京候补行人。丙辰卒于寓舍，康熙十五年某月某日也，距生崇祯十三年庚辰某月某日，年三十七，盖未沾一命而卒。士人白首穷经，得贡于天子者固难；贡于天子矣，得登进士第尤难之难也；既第进士，则解褐⑦除官直易易耳。君何易其所难，而难其所易！乡党亲戚以为君之不幸，君子固未尝以此置欣戚于其间也。娶陈氏，即夒献之女弟。子二人：锡璜。县学生；锡璁，太学生。君将北上，预营葬地于吴家斗，绘图赋诗以为达。岂知其风流将尽，志壹之动气乎！锡璜、锡璁以国雯之状来请铭，余不得辞。

铭曰：蹙蹙^⑧章句，锢人性命；视一科名，以为究竟。正如海师^⑨，针经错乱；妄认鱼背，指曰洲岸。所以古人，举头天外；些少得志，曾不芥蒂^⑩。此志无穷，海怒鹏搴；希贤希圣，以至希天。吁嗟雪汀，风云呼翕^⑪；如此之人，会不四十。

【注释】

①涯量：限度，限量。

②穷年：终其天年，毕生。

③矻矻：辛勤劳作的样子。

④涯涘：引申为尽头。

⑤帖帖：形容帖伏收敛之貌。

⑥壅滞：谓被压抑而不得志。

⑦解褐：谓脱去布衣，担任官职。

⑧蹙蹙：局缩不舒展。

⑨海师：熟悉海上航道、驾驶海船的人。

⑩芥蒂：比喻积在心中的怨恨、不满或不快。

⑪呼翕：犹吞吐。形容气盛势大。

张南垣传

【题解】

  在吴伟业撰写了《柳敬亭传》《张南垣传》之后，黄宗羲不满于吴伟业的文人笔法，重新撰写了两传并声称"偶见梅村集中张南垣、柳敬亭二传，张言其艺而合于道，柳言其参宁南军事，比之鲁仲连之排难解纷，此等处皆失轻重"。黄宗羲在这篇传记中直言不讳地评判和指责了吴伟业的散文及为人，一方面是个人的性格，更为重要的另一方面是黄宗羲有着铮铮铁骨的遗民身份，而吴伟业却有着相反的贰臣身份。在国破家亡之际，黄宗羲本着对明王朝的忠节和义气，对吴伟业等贰臣们有一种鄙视的态度。

【原文】

  古今之事，后起之胜于前者多矣。故烹饪起于热石，玉辂①基于椎轮。即如画家有人物有山水，汉唐以来，梵天帝释、圣主名臣之像皆以绘画，其后稍稍通之而为塑土、范金②、抟换③。元刘元欲造岳庙侍臣像，心计久之，未措手也，适阅秘书图画，见唐魏征像，矍然④曰："得之矣！非若此莫称为相臣者。"遽走庙中为之，即日成。以此知雕塑之出于画也。然画师之名者不胜载，而塑工之名者一二耳。至于山水，能、纱、神、逸，笔墨之外，无所用长，未有如人物之变而为塑者，则自近日之张涟始。

张涟，号南垣，秀水人。学画于云间之某，尽得其笔法。久之而悟曰："画之皴⑤涩向背，独不可通之为叠石乎！画之起伏波折，独不可通之为堆土乎！今之为假山者，聚危石，架洞壑，带以飞梁，蠃以高峰，据盆盎⑥之智以笼岳渎⑦，使入之者如鼠穴蚁垤，气象蹙促，此皆不通于画之故也。且人之好山水者，其会心正不在远。"于是为平冈小坂、陵阜⑧陂陁⑨，然后错之石，缭以短垣，翳以密筱⑩，若是乎奇峰绝嶂，累累乎墙外，而人或见之也。其石脉之所奔注，伏而起，突而怒，犬牙错互，决林莽，犯轩楹⑪而不去，若似平处大山之麓，截溪断谷，私此数石者为吾有也。方塘石洫⑫，易以曲岸回沙，□阆雕楹，改为青扉白屋，树取其不凋者，石取其易致者，无地无材，随取随足，或者以平泉为多事，朱勔真笨伯矣。当其土山初立，顽石方驱，寻丈之间，多见其落落难合，而忽然以数石点缀，则全体飞动，若相唱和。荆浩之自然，关同之古淡，元章之变化，云林之萧疏，皆可身入其中也。

涟为此技既久，土石草树，咸能识其性情。每创手之日，乱石如林，或卧或立，涟踌躇四顾，主峰客脊，大礐⑬小碗⑭，皆默识于心。及役夫受命，涟与客方谈笑，漫应之曰，某树下某石可置某所。目不转视，手不再指，若金在冶，不假斧凿，人以此服其精。

涟为人滑稽，好举委巷谐谑以资抚掌。梅村新朝起用士绅饯之，演传奇至张石匠，伶人以涟在坐，改为李木匠，梅邨故靳之,以扇确几,赞曰:"有窍"哄堂一笑。涟不荅。及演至买臣妻认,夫买臣唱:"切莫题起朱字",涟亦以扇确几曰:"无窍。"满堂为之愕眙[15]。梅邨不以为忤。有窍、无窍,吴中方言也。

三吴大家名园皆出其手。其后东至于越,北至于燕,请之者无虚日。涟有四子,皆衣食其业,而叙祥为最著。

【注释】

①玉辂:古代帝王所乘之车,以玉为饰。

②范金:用模子浇铸金属品。

③抟换:一种髹漆脱胎的塑法。

④矍然:惊惧,惊视的样子。

⑤皴:中国画技法之一,涂出物体纹理或阴阳向背。

⑥盆盎:盆和盎。泛指较大的盛器。

⑦岳渎:五岳和四渎的并称。

⑧陵阜:丘陵。

⑨陂陁:倾斜不平貌。

⑩密筱:密生的竹。

⑪轩楹:堂前的廊柱。

⑫石洫:石砌的水渠。

⑬礐:山多大石。

⑭磝:多石不平的样子。

⑮愕眙:惊视。

周云渊先生传

【题解】

　　周述学，明末学者，山阴（今浙江绍兴）人。精通历学，撰《中经》，用中国之算测西域之古，又推究五纬细行为《星道五图》，又撰《大通万年二历通议》，于图书皇极律吕舆地算法等术数之学均有著作，达千余卷，统名《神道大编》。阅读本文后，人们可以感受到黄宗羲锲而不舍的钻研精神。

【原文】

　　周述学，字继志，别号云渊，越之山阴人。好深湛之思，凡经济之学，必探原极委，尤邃于易、历。古之言历者以郭守敬为最，而守敬所作《历经》载于《元史》者，言理而不传其法；其法之传传历官者，有《通轨》《通经》诸书，则死数也。顾其作法根本，所谓弧矢割圜，历官弃而不理，亦无传之外人者。当是时，毘陵唐顺之[①]、吴兴顾应祥皆留心历学，求其书而不可得；述学竭其心思，遂通弧矢之术。从来历家所步者，二曜[②]交蚀、五星顺逆而已，自西域经纬历入中国，始闻经纬凌犯[③]之说，然其立法度数与中历不合，名度亦异。顺之慨然欲创纬法，以会通中西，卒官不果；述学乃撰《中经》，用中国之算，测西域之占，以毕顺之之志。日行黄道，月行九道，而古来无所谓星道者，述学推究五纬细行为星道五图，于是七曜④皆有道可求；与顺之论历，取历代史志之议，正其讹舛⑤，删其繁芜，然于西域之理未能通也。又撰《大统万年二历通议》，以补历代之所未备。自历以外，图书、皇极⑥、律吕⑦、山经⑧、水志⑨、分野⑩、算法⑪、太乙⑫、壬遁⑬、演禽⑭、风角⑮、鸟占⑯、兵符、阵法、卦影⑰、禄命⑱、建除⑲、埋术、五运⑳、六气㉑、海道㉒、针经，莫不各有成书，发前人所未发，凡千余卷，总名曰《神道大编》。盖博而能精，上下千余年，唯述学一人而已。

嘉靖间，锦衣陆炳访士于沈錬，錬以述学言，礼聘至京，炳服其英伟，荐之于赵司马。司马就访邊事，述学曰："今岁主有邊兵，其应在乾、艮，艮为青州、辽东，乾为宜、大二镇，京师可无虞也。"已如其言。司马将具题大用，会总兵仇鸾闻其名，欲致之，述学识鸾必败，先几还越。总督胡宗宪征绥，私述学于幕中，咨以秘计；述学亦不惮出入于狂涛毒矢之间，卒成海上之功。武林兵变，述学谕以国运安平，不可妄动，动则奇祸立至；其魁亦信述学之言多验，谋遂寝。述学在南北兵间，多所擘画，其功归之主者，未尝引为已，有故人亦莫得而知也。

庚午，余在南中，闽人陈元龄以所著《思问初编》相示，其言太乙、六壬，多本于云渊，斯时亦未知云渊之为何如人也。甲戌，余邂逅其诸孙周仲，访之于木莲巷，架上堆云渊《神道大编》数十册，其册皆方广二尺余。仲吉遗书散失，此不能十之一二也。又见其地理图，纵八尺，横二丈，画方以界远近，每方百里，唐吕温所序未必能过也。余欲尽抄其所有，会仲游楚，不果。丙戌乱后，于故书铺中得《中经测图》《地理》数种。丙午，见其《历宗通议》，而后知邢云路律历考所载，皆述学之说。掩之为已有也。庚戌九月，坐证人书院，有帅其弟子四五人升阶再拜者，门状为周允华，问之，则仲之诸子；也问以遗书，所存者惟筹学耳。余读嘉靖间诸老先生文集，鲜有及述学者。唯汤显祖有与周云渊长者书，谓卦图乃是浑仪，历书止是筹法，必欲极神明之用，亦须达虚无之气，观其言，要非能知述学者。唐顺之与之同学，其与人论历。皆得之述学，而亦未尝言其所得之自。岂身任绝学，不欲使人参之耶？天下承平久矣，士人以科名禄位相高，多不说学。述学以布衣游公卿问，宜其卜祝戏弄，为所轻也。虽然，学如述学，固千年若旦暮，奚藉乎一日之知哉？

【注释】

①唐顺之：字应德，号荆川，谥襄文。

②二曜：指日月。

③凌犯：侵犯，侵扰。

④七曜：从前采用的以日、月、火星、水星、木星、金星和土星命名的一星期的七日：日曜日、月曜日、火曜日、水曜日、木曜日、金曜日、土曜日，它们分别对应于现在的星期日、星期一、星期二、星期三、星期四、星期五、星期六。

⑤讹舛：错误，误谬。多指文字方面。

⑥皇极：帝王统治天下的准则。

⑦律吕：古代校正乐律的器具。用竹管或金属管制成，共十二管，管径相等，以管的长短来确定音的不同高度。从低音管算起，成奇数的六个管叫作"律"；成偶数的六个管叫作"吕"，合称"律吕"。后亦用以指乐律或音律。

⑧山经：泛指记录山脉的舆地之书。

⑨水志：记载河道水系的书籍。

⑩分野：与星次相对应的地域。古以十二星次的位置划分地面上州、国的位置与之相对应。就天文说，称作分星；就地面说，称作分野。

⑪算法：算术的旧称。

⑫太乙：道家所称的"道"，古指宇宙万物的本原、本体。

⑬壬遁："六壬"与"遁甲"的并称。

⑭演禽：占卜的一种，以星、禽推测人的禄命吉凶。

⑮风角：古代占卜之法。以五音占四方之风而定吉凶。

⑯鸟占：古代的占卜术。以鸟的飞鸣占卜吉凶。

⑰卦影：古代术士于卜卦时为隐喻卦意以备应验所绘制的图形（或辅以文辞）。亦借指此种卜术。

⑱禄命：禄食命运。古代宿命论者谓人生的盛衰，祸福、寿夭、贵贱等均由天定。

⑲建除：古代术数家以为天文中的十二辰，分别象征人事上的建、除、满、平、定、执、破、危、成、收、开、闭十二种情况。后因以"建除"指根据天象占测人事吉凶祸福的方法。

⑳五运：古代据五行生克说推算出的王朝兴替的气运。

㉑六气：自然气候变化的六种现象。指阴、阳、风、雨、晦、明。

㉒海道：海路，海上航道。

陈令升先生传

【题解】

陈之问，字令升，与黄宗羲同为蕺山门人。本文是黄宗羲为陈之问作的传。文中重点赞扬了陈之问的聪慧才气、勤奋好学和为人处世的低调谦虚。这些优良品质值得后辈学人敬仰和学习。

【原文】

先生讳之问，字令升，别号简斋，本武烈王高琼之裔。十五世孙谅迁海昌之赵家桥，依外家陈氏，遂冒其姓。曾祖中淅，赠礼部尚书；祖与相，万历丁丑进士，仕至贵州左参政；父元成，太学生。陈氏科甲冠于两浙，而先生不以华腴为意；顾独好读书，自《六经》三史以下，八家之集，唐宋之诗，丹铅①殆遍。高会广座，有所征引，长篇累牍，应口吟诵，以架上书覆之，不错一字。当世文章家，指摘其臧否，咸中要害。闻吴志伊作《十国春秋》，先生曰："古人著书，以为法戒，十国人物，乘时盗窃，皆出下中，何容追拾其遗事乎？"钱牧斋《有学集》出，多所改窜，先生访原本，细书旁注，顾不免于疑论。先生曰："沈约②、虞世南③之集，后世又何尝废之？"有问《绥□纪暑流□志》优劣，先生曰："两书岂可并论。顾梅村之集，不及《纪暑》远甚，疑不出于梅村，然舍梅村，又无可与梅村当者。"又言侯朝宗、王干一，其文之佳者，尚不能出小说家伎俩，岂足名家。蓋余与先生读书，每得其绪论如此。

先生于书画古奇器，赏鉴无不精绝，而青鸟、素问、龟卜杂术，皆能言其理。尝见其卜龟追一亡人，指其兆在某方，已果于某方获之。习其伎者以为不如也。先生尝从学于蕺山、漳海两先生，顾未尝谈学。与人言者不出诗书，然而知学者莫如先生。

先生为文寿余，以为："学在天地，有宗有翼，宗之者一人，翼之者数十人，所谓后先疏附也。尧、舜去人，其间亦迩，禹、皋、莱、朱、望、散，亦复暑举成文以例其余。颜、曾既往，董、韩未兴，孟子以一身任仲尼之学之重，开继茫茫，有宗无翼，所谓轲死而不得其传者已。若于无有两叹寓之，蓋孟子之忧患深矣。有宋绝学既明以后，集成考亭，门徒甚盛，史不胜书。迄于元、明，乱续之际，何其彬彬者欤！许、姚、赵、窦，洛学行于北，金、吴、虞、许，闽学彰于南，以逮柳、黄、吴、宋之徒，莫不推究精微，张皇六艺，卒开三百年文明之治，可不谓有宗有翼之极盛者欤？前明学脉，莫盛姚江，翼之者为江右、为淮南、为东越，虽复功咎丛兴，末流将剥，然而敝之所生，捄之所始也，剥之寝微，复之寝昌也，吾学盖未尝一日而绝也。余摄斋蕺山、漳浦两夫子之堂，两夫子之学，莫不原本考亭，追遡濂溪、二程以达于孔、孟，而一时门徒，未见有董常、黄干之俦者，何其寥寥者欤？黄子于蕺山门为晚出，独能疏通其微言，证明其大义，推离还源，以合于先圣不传之旨，然后蕺山之学如日中天，至其包举艺文，渊综律历，百家稗乘之言，靡不究。漳浦之开物成务，又何不谋而有合也。儒林道学，宋史分途，耳食者如燕与郢之不可合，以孔、孟家法裁之，亦曰学而已矣。黄子之学，所谓鲁国而儒者一人耳。固非宋史两家之所得私，而只轮孤翼，又岂无前望既往，后望来者，炎炎然怀两无有之恐乎？"于是而知先生之不谈学，忧深虑远，斯人固未易测也。

先生于诗文，亦不多作，余劝之曰："以先生之诗文，虎帅以听，谁敢不从？"先生不应。今人胸中无整段书，描写得欧、曾一二曲折，便以作者自命。先生可以作文而不作，彼不可以作文而腼然作者，不亦可愧乎？余与之同学五年，霜天寒夜，漏已参半，余于卧榻中，闻先生放笔铿然，率以为常。先生之力学，寒士中所未见也。顾独倾心于余，临没前一日，犹作书招余，余能忘其把臂之言乎？先生官封左谕德，子皆贵人，有当世巨公志之，余故不具论。且恐先生之学，为富贵所掩也。

【注释】

①丹铅：指点勘书籍用的朱砂和铅粉。亦借指校订之事。

②沈约：字休文，吴兴武康（今浙江武康）人，南朝史学家、文学家。

③虞世南：字伯施，是唐朝政治人物、文学家、诗人、书法家。

朱人远墓志铭

【题解】

黄宗羲借这篇铭文来阐述他的诗道观。他认为个人的人生经历，可以作为诗歌的素材，但这些素材都只是设计个人的"穷饿愁思"，即个人物质上的匮乏与精神上的孤寂，"其辞亦能造于微"，然无法表达天道和世事。诗歌的创作只有与国家和民族的命运相联系，与时代的脉搏共跳动才是"学道之君子"应有的情感宣泄。

【原文】

昔宋文宪以五美论诗，诗之道尽矣。余以为此学诗之法，而诗之原本反不及焉。盖欲使人之自悟也。夫人生天地之间，天道之显晦①，人事之治否，世变之污隆，物理之盛衰，吾与之推荡磨励于其中，必有不得其平者，故昌黎言物不得其平则鸣，此诗之原本也。幽人离妇②，羁臣③孤客，私为一人之怨愤，深一情以拒众情，其词亦能造于微。至于学道之君子，其凄楚蕴结④，往往出于穷饿愁思一身之外，则其不平愈甚，诗直寄焉而已。吾于吾友人远见之。

人远十三岁，辄出大言，以著书自任，聚书一室，成《仲尼弟子传》一卷；花晨月夕，丽句洋溢，时师禁之不能止。有其才矣！佐其家先生，取汉、魏至唐之《乐府诗集》，分为赋、比、兴。自汉至明，选其诏令奏疏为《经世书》。覃思于六艺之文，百家之言，视科举时文，不屑屑也。其稽古⑤之功亦勤矣！四上京师，再探禹穴，其于蜀道，入则从陆，出则从水，览六朝之佳丽，瞻孔、孟之遗风，不可谓无江山之助也。其在京师，名公巨卿，尝延之东阁，以观四方奇士，人远因得遍交之。相与唱和者，王西樵、阮亭、宋荔裳、朱锡鬯、屈翁山、郑禹梅、陈其年，皆当世能诗名家也。师友良矣，人远游屐所至，必有诗成集，于蜀曰《西瞻》，曰《东将》；于京师曰《巢南》，曰《岫云》，曰《嫁衣》，曰《北征南怀》，曰《后北征》，曰《西苑》，曰《酉山》，曰《南还唱和》，曰《燕游》，曰《重游西山》；于金陵曰《江行》，曰《南国》，于东浙曰《春舫》；于家曰《谷水》，曰《发春》，曰《销夏》。风雅沾溉，如郑康成之传经，尤延之之抄书，一家化之。三子皆得温厚和平之教，而内子娇女，亦复琉璃砚匣⑥，翡翠笔床，竞爽闺房。故其家先生一诗脱稿，闭门而和者遂有六人，吟咏侈矣。文宪之所谓五美者，人远咸备。然而人远之所以为诗者，似别有难写之情，不欲以快心出之，其所历之江山，必低徊于折戟沉沙之处，其所询之故老，必比昵于吞声失职之人，诗中忧愁怨抑之气，如听连昌宫侧老人、津阳门俚叟语，不自觉其陨涕也。嗟乎！人远悲天悯人之怀，岂为一己之不遇乎！

人远名迩，迈别号曰观子，朱子十七孙，三传至浣，始迁海宁。高祖浙，高明知县；曾祖国柱；祖学礼，赠推官；父嘉征，字岷左，叙州府理刑。人远年十六，补会稽学诸生。岷左先生素无宦情，人远入蜀，即迎之而归。时逢乱离，迁徙不常，及事定，居城西之道游堂。四方宾客，于焉萃止，投壶分韵，无日无之，而药阑藤架，恍入隐者之庐。晚又十居西村，去城一舍，老梅百树，霜竹千梢，相与晨夕，诗境愈清，诗愁愈甚。卒于康熙癸酉五月八日，距其生崇祯壬申，六十有二年矣。配葛氏，己卯举人定辰女。子三：灏、淳、治，皆太学生。女三，婿廪膳生蒋世昌，监生查嗣裕，祝宗敬。孙男女各五人。人远为人真实，自迁西村余邮筒疏屡，病榻中时时念之。今年三月，寄其诗集求序，余喜而促笔为之。逮五月中寄去，人远已不及见矣，伤哉！临殁，以《日观山人纪年》，令其子谒铭。余何忍不铭。

铭曰：大化流行，波涛百折；发而为声，激扬呜咽。钟遇霜鸣，剑从狱缺；中有愤盈[7]，耿耿不灭。嗟夫人远，墓门虽闭；时有大声，稼轩一辙。

【注释】

①显晦：明与暗。

②离妇：被丈夫离弃的妇女。

③羁臣：羁旅流窜之臣。

④蕴结：郁结。

⑤稽古：考察古事。《书·尧典》："曰若稽古，帝尧曰放勋。"

⑥砚匣：藏砚台的匣子。

⑦愤盈：积满，充盈。

兵部尚书李公传

【题解】

本文首先叙述了李荫祖以功绩卓著而仕途平步青云的历程；其次记述了兵部尚书李荫祖赈济灾民，救民于水火；擒拿贼盗，辑安黎庶等事迹，体现出利国利民的为官宗旨。

【原文】

公讳荫祖，字绳武，本朝鲜李氏，七世祖英徙于辽东铁岭卫，以军功授本卫都指挥使。曾祖成功，赠荣禄大夫；祖如梃，太原郡守；父思忠，仕至礼部左侍郎，提督陕西全省官兵，镇守西安将军，赠光禄大夫。有明庆、历间，公之曾伯祖成梁，以军功封宁远伯，故辽东李氏，为天下冠。公以大学入官，顺治五年，授户科江南司员外郎；七年，迁浙江司郎中；九年，升左佥都御史；十年，迁兵部右侍郎，兼管正黄旗副都统事；十一年，升兵部尚书，兼右副都御史，总督直隶、山东、河南三省；十四年，加太子太保，仍以原官总督湖广。十六年，以病乞归。康熙三年卒，年三十有六。

公历官六任，而刻石之功，著于天下者，则在镇大名与荆州之日。其在大名，淫雨①为患，沁、卫、洺、漳、滹沱诸水，一时泛滥，黄河大决。直隶东明等三十一州县，山东馆陶等十州县，河南临漳等九州岛岛县，莫不罹于灾毒，流民载道，公疏清蠲赈②，安插十万生灵，□之鬼录。

山贼高鼎，囊括五台，恒代之间，抄截蜂起。官军进讨，不利。公以为贼众上下危冈，如在枕席，豕食③村落，不患不饱，我兵裹粮从之，途畏峰涩，所谓彼逸我劳。岂能得志？莫若壁彼近郊，断其出入，则搜牢路绝，兼旬困饿，烬党自离，始以锐师抵其巢穴，可不劳而定也。上从之。未几，遣谕贼巢，开以丹青之信，鼎遂率其众降。山西盗屏，威名远著。直隶、山东诸贼，或擒或降，次第就平。当是时，海内初定，齐、鲁、豫、晋间，尚有崩剥之势，而畿南千里，左沧海，右太行，为神京门户，公卒使之反侧寝谋，庐落整顿，此奠安三辅之功也。

其在荆州，王师进取滇、黔，道所经由，牧马数十万，赋民刍豆④，公言若是鸟钞求饱也，力持不发。洪阁部疏民运，公驰至军中，谓洪公曰："行营粮料，日需数千石。方今水运，一运不敷三日，二旬不能一运。自沅以上，改水从陆，数钟而致一斗，民力何堪？吾恐滇、黔未下，三楚先摇，古人因粮于敌，阁下何不出此也？"洪公是之。

李自成败后，逋寇⑤郝永忠等尚十万余，房竹、秭归，蔓延以及夔、巫，旌旗乱野，公檄由彝陵、襄阳、郧阳三路合击，牵其首尾，于是贼势渐衰，卒至破灭。麻城李善友猖狂邪教，荧惑远近，士人多有从之者。豫抚议剿，公曰："此一老捕盗力耳，何以兵为？"未几，善友就擒。楚地大水，男妇裸袒河畔，竞取浮没菱秕，以资口食。公仿郑侠故事，绘图以进，上览之恻然。

援剿将士，俘获女口以千计，公宴诸将于署，潜遣人搜之船中，出以还其家。楚当兵革之际，饥馑之余，而三户如故，不至冰骇风散者，此纪纲江、汉之功也。

公读书不喜章句细微，明远有干局⑥，故为薛祭酒所蕴、孟制府乔芳所知，其奏对详切，世祖尝谓侍臣曰："朕闻李思忠子有才畧，今见之果然。"

天性孝友，宗伯命之袭爵，固让其弟。宗伯之疾，衣不解带者累月。及以戎事墨衰，则悲号如不欲生。其侍佟太夫人，就养无方，躬亲甘旨，无丝发遗憾。俸人缘手散之，三党待以举火者十余家。

所著奏议若干卷。尝观兴王之世，必有不二之臣，以辑安黎庶，故虽锋镝⑦倥偬⑧，而此意未尝不行其间。盖天以生物之心，寄此一人耳！顾后之儒者，断绝小文，媟续微辞，闭门听难，以为学道，则天地何赖焉？观公之行事，仁心为质，挈阴方结，而阳和霍然，其不灭之令踪，盖千载如一日也。令子长白先生，令宗羲述其梗□一二，识其大者，使后之人有考焉。

【注释】

①淫雨：梅雨。

②蠲赈：免除租税，救济饥贫。

③豕食：谓猪吃食。比喻贪求。

④刍豆：草和豆。指牛马的饲料。

⑤逋寇：逃寇，流寇。

⑥干局：谓办事的才干器局。

⑦锋镝：锋，刀口；镝，箭头。泛指兵器。

⑧倥偬：事情纷繁迫促。

胡玉吕传

【题解】

本文主要叙述胡廷试的生平故事。他在做秀才时，已是以《易经》著名的大师。读书士子经他的指教，所写制义文无不有师法，往往能够中举登第。胡廷试的人生愿望也是通过科考获取功名。然而遗憾的是他九入乡试贡院，九次落榜，就连举人亦未中。一生穷困潦倒，胸中怨恨极深。因此，在临终前他就吩咐家人"放炮"，方能释放心中淤积的怨气，安然离开人世。胡廷试满腹锦绣文章，不被朝廷所用，体现出当时科举制度对读书人的禁锢和迫害。他临终前的"怪异"要求，是其抒发心中不满和彰显主体意识的体现。

【原文】

距余居数里，有双瀑之胜，荒山穷谷，鲜游人之迹。余幼时，见有《游双瀑诗》题于古庙者，其姓氏胡廷试，初不知为何许人也；长而习场屋之文，累见先生《易义》，始知其为名士；丙午岁，陆冰修泛论里中人物，言张元岵有老友胡玉吕者，奇士也。殁时，曾以其集授之元岵，因诵其集中一二奇崛语，问其名，则先生也，丙辰，过海昌，元岵之孙张礽来见，余问先生之集，乱中失去，别出数卷，则自张天生传写之者，礽因请为其传。

先生名廷试，字玉吕，别号敬所，世家余姚，迁而之武林。父贞，字云龙，以《易》名家。先生传其学，补仁和学生，为《易》大师。经其指授者，制义即有师法，往往登第①去，而先生九入贡院，犹为诸生。一日，学使者第其文，寘二等；故事，一等至二等，赏格②有差；给赏及先生，先生掷之于地；使者大怒，郡之士大夫为解之，乃已。弇洲闻其名，聘之为子师，弇洲应酬填委，宾客隐赈③，然每夕必手一卷，与先生对饮，先生上下其议论，未尝屈服。已又走京师，馆于其族龙山家。胡龙山者，天下之大贾也。入其门者，莫不出为富人，先生自束修以外，不取纤介。同邑许光祚以字名，尝求先生书法，先生曰："吾书甚拙，君焉用之？"光祚曰："字以人重，工拙其次也。"先生曰："吾之所重者，不欲以只字落人间耳！"光祚一笑而去。其崛强自好，大抵类此。

临卒，令家人放炮，终夜不彻，始瞑。阳刚之气，为重阴所锢，郁结不解，则必决裂震动以出之，故为雷电，为怒涛，而炮其小小者也。先生挟其所有，不见知于世，其为郁结也多矣！苟非炮以泄之，则死必啸于梁、触于人而为物怪。虽然，先生不过场屋之块磊④，亦其小小者尔！昔刘元城死时，风雷轰于正寝，又岂假外物以泄其怒哉！

【注释】

①登第：犹登科。第，指科举考试录取列榜的甲乙次第。

②赏格：悬赏所定的报酬条件。

③隐赈：众多，富饶。

④块磊：比喻胸中郁结的愁闷或气愤。

广师说

【题解】

本文旨在论述"师道"。黄宗羲也是根据相应的标准来评判"师道"。因此他认为"主考之师"、"分房之师"、"荐举之师"、"投拜之师"，都不能称为师。

【原文】

自科举之学兴，而师道亡矣。今老师门生之名，遍于天下，岂无师哉？由于为师之易，而弟子之所以事其师者，非复古人之万一矣，犹可谓之师哉！

古人不敢轻自为师。以柳子厚①之文章，而避师之名；何北山②为朱子之再传，而未尝受人北面，亦不敢轻师于人；昌黎言李翱③从仆学文，而李翱则称吾友韩愈，或称退之，未尝以为师也；象山为东莱所取士，鹅湖之会，东莱视象山如前辈，不敢与之论辨，象山对东莱则称执事，对他人则称伯恭，亦未尝以为师也；即如近世张阳和，其座师为罗万化，尺牍往来，止称兄弟，不拘世俗之礼也。

嗟乎！师之为道，慎重如此，则所以事其师者，宁聊尔乎？故平居则巾卷危立于雪中，危难则斧锧④冒死于阙下，扫门撰杖⑤，都养斩版⑥，一切烦辱之事，同于子姓。贺医闾之事白沙，悬其像于书室，出告反面；绪山⑦、龙溪⑧于阳明之丧，皆筑室于场，以终心制；颜山农⑨在狱，近溪侍养狱中六年，不赴廷试，及山农老而过之，一茶一果，近溪必手捧以进。其子弟欲代之，近溪曰："吾师非汝等可以服事者。"杨复所之事近溪，亦以其像供养，有事则告而后行。此其事师，曷尝同于流俗乎？

流俗有句读之师，有举业之师，有主考之师，有分房之师，有荐举之师，有投拜之师，师道多端，向背攸分。乘时则朽木青黄，失势则田何粪土，固其宜也。

近世有淮海刘文起师岳西来荐，生则事若严君，死则心丧逾制，为之嗣以世之，为之庙以享之，为之田宅以永之，犹恐其不声施于后世也，求能文之士以章之。古人事师之义，复见于今矣！将使刘峻杜口，昌黎不伤孤另也。

【注释】

①柳子厚：柳宗元（773～819年），字子厚，唐代河东郡（今山西省永济市）人，唐代著名文学家、思想家，唐宋八大家之一。

②何北山：何基（1188～1268年），字子恭，号北山。婺州金华（今属浙江）人。

③李翱：字习之，汴州陈留（今河南开封市）人，祖籍陇西狄道（今甘肃临洮县），出自陇西李氏仆射房。

④斧锧：斧子与铁锧，古代刑具。行刑时置人于锧上，以斧砍之。

⑤撰杖：执教。

⑥斩版：劈柴。

⑦绪山：钱德洪，初名宽，字洪甫。明朝中后期哲学家，思想家，教

育家。钱德洪是王阳明的学生，是王阳明之后儒家心学的重要代表人物之一。

⑧龙溪：王龙溪（1498～1583年），名畿，字汝中，号龙溪，浙江山阴（今浙江绍兴）人。明朝哲学家。

⑨颜山农：颜钧（1504～1596年），字子和，号山农，又号耕樵，明代江西吉安府永新县三都中陂村（今日江西永新）人。泰州学派的重要代表人物。

左副都御史赠太子少保谥忠介四明施公神道碑铭

【题解】

本文主要介绍明朝忠臣施邦曜一生的事迹。施邦曜为官正直清廉，善于断案捕盗，为官一任，造福一方。崇祯十七年李自成率起义军攻下北京城，崇祯帝吊死煤山。当时，镇守东北京长安门的施邦曜见大势已去，认为"惭无半策匡时难，唯有一死报君恩"，即解带上吊自杀，仆人见状急忙解救。施邦曜苏醒后，即恨声地说"汝辈安知大义"，随即命仆人买来砒霜，和酒吞服而死。由此可见其对明王朝的忠贞不贰。

【原文】

余姚四明施公，当流贼之变，为左副都御史。在东长安门，闻烈皇帝既殉社稷，恸哭而书曰："惭无半策匡时难，唯有一死报君恩。"遂投缳死，仆遽解之，少苏，厉声曰："汝辈安知大义？"是时贼满街巷，不可返寓，公望门求缢，居人皆麾之出，乃以砒霜投烧酒饮，九窍血裂而逝。初，寇警①日亟，公屡促司马厉兵固守，飞檄②勤王，司马落落如承平时，公叱骂而去。自度必死，遗书于家人曰："吾身报国，毋哀吾死。"亡何而有三月十九日之事。

公登万历己未进士第，授工部主事。值奄人逆贤用事，焰胁诸曹，公独不就，为其所怒。有诏拆北堂，限五日以窘公，俄而暴风拔屋，公得脱然。又诏依嘉靖旧式作兽吻，其式茫然，公方勾稽③匠氏，神以梦告，明日发地得之，则嘉靖间所用之余也。稍迁屯田司郎中。会涂文辅以中官监督二部，公耻为之屈，请降俸出知漳州。五百里民隐如在庭内，每有盗发，辄曰此必某也，其里贯姓名无不知之者。李魁奇乱，援往例请抚，公谓："若然，又为闽封殖④一蠹也。"与巡抚邹公维琏悉力定之。刘香横海外，公絷⑤其母，诱之海隅，香卒授首。岛寇时入犯，皆有内主，公破其墙壁，销其厝火，欲使全闽兵力不归一氏，盖其所虑者深也。累转至布政司，皆在福建。入为光禄寺卿、通政司使。学士黄公以直言触上怒，诸生涂仲吉上书颂之，公批"只可存此一段议论"不为封进。仲吉劾公阻言路，公缴原疏，上见其批，大怒，闲住回籍。逾年再召为南京通政司，陛辞，公以学术、吏治、兵事、财用四者入告，上为之动容。出京三日，遣中使召还，面谕曰："南京无事，留此为朕干些要务。"吏部会推刑部右侍郎，上曰："施某清执，可左副都御史。"其去殉难之时止二月也。

公讳邦曜，字尔韬，别号四明。其先师点，以刺史居乌程。孙宿，庆元间为余姚令，因家焉。高祖信，漳平令。祖龙云，父承云，皆以公贵赠大中大夫福建参政。元配虞氏，赠淑人。继金氏，封淑人。子钦，邑诸生。公之学得力于文成，钩深纂要，以理学、文章、经济三分其集，心光证明，章句者所不得而窥也。蕺山讲学，公又以其自得者参请，皆归实际，蕺山亦深契⑥之。

公起自孤童，身至大僚⑦，不改寒窭⑧之习。勇于为义，同年生鲁时升卒京邸，公为之含殓⑨，又以女妻其子。尝买一婢，埽洒厅事，至于东隅，疑视拥篲⑩而泣。公见而怪之。曰："此先人任御史之宅也，儿时曾堕环兹地，忆之不觉凄怆。"公闵然⑪，即分嫁女之资，择士人而归之。此在常人所不能者，于公则为余事也。公卒未十年，嗣子亦殁。夫人寄食婿家，晨炊不继。浅土一坏，蒸尝闃然。嗟乎！公之忠义，行远有耀，岂以一家之存亡为绝续乎？

铭曰：姚江九折出海门，英灵磅礴正气存，三忠之名孰不闻。施公继之血化碧，朝不为潮夕不汐，帝座风雷通咫尺。大厦欲焚烟模糊，幕燕喁噍⑫毕逋⑬乌，谁其闻之大声呼。乘龙冉冉帝上升，前无疑弼后无丞，公独攀髯⑭执绥□。虞渊⑮不返寒日晷，为王作蓐御蝼蚁，自尽者心东流水，国既破兮家亦亡，萧萧殡宫⑯对野棠⑰，下马无人拜夕阳。道旁亦自有童叟，为公培土深且厚，石烂海枯铭不朽。

【注释】

①寇警：敌军入侵的警报。

②飞檄：速递檄文。

③勾稽：查考核算。

④封殖：引申为扶植势力，培养人才。

⑤絷：拘捕，拘禁。

⑥深契：深厚的交情。

⑦大僚：大官职。

⑧寒窭：亦作"寒寠"。贫寒。

⑨含殓：古时将珠宝放于死者口中含之入棺，后以此泛称入殓。

⑩拥篲：亦作"拥彗"。执帚。帚用以扫除清道，古人迎候宾客，常

拥篲以示敬意。

⑪闵然：忧伤貌。

⑫唧噍：象声词，鸟虫鸣声。

⑬毕逋：鸟尾摆动貌。

⑭攀髯：传说黄帝铸鼎于荆山下，鼎成，有龙下迎，黄帝乘之升天，群臣后宫从上者七十余人。余小臣不得上龙身，乃持龙髯，而龙髯拔落，并堕黄帝之弓。百姓遂抱其弓与龙髯而号哭。事见《史记·封禅书》。后用为追随皇帝或哀悼皇帝去世的典故。

⑮虞渊：亦称"虞泉"。传说为日没处。《淮南子·天文训》："日至于虞渊，是谓黄昏。"

⑯殡宫：指坟墓。

⑰野棠：果木名，即棠梨。

征君沈耕先生墓志铭

【题解】

沈寿民，明末诸生，明亡后隐居不仕，与徐枋、巢鸣盛称"海内三遗民"。"遗民"是易代之际士人选择的一种生存状态和生活方式，相对于殉节者的解脱，"遗民"的生存价值和生命意义显得更为艰难和痛苦。本文较为详细地叙述了沈寿民以诸生身份再疏劾朝廷重臣杨嗣昌的忠贞之举。为躲避仇家的追杀，沈寿民至是变姓名入山避祸，终身采藜蕾以自食，匿迹不出。在他匿迹深山之时，贫困饥寒的时候，也绝不受人之馈，自谓"士不穷无以见义，不奇穷无以明操"，由此以看出沈寿民生平之精神和气节。

【原文】

有明之辅臣以夺情①见劾者三人，曰李贤②、张居正③、杨嗣昌④，然劾贤之罗一峰⑤，劾居正之赵、吴、艾、沈、邹，皆有禄位于朝；唯劾嗣昌之沈耕岩⑥，则诸生也。贤与居正，当天下无事之日，所失不过一身；嗣昌当危急存亡之秋，所关乃在社稷。耕岩之言，拯溺救焚，县记后来，不爽累黍[7]，又非一峰诸公所言仅在一时也。

崇祯丙子，复保举之制，应天巡抚张国维[8]以耕岩应诏。时中原流寇决裂，特起嗣昌于苫块[9]，倚以办贼，而嗣昌钱熊文灿之招抚为尝试，逍遥司马堂中，败问日至，掩饰徒工。耕岩慨然国事至此，朝端尚无一人言之者，乃草《纲常正而后可以正世风》一疏，谓："金革[10]无避汉儒之曲说，君子必不出此。即嗣昌迫于君命，亦宜躬历戎行，袵革荷戈，而乃支吾旦夕，安枕京畿，外饰勤劳，中怀规避，将来误国，嗣昌之肉其足食乎？"继又草《枢臣筹国已误》一疏，谓："嗣昌既不能循先朝大臣起复故事，军旅之寄，一付文灿，使其声罪除凶，徐持降议，亦岂为后？以一十二万方张之师，不为不武；以二百八十余万咸集之饷，不为不充。整旅以往，何凶弗摧？即使而缚舆榇[11]，犹应宣布皇威，而后愍其归死以宥之。讵有漫无剪治，招之不来，强而后可；援贼之认帖，以为金石，讲盟结约，犹同与国。天下有不能杀人而能生人者乎？有授柄于敌而可慑敌者乎？臣不知其所终矣。"通政司张绍先以疏字逾额[12]，存案不上。耕岩上书通政，言无使获罪执事，幸甚。绍先始请上裁。嗣昌亦惶恐待罪，请进劾已之章。有旨："这本既违式，卿不必更请封进。耕岩乃隳括[13]两疏以就格。上之，留中不报。"黄漳海叹曰："此何等事，在朝者不言，而草野言之乎？吾辈真愧死矣。"台省何楷、钱增、林兰友、词林刘同升、赵士春相继劾嗣昌，最后而漳海有廷辨之事，则皆发端于耕岩也。向若耕岩之说行，斯时易置嗣昌、文灿，流寇之祸岂至若是哉！故识者以为此番保举，得耕岩一人，可以谓之不虚矣。

耕岩姓沈氏，讳寿民，字眉生，别号耕岩，世为宣州人。曾祖宠，官至参政，学者所称古林先生是也；祖懋敬，蒲州丞，封德庆知州；叔祖懋学，翰林修撰；父有恒，太学生。耕岩孤峭，不妄言笑，为文深入理窟⑬而出之清真。江右艾千子至宛上，评许在盛名之上，人骇其言，而卒莫之能易焉。故其选时文，耕岩之文多入文定，不敢轻置于文待。一时声名之盛，吴中二张与江上二沈相配，二张谓天如，受先，二沈谓昆铜、耕岩，不以名位相甲乙也。

上书报罢，不复厝意⑭经生之业，与周鹿溪掩关茅曲，俱理佐王之学。无何而党祸作。阮大铖⑮之在留都也，以新声高会，招来天下之士，利天下有事，行其掉阖⑯。耕岩劾杨疏，尾有大铖妄画条陈，鼓煽⑰丰芑⑱，于是顾杲⑲、吴应箕⑳推耕岩之意，出《南都防乱揭》，合天下名士以攻之。大铖恨甚，以为主之者鹿溪也，及大铖得志，曲杀鹿溪，按揭中姓氏，次第欲诛之，而以耕岩为首，余亦与焉。且闻溧阳亡命，投止耕岩，矫诏㉑将下，溧阳返北，耕岩遂变姓名入金华山中，南都亡而事解。耕岩遂不返故园，东迁西徙，入山惟恐不深，瓶粟既罄，采藜藿㉒以续食，有知而饷之，悉行谢绝。曰："士不穷无以见义，不奇穷无以明操。"郡守朱元锡曾寄十金，耕岩意不欲受皮置壁中，三年尘甑未尝一发视也。溧阳既相，将特疏荐之，端使寓书，耕岩不开封对，使焚之。溧阳意犹未已，耕岩寄书谓之曰："龚胜㉓、谢枋得㉔，其智非不若皋羽㉕、所南㉖也，而卒以陨厥躯者，缘多此物色故耳！故凡今之欲征仆荐仆者，直欲死仆者也。"溧阳叹曰："先生所谓名可闻、身不可得见者也。"乙未，始返故庐，松菊无存、田园半割，或请直诸，曰："身既隐矣，焉用直之。"然避人愈深，其名愈著，当事或邀之半道，则望望而去，比之元亮，人以为隘焉。乙卯五月属疾，门人吴肃公侍，耕岩命其载笔曰：

"以此心还天地，以此身还父母，以此学还孔、孟。"语毕而卒，是月之三日也，年六十九。遗集若干卷，《闲道录》若干卷。配徐孺人，先十九年卒。子六人，洙、爕、枪、鉴、埏、逢。将以某年葬于某所。

耕岩重然诺，一切皆有至性。友人周梅骨死海外，其子幼，耕岩渡海葬其骨。鹿溪之殁也，家业零落，藐诸孤为逋负所逼；耕岩鬻田以偿之，不足，贷诸人，又不足，属诸门人，鹿溪始有完卵。故自言才疏意广。甲申以前，贷金至六百以上，皆急朋友之急也。

余少遭患难，辍业者久之，庚午邂逅耕岩于南中，偲偲②之力，何日忘之？癸酉，耕岩访余至姚江；戊寅，余访耕岩至宛上而不遇。改革以后，两番寄诗，亦不知其达不达也。甲辰在姑苏，与邹文江约，将以秋冬之际同访耕岩，日复一日，文江不来，而老母年登九旬，余遂不可远行矣。茫茫禹迹，余之不可以告人者，欲向耕岩尽之，岂料竟无相见之期耶！乙卯八月，接耕岩永诀一书，乃是年四月二十日所寄，去易箦十有三日耳。以数年不通尺一，忽得之易箦之际，不可谓非吾两人之□契也。先生之子逢不远千里，求志幽石③，余泫然和泪而铭曰：吴门之卒，即攻王氏之人；西台之哭，即劾似道之臣。呜呼耕岩！千载同论。

【注释】

①夺情：谓减少居丧期间的哀痛之情。

②李贤：字原德，谥文达，河南邓州长乐林（今邓州市孟楼镇长乐岭）人，进士出身，明朝重臣。

③张居正：字叔大，号太岳，明代政治改革家。

④杨嗣昌：明末大臣，字文弱。湖广武陵（今湖南常德）人。官至兵部尚书。

⑤罗一峰：即罗伦（1431～1478年），字彝正，号一峰，江西永丰人。明朝状元。著有《一峰集》。

⑥沈耕岩：即沈寿民（1607～1675年），字眉生，号耕严，宣城人。著有《剩庵诗稿》。

⑦累黍：指极微小之量。

⑧张国维：字九一，号玉笥，金华东阳人。明朝政治人物，明亡后，自尽殉国。

⑨苫块：古礼，居父母之丧，孝子以草荐为席，土块为枕。

⑩金革：借指战争。

⑪舆榇：载棺以随，表示决死或有罪当死。

⑫逾额：犹超额。

⑬曩括：（就原有的文章、著作）剪裁改写。

⑭理窟：指义理的奥秘。

⑮厝意：注意，关心。

⑯阮大铖：字集之，号圆海，中国明清之际政治人物、戏曲作家，安庆府怀宁县人。

⑰捭阖：犹开合。本为战国时纵横家分化、拉拢的游说之术。后亦泛指分化、拉拢。

⑱鼓煽：宣扬提倡。

⑲丰芑：《诗·大雅·文王有声》："丰水有芑，武王岂不仕；诒厥孙谋，以燕翼子，武王烝哉。"孔颖达疏："丰水是无情之物，犹以润泽而生菜为己事，况武王岂不以功业为事乎。言实以功业为事，思得泽及后人，故遗传其所以顺天下之谋，以安敬事之子孙。"后以"丰芑"指《诗·大雅·文王有声》。宋魏了翁《安少保果州生祠记》："周自文、武、成、康以来，《棫朴》《丰芑》《崧高》《烝民》歌咏得人，本非一世之积。"

⑳顾杲：字子方，明朝南直无锡人。

㉑吴应箕：字次尾，号楼山，安徽贵池大演（今石台大演乡）高田人，复社领袖，诗人、学者。

㉒矫诏：假托的皇帝诏书。

㉓藜藿：指粗劣的饭菜。

㉔龚胜：字君宾，西汉彭城（今江苏徐州）人。少好学，通五经，与龚舍相友善，并著名节，世谓之楚二龚。

㉕谢枋得：字君直，号叠山，信州弋阳（今属江西）人，南宋文学家。著有《叠山集》16 卷。他评点的《文章轨范》，以文章类别编选文章，是南宋一部重要的评注选本，被誉为集合宋人评点学之大成。

㉖皋羽：谢翱（1249～1295 年），一字皋父，号晞发子，原籍福安县穆阳樟南坂（今福安市穆云乡咸福村）。

㉗所南：郑思肖（1241～1318 年），字忆翁，号所南，又号三外野人。宋末元初画家、诗人。祖籍连江（今福建福州）。郑思肖专工画兰，特征为花和叶萧疏，画兰不画土地和根，寓意宋朝沦亡。其存世作品还有《国香图卷》等。

㉘偲偲：互相勉励。

㉙幽石：犹墓石。

桐城方烈妇墓志铭

【题解】

本文旨在颂扬烈妇忠贞的爱国之情。女性在战争中是处于劣势的，尤其是战败一方的女性，她们的处境往往比男性更加恶劣。她们为了维护自己的贞操并彰显其对王朝的忠诚，多选择以惨烈的方式结束自己的生命。黄宗羲为方氏作这篇墓志铭，叙述了自清兵攻占明朝以后，方氏就抱定了必死的决心，并讥讽归降清军的妇人求死不得的推脱，认为"乱离之世，何日非死日，何地非死所"，倘若真是有心又哪能不得一死。方氏殉国是在个人忠贞之上自觉自发形成的对国家誓死追随的政治效忠。

【原文】

桑海之交，纪事①之书杂出，或传闻之误，或爱憎之口，多非事实。以余所见，唯《传信录》《所知录》《劫灰录》庶几，与邓光荐之《填海录》。可考信不诬。所知录者，桐城钱饮光先生之所著也。先生在前朝，党锢之祸似范孟博②，从亡之节似介子推③，虎口残喘，奔走南北。今岁戊辰，自京师寓书于余，谓：

"海内同人，凋谢殆尽，岿然屹存者，先生一人而已。弟今年七十七矣，知先生来岁已是八旬。相去二千里，不知尚能遂此愿见之志否？"因以其安人烈妇之志为请，余读之凄然。

按安人方氏，桐城黄华里之望族，父启煌，母王孺人，孺人刲股④以疗夫病，年三十，而人称其节无闲言。安人十五为先生妇，幼固读书识字，及归而见先生以诗文著名，遂相从为学，日事于砚北⑤，不亲俗务。已而先姑弃世，柴水交困，安人于是洗砚削笔，习为操作。先生无内顾之忧，一意远游。是时流寇盘踞江北，濒江人户皆避寇渡江，栖泊洲渚间，寇远复返。安人持橐束缊⑥，伺尘起即遁，不至踉跄忘失，里人多服其智。然在兵声撼动之际，奉养其舅，未尝失节，舅以天年终。

安人从先生迁居白下，风雪拥户，夫妇相对，面如死灰。先生卖文拓食⑦，安人篆祍佐之，少延朝夕。壬午，先生试毕，安人迎问，君自度今年能必售否？先生笑曰："臣力竭矣。"问盎中米余几何？曰："可支十日先。"生屈指发榜之期，曰："但得至此日，吾无忧矣。"已，榜发不中，举家啼哭，卧不能起。盖先生夫妇之困穷如此。武塘钱吏部棅，先生之同宗也，招先生共学，安人独处白下。北都变闻，先生急归，而安人已返桐城。人问之，曰："天下大乱，此地宁可居乎？"阮大铖以《南都防乱揭》为诸名士所摈，衔之次骨。南渡，修报复，次第矫旨。逮揭中之人。先生亡命武塘，安人在里中，东西迁徙，久之，亦下武塘。曰："不若同死之为愈。"

大兵渡江，所在兵起，吏部亦聚众芦衢，三吴志士，多载孥帑⑧依之。亡何兵溃，联舟泊震泽⑨。土寇窃发，先生方他适，贼焚震泽之舟，劫掠子女。吏部溺死，贼上船，安人抱幼女，亦投水而死，时乙酉八月十七日也。二子为贼所掠，长者逸去，次子亦死。明日，先生得安人尸于岸上，视其衣，皆钩联不可解。其子曰："此吾母舟中所为也。曰一旦遇兵，即赴水死，母令人剥衣露体耳。"殡诸普济寺。甲午冬，返葬先陇之右。安人生于万历壬子十月二十八日，享年三十四。子女三，存者唯法祖，戊申又死于盗。哀哉！闽粤余疆，表其节，赠孺人，再赠安人。

安人少有至性，十岁时，母病笃，亦割臂肉，投药中以进。痛母苦节，望其夫之成名，为之旌表，知不可得，则时时雪涕⑩。自兵兴以来，惟誓一死。有里中妇，归自贼者，辄正色叱其不死。里妇曰："求死不得耳。"安人笑曰："若不早办死耳。"乱离之世，何日非死日，何地非死地，岂有终日办死而不得死者乎？"遇难后，于弊衣⑪中得绝句一首云："女子生身薄命多，随夫飘荡若如何。移舟到处惊兵火，死作吴江一段波。"固知震泽之一死，办之早矣。

尝观今之士大夫，口口名节，及至变乱之际，尽丧其平生。岂其无悲歌慷慨之性欤？亦以平生未尝置死于念，一旦骤临，安能以其所无者应之于外。陈同甫⑫传陈氏二女，长女伸颈受刃，次女受污。后有诮之者曰："若独不能为姊所为乎？"次女惨然，连言曰："难，难。"今之士大夫，亦畏其难耳。陈了翁曰："吾于死生之际，了然无怖，处之有素故也。若处之无素，骤入苦趣，无安乐法。"文山亦云："遇异人指示以大光明正法，于是死生脱然若遗。"彼大贤之操修若此，何怪乎士大夫为次女之归耶。

铭曰：曹娥以孝，潜波娥江。贞女以义，自沉溧阳。于烁安人，继此耿光。风号月苦，震泽流长。

【注释】

①纪事：记叙事实。

②范孟博：范滂（137～169年），字孟博，汝南征羌（今河南漯河市召陵区）人。东汉官员。少厉清节，举孝廉。

③介子推：一作介之推，又称介子、介推，春秋时期周晋（今山西介休）人，晋文公重耳的辅臣，骊姬之乱后，他跟随重耳出奔，历尽艰辛，忠心辅佐重耳得以返国，后归隐乡间。

④刲股：割大腿肉。割股疗亲，古以为孝行，割股祭祀，则表示崇敬之至。

⑤砚北：谓几案面南，人坐砚北。指从事著作。

⑥束缊：捆扎乱麻为火把。

⑦抟食：以手捏饭团，抓食。

⑧孥帑：儿女。

⑨震泽：湖名。即今江苏太湖。

⑩雪涕：擦拭眼泪。

⑪弊衣：破旧之衣。

⑫陈同甫：陈亮（1143～1194年），南宋两浙东路婺州永康县（今浙江金华永康市）人，字同甫，号龙川先生，南宋政治家、哲学家、词人。著有《龙川先生集》。

唐烈妇曹氏墓志铭

【题解】

本篇文章充斥着一个主题，那就是唐烈妇曹氏在丈夫死去后"恐死之不及"，千方百计地在丈夫下葬前试图自杀。唐烈妇坚决激烈的求死愿望，誓死随夫历来被认为是古代女性在贞节观念的影响下失去自我意识的一种愚昧的表现，也是封建伦理道德禁锢下人性异化的表现。然而从另一个层面来看，抛开世俗伦理的影响，她们也可能是殉情者，跟随着自己的丈夫走进坟墓，这种真情可谓感天动地。

【原文】

烈妇曹氏，诸生颍洙之女，海宁之翟墩里人。年十九归，同邑唐之坦，之坦之父焕，亦诸生①也。归六年而之坦病，烈妇悉卖其簪珥装奁以佐医药，衣不解带者半载。疾革②，谓其夫曰："君死，我不独生。"乃营砒霜以待。丙辰岁九月二十八日，之坦卒。烈妇治丧，衣衾必有副，家人阻之不得，因斥去其砒霜。烈妇沥桑灰为汁饮之，腹痛而不死；明日，夫将殓，恐死之不及是时也，碎钱为屑，吞以速之，又不死。夫既殁，而防之者愈□。烈妇曰："顷欲与夫同殁，既失此期，何日不可死，而必以今夜乎？"家人信之。人定，烈妇潜起饮卤升余，号呼宛转，毒裂经时，复吐下而解。烈妇曰："我求死不得，计惟有绝食耳。"二十二日，而容貌如故神理焕然。夜半，启户出，投于傍舍池中。久之而家人始觉，出之池，已死，覆以衾而复活。烈妇谓其舅姑及母曰："大人非爱我，徒苦我也。我志已决，迟速总一死耳！"于是复饮食，起而操作如常。寻剪其机轴，制衣一称，余布七尺，有小婢乞之，不与。家人窃议曰："尺布尚惜，其不死明矣。"其时庭中蜡梅方开，烈妇视而叹曰："昔董节妇，有菊花诗，美其不落也。此花亦不落，吾试咏之：'添得承霜枝叶无，此花自与众花殊。共知秋菊贞心在，尚有黄梅抱树枯。'"

十二月望，起而严粮，于天、地、影堂、灵座、舅、姑、舅之姊各设四拜，曰："妇从此别矣，孝养之愿，以俟来生。"家人皆哀恸，烈妇从容自若，从此又不食。除夕得间，取其七尺之余布，自经夫柩之旁，始知不与小婢之故也。及殁，目暝口阖，不同乎世之为缢者，此固独行其愿之一征矣。年二十五。许邑侯诣庐祭之，聚观者数千人，莫不为之叹息泣下。

嗟乎！古今死节者多矣，曾未有如烈妇之死而生，生而死，人世痛苦之事备尝殆遍者。文文山服脑子二两不死，绝食八日又不死，何意身亲见之！此如黄河一泻千，非积石、龙门、吕梁之险，不足以见其奇。一番求死，一番于烁，天若故迟其死，以极正气之磅礴。或疑守节为经，烈妇所为，似乎黩智之过。夫溧阳女子，一言而沉身；王凝之妻，仓卒而断臂。古人于生死之际，处之至精。今人见其为轻耳。承流袭敝，随地可以解免，名节荡然，不独在女妇也。当烈妇绝食之久，余在讲堂，有传其属纩③

者。仇沧柱谓吾党盍及是时为式闾④之事，庶几死者一闻之也。余与同学二十余人为之一往，已闻其入水。不死余恐其因吾党而激之以不得不死，乃致语其舅，言贞之未尝劣于烈也。是后余返姚江，竟不相闻。今年二月至武林，陈子榮、子文迎谓曰："烈妇死矣。"将死，烈妇谓其舅曰："吾愿见黄先生一拜而死，今已矣！"嗟乎！风雷雨雪，作于除夕，烈妇之志，可以激天，岂待人激，是则余之陋也。某年某月某日与其夫合葬于某所。其舅请铭，余不得辞。

铭曰：培之厚，藏之密，三尺坟，千年室。记城壕，慎勿逸。

【注释】

①诸生：明代称考取秀才入学的生员。

②疾革：病情危急。

③属纩：指临终。

④式闾：车过里门，人立车中，俯凭车轼，表示敬意。

节妇金孺人墓志铭

【题解】

　　黄宗羲鉴于对明朝灭亡的危机感，对时政的反思特别深刻，尤其是对封建君权的批判可谓前无古人。本文叙述了黄宗羲的好友金介山的母亲金孺人张氏为了完成她身负的责任而隐忍的维系生活，其中的艰辛令人动容。

【原文】

　　岁乙丑，余至栖水，一时友朋来集，论文谈道，皆非宿闻①腐见，不可以经生崖涘②之。已见金介山之诗，质而不俚，清而不枯，今之诗家未之或先也。戊辰，余里人沈伯巩自栖水归，介山寓书，以其母金孺人之墓铭为请。

　　孺人张氏，父遂辰，字卿子，杭之名医也。孺人归于金君君荣，时君荣之父已卒，失火无家居君，荣与妇寄止妇翁舍下。妇翁既以医名，学者云集，拱璧③驷马，华堂翁赫。诸姑伯姊之归宁者，皆盛其罗绮珠翠，孺人寂然庑下④，与夫子相劳苦而已。未几，君荣之弟又夭，其姑独处，孺人迎养于张氏，君荣出游江右，丧其资斧，归而病卒，孺人年始三十，先有二儿，已殇其一，是时介山方五龄耳，孺人与其姑同床卧起，抚此孤孩，相依为命，稍长，课之句读，手纺口授，一灯荧然。已而卿子亦卒，家业涂炭。孺人以女红象钱，易米而炊，所冀介山成名，重立两家门户。而独子姑息，惟恐其蒙雾露，每见介山丹铅⑤在手，即为曳去，曰："但得一碗饭，养吾两人足矣，无为过自苦也。"三世一身，悲光血缕，溃于孺人之旦暮，卧病十余年而孺人卒矣。

当君荣出游之时，正值鼎革，干戈无序，孺人随父避于武康山中，搜牢贯掌，人民昼不敢举烟火，夜非深林荟丛，不能藏蔽。每闻儿啼，即射声而至。孺人一儿褓负，一儿携手，呱呱而泣，势难两全，咸劝弃其小者，孺人以絮掩儿口，虔护百方，卒免于难。邓伯道以男子不能庇其二儿，放之孺人，盖蔑如⑥矣。

卿子年八十，尚为人应病，孺人悯然谓其子与侄曰："汝等荒于嬉而坐受老人拮据之养，能无恶乎？"故其侍父也，必伺其熟寝而后即安。父有寒疾，虽严霜烈霰，夜恒四五起，至性有过人者。嗟乎！人世危苦之境，莫如嫠妇⑦，嫠妇而无家可托，漂摇于女氏之党，则又危苦之甚者。于正而绸缪风雨，重兴家室，其精诚之至，天地为之感动，亦理势之自然也。先师蕺山先生，父卒五月而生，丧失家道，母氏章太夫人依外家以活，颇与孺人境遇相似。先师之为大儒，皆太夫人危苦所成，介山勉□。亦焉知称孺人者之不如太夫人乎？太夫人之志，许敬庵先生为之。则余之志孺人也，亦焉敢不以实乎？生于万历戊午四月十八日，卒于康熙戊午八月二十三日，与君荣合葬皋亭山。子一人，曰张，即介山也。

铭曰：卿子之女，介山之母，葬于皋亭，既封既树，白杨萧萧，鸣其辛苦，黄绢之辞，刊之石柱，后人过之，知其为节妇之墓。

【注释】

①宿闻：陈旧的见闻、知识。

②崖涘：岸边。

③拱璧：大璧，泛指珍贵的物品。

④庑下：堂下周围的走廊、廊屋。

⑤丹铅：指点勘书籍用的朱砂和铅粉。亦借指校订之事。

⑥蔑如：犹不如，不及。

⑦嫠妇：寡妇。

余恭人传

【题解】

恭人是旧时代命妇封号，根据丈夫的官职品级而定，用以封赠中散大夫以上至中大夫之妻，高于宜人而低于令人。明清两代，四品官之妻封之。本文除了叙述恭人余氏性格的刚毅之外，以改朝换代的激烈社会震荡为背景，展现女性用生命去维护和实现儒家文化赋予她们的身份角色所体现出来的人性力量。这种角色义务的执行到底是源于自愿还是社会伦理道德的强迫，很难分清，但值得现代人进一步反思。

【原文】

恭人余氏，相国有丁之孙，刑部郎中绳训之女。年十六，归谢君宣子。是时谢公象三巡按山东，而宣子家居与陆文虎、万履安读书。文虎曾谓余曰："近得谢宣子，不特秦川贵公子，固名辈之冠冕也。"一切□养困①畜之事，皆恭人主之，检御②门族，静然四屋，使宣子敕案之功，不牵于闺闼③。寻登崇祯癸未进士第。明年，宣子殉难，恭人年才④二十八，老人涕泣于堂上，孤子凄惶于膝下，丹旐⑤归魂，青灯不哭，九死之心，空延钟箭⑥。南渡，哀荣死事，宣子赠太仆寺少卿，谥忠节，于是得封恭人。柴天改玉之交，皇风未畅，鼎族阽危⑦，谣言沸火。公为前朝大臣，未免鞠躬傲吏之下，狼狈折札⑧之命。一门百口，流矢影风，顾有忧色，恭人镇以整暇⑨，如处无事。虽屯苦备经，卒开闭否之运，养生送死，总归礼教，非其才识绝人，何以有此？卒于康熙壬戌十一月十八日，享年六十有六。子五：长为霖，同知州事；次为兆，诸生；次为宪，癸卯举人；次为肱；次为衡，廪生，考授州同知。女二，长适岁贡生高奕襄，次许诸生范正国。孙七，德舆、德宽，皆诸生，德懋、德闻、德用、德量、德充。孙女五，曾孙六曾孙女三。

甲申之变，凡夫人之在京邸者，或从子而死，或从夫而死。成德之母张淑人，全铉之母章恭人，汪伟之妻耿恭人，刘理顺之妻万淑人，妾李孺人，马世奇之妾宋、李二孺人，陈良谟之妾时孺人，固皆地卷朔风，庭流花雪。而其景象之惨恶者，新乐侯刘文炳之杜太夫人，集子女同死楼上。其子妇先死。次长女死；杜太夫人六缢而后死；少女缳断而坠，不得死，乃开牖掷身楼下，血如泉涌，又不死，有老苍头在侧曰："夫人何不死于井乎？"少女曰："不可，太夫人命同死一处，岂得违之？"遂脱金条脱赏苍头，重扶楼上，助其结缳，始死。温璜之死于新安，其女年十四，方熟睡，母夫人推醒之，女问为何，夫人曰："死耳！"女曰："诺。"父母各引绳尾缢之。余为之作传，泪涔涔不能止，因念史迁绝无此等文字，使后人读之，无不痛哭者。

宋之亡也，文、陆身殉社稷，而谢翱⑩、方凤⑪、龚开⑫、郑思肖⑬彷徨草泽之间，卒与文、陆并垂千古。然则诸夫人之从死者，固女中之文、陆也，若恭人者，凄楚蕴结，亦犹之谢、方、龚、郑，皆天地之元气也。为衡介万公择求余传之，盖去宣子殉难之时，四十七年矣。

【注释】

①囷：qūn。

②检御：督察驾驭。

③闺阃：指家门、家庭。

④才：方，始。

⑤丹旐：犹丹旌，旧时出丧所用的红色铭旌。

⑥钟箭：指时辰、时间。箭，指漏箭。

⑦阽危：面临危险。

⑧折札：犹折简。指书册、简牍的残篇。

⑨整暇：《左传·成公十六年》："日臣之使于楚也，子重问晋国之勇，臣对曰：'好以众整。'曰：'又何如?'臣对曰：'好以暇。'"后因以"整暇"形容既严谨而又从容不迫。

⑩谢翱：字皋羽，一字皋父，号晞发子，原籍福安县穆阳樟南坂（今福安市穆云乡咸福村）。生于南宋末年。元兵南下时，率乡兵数百人参加文天祥部队，任咨议参军。至元十九年十二月初九日（1283年1月9日），文天祥就义，谢翱悲不能禁，常暗中祭拜。元贞元年（1295）夏，至杭州，因病客死他乡。谥乐耕公。

⑪方凤：一名景山，字韶卿，浦江后郑村人。著有《野服考》《正人心书》等。

⑫龚开：字圣予，号翠岩，人称髯龚、老髯等，生于江苏淮阴，宋末元初画家。代表作有《中山出游图》等。

⑬郑思肖：字忆翁，号所南，又号三外野人。宋末元初画家、诗人。

御史余公墓志铭

【题解】

本文记叙了余缙带领百姓治理黄河泛滥的事迹，体现了其卓越的治理才能。通过余缙勇于揭露时弊的叙述体现其勤政爱民的为官品格。最后，余缙廉正奉公，抑制豪强，打击奸商及妖言惑众之巫神，故中州治行，推为第一。阅读本文，我们可以总结出古今人们对官员评价的共同标准即：勤政为民。

【原文】

公讳缙，字仲绅，号浣公。余氏为宋忠襄后裔，自龙游县迁居暨之高湖。考讳某，号仰泉。生二子，长为癸未进士某，次即公也。幼即能文，时传奄人魏忠贤窃政，公拟为弹章①，霜威风厉，见者已识其有埋轮②之志矣。登顺治壬辰进士第，知封丘县。县当兵火之后，公私扫地赤立，方塞决河，赋役连滞，公尽捐烦文碎教，与之休息。是时民间最苦者，无如包荒一事。先是流贼蔓延，人户逃亡，弃地弥望，朝议募民开垦，各设兴屯道、兴屯□以董之，民初无不乐从。及其征租，反过于现在之熟田，违民始愿，耕者复荒。郡县既以此为考成，兢张虚数，无所归着，于是以荒地之粮，摊于熟地，民皆失业。公惕然忧之，会制台绳武李公行部至封，公导李公至旷野，目睹其裸跣③毛食，李公恻然，为之疏闻，始豁虚张之数，而兴屯之□、道皆裁。公能以一邑苏数千里之瘠，不特封也。封与延津接壤，邮置错互于百里之外，裹饭受役，民甚苦之。公陈情抚军，但使之协济而已。中州治行，推公为第一。入为山西道御史，条对多见施行。以终养告归。旋丁内外艰，服阕，补河南御史。所上章奏，多持大体，不尚苛细，而其关于国家之大事者，请撤三藩家口、议复抚臣兵权诸疏，格于部议而止。驰鹜④覆车之辙，探汤败事之后，而后知公为金石之策也。越帅横暴，税民受货，奴客⑤跳梁，触情放恣，越民蕴愤，无所发泄，公严文件数其罪恶，越帅中废。凫藻之音，载谣人口，朱方且妄言祸福，朝士多信其附会。有以为公言者，公曰："此妖人耳，于法当斜，宁可助彼狂澜乎？"方且终以猖狂坐死。夫三藩之反，人所不敢言，故晁错殒身于七国。越帅之汰，人所不肯言，故刘胜寒蝉于闾里，方且之诡，人所不能言，惟子产先几于慎灶⑥。公乃不讳利害，不避嫌疑，振响于钟鼓无声之日；即其所未言者，亦且破其魑魅，使无遁形，岂非盛世之霜准欤？

已而土葬封公，复请告归。公少无宦情⑦，不得已而出。自此悠悠林下，至于没世。然甲寅之乱，山寇攻围越城，公出其私财以佐城守，寇睥睨而去。是公用世之智，退而不忘也。生于万历丁丑五月初十日，卒于康熙己巳十一月二十六日，年七十有三。配郑氏，赠安人，箧李氏，封孺人。子六：长毓澄，壬戌、戊辰进士；次毓泳，州同知；次毓瀚，廪膳生；次毓淳，河间府通判；次毓浩，荆州府同知；次毓湘，贡监生。女五：吴高飞、张显明、方象隆、寿处宽、何嘉玡，皆诸生，其壻也。孙男二十七人，懋樟、懋桢、懋楷、懋标、懋权、懋栋、懋柽、懋桂、懋梅、懋杙、懋椿、懋模、懋朴、懋枢、懋栴、懋楝、懋梗、懋梓、懋梧、懋桐、懋榕、懋械、懋棠、懋杞、懋楠、懋柱、懋楫。孙女十九人。曾孙十二人。曾孙女八人。其孤以庚午十二月初四日，葬于邑之东原山，介姜定庵属铭其幽室。余昔尝见公，知其乡邦之典型也，故不辞而铭之。

铭曰：公之出吏，当彼危疆。哀此黎民，以熟包荒；人庶流进，家户且亡。公能除之，惠此一方。岂唯一方，数省且康。公入台中，振夫纪纲。厝火积薪，尾大末强。路人皆知，不敢声扬。公独奋笔，出匣干将。焦头烂额，公言始彰。谁来毒鼓，憔悴乡邦。万人所指，无病不僵。简落狐狸，赖公弹章。途歌巷舞，没世不忘。妖人□纬，首鼠阴阳。布雾十里，朝士趋跄，公独曰否，抉其帷墙。膏盲泉石，未尽其长。侁侁后人，嗣其耿光。

【注释】

①弹章：弹劾官吏的奏章。

②埋轮：东汉顺帝时，大将军梁冀专权，朝政腐败。汉安元年（142）选派张纲等八人巡视全国，纠察吏治，余人皆受命之部，而纲独埋其车轮于洛阳都亭，曰："豺狼当路，安问狐狸！"遂上书弹劾梁冀，揭露其罪恶，京都为之震动。事见《后汉书·张纲传》。后以"埋轮"为不畏权贵，直言正谏之典。南朝梁沉约《奏弹王源》："虽埋轮之志，无屈权右；而狐鼠微物，亦蠹大猷。"

③裸跣：露体赤脚。

④驰骛：奔走，追名逐利，驰骛游说。

⑤奴客：家奴。

⑥慎灶：春秋鲁大夫梓慎和郑大夫裨灶的并称。

⑦宦情：做官的志趣、意愿。

董巽子墓志铭

【题解】

自康熙六年起，黄宗羲在甬上开展一系列的讲学活动，开创了清代经史百家融合的新学术气象。在黄宗羲及其弟子引领的文化交流气氛中，甬上诸子的诗文著述也非常积极，董道权即是其中的佼佼者。他曾向黄宗羲请教作文之法，黄宗羲回答说："诗文同一机轴，以子之刻心于诗者，求之于文可也。"为了学好诗文，黄宗羲强调必须通经读书："盖多读书，则诗不期而自工，若学诗以求其工，则必不可得。读经史百家，则虽不见一诗，而诗在其中，若只从大家之诗，章参句炼，而不通经史百家，终于僻固而狭陋耳。"这都体现出黄宗羲宽阔的学术视野和研究求实的学术精神。

【原文】

自来所谓诗人者，多山人处士。或蓬蒿①满径，雕刻风花，一字未安，断须冲节；或梁园□邸，丝竹纷挐，晷不停缀，百篇立就。或属兴名山，或断魂远道，奇章秀句，散在旗亭寺壁之间，诗人之名，由此归之。其有仕进得意，旅集京都，孤臣失志，南迁蛮徼②，邂逅同心，笙鸣镛应，各竞羽毛之美，艺林传为盛事。元夫巨公，手捧珠盘，巾卷在庭，真赏遥集，分门别户，喧议竞起，同者标为珠玉，异者訾为土炭，诗人之名，殆过于兼官重绶矣。下此，释子红闺，亦分闉位。其不得与于此者，惟是槐黄席□之徒。三年之中，岁试③月课，观风季考，至于大比，既无其时。所读之书，闱牍房稿，行卷社义，牛毛蚕子，未足喻其琐碎，揣摩风气，摘索标题，以备荒速之用。科复一科，经史都为倚阁④，又何暇星心月口，啼号于风枝露叶之际乎。故经生间事吟咏，人必靳之曰："此辞官表也。"以之事进取，犹南辕而北辙矣。星移物换，事大不然。士子场屋之业，工夫简要，不似曩日之烦，且其得失，未必关于勤惰，即得者，亦不能抗饥寒。于是谋生之念切，索游入幕，传贽代笔，以之应用而诗生焉。然亦无有肯刳心凋形而为之者。其能不愧诗人者，鲜矣！若巽子者，其可谓之诗人乎？

巽子之诗，排比妥帖，不尚险怪，胜语时来。以之写情，固多凄泪；以之答赠，亦复丰饶：所至有诗父庶兄之目。弘治以来，诗准盛唐，流于剽窃，公安解缚而失法，竟陵浚□而迷路，前人湛然之淄渑⑤，今不难以丸泥改色，重起风波。巽子交游当世，唱和杂揉，能使彼我之怀，通于一致。其在甬上诸子，词致翩翩，然人所指目者，惟杲堂、巽子二人，都无异词。杲堂不踏省门；巽子尚牵挽糊名易书之列，心有二用，是为难也。巽子酒量不多而好饮。广筵密坐，投壶雅歌，醉醒庄谐，骈哗竞狎，极诗人之致。好交方外，挂履洗钵，有巽子之诗，便增气色。木陈之召而归也，欲造楼以藏御书，巽子谐之云："一自云飘去北游，归来便建御书楼。而今不作《新蒲》哭，一任煤山花鸟愁。"嗣法木陈者，持刀欲杀之，巽子跳而免。

巽子姓董氏，名道权，号缶堂，巽子其字也。世为鄞人。父守谕，字次公，故官司农，失职家居，四方之至甬上者，必以次公为归。笑谈燕集，仍其旧时，然而落寞已甚，杯酱爵酒，胾鲜粒飧，皆巽子心营手治，父无失欢。次公三年伏枕，茶铛药裹，未尝失节。母陈安人，生长华族©，不耐寒苦。巽子当丧乱之际，北堂萱草，不减春辉，皆其至性也。所著《缶堂学诗》《缶堂字文》《炳烛集》《墨佣集》《旅窬随笔》，藏于家。生于崇祯庚午九月初五日，卒于康熙己巳四月二十一日，权厝江北之黄冈。娶俞氏。子三：长孙符，诸生；次孙籛，次孙钥。女五，婿诸生戴煊、柴霖、陈元约、辛世禄、钱浚恭。睿恭，忠介公之嗣子也。孙男一，孙女一。

巽子尝问余作文之法，余曰："诗文同一机轴，以子之刳心于诗者，求之于文可也。"余尝怪一时风气，无不讲学，蓋讲学者，剿袭成说，凡读《四书》者皆可为之；至于吟咏，虽鄙固狭陋，亦必于魏、晋、六朝、三唐略知梗概，而后可从事。巽子矫然独出，以诗人自命，其不为风气所染可知矣！余何忍而不铭。

铭曰：古之诗也，以之从政，天下之器也；今之诗也，自鸣不平，一身之事也。《黍离》降为国风，一时之变也；天下降为一身，古今之变也。吁嗟巽子，其又何喑。

【注释】

①蓬蒿：蓬草和蒿草。泛指草丛。

②蛮徼：蛮地、边徼。泛指边远地区。

③岁试：明代提学官和清代学政，每年对所属府、州、县生员、廪生举行的考试。分别优劣，酌定赏罚。凡府、州、县的生员、增生、廪生皆

须应岁考。

　　④倚阁：搁置，暂停。

　　⑤淄渑：比喻性质截然不同的两种事物。

　　⑥华族：高门贵族。

蒋万为墓志铭

【题解】

本文旨在借蒋弘宪作为"名儒"而不遇的事情来抨击科举制度埋没和摧残人才的现实。蒋弘宪能诗兼工文，其师黄宗羲认为他的诗文"御以遐心，主以理骨，俨然大家体裁"。蒋弘宪最大的贡献在于传道授业。他先后从事教学工作二十年，"草堂之内，羔雁成群"，弟子数百人。由于其教学"严整"，深受学生家长的欢迎，时常"唯恐其不得留也。"

【原文】

才士必能为文章，然以文章求才士，则才士必遁。夫上以文章求才士，才士亦必以文章求上；上之求下甚疏，下之求上甚浓。仁义化为富贵，而文章亦遁。余尝为蒋万为作《三世传》，悲其皆以高才抑郁而死，深山之梗楠杞梓①，历风霜至数十仞，庙廊梁栋之才而曾不得克槽枥②之用，为可惜也。庶几望之万为，未几，而万为亦死矣！

万为名弘宪，别号笠庵，宋学士猷之后，从金坛徙宁波。曾祖洲，祖有德，父之骥，皆见余传文。万为之文，御以遥心[3]，主以理骨，俨然大家体裁也。补诸生者五十四年，廪于二十人中者二十八年，较艺于场屋者十五秋，学校中指为眉目，文誉殷然江湖间。其为人又规矩尺寸，笑言不苟，于是草堂之内，羔雁成群。郡守崔公维雅、海道史公光鉴，聘为子师。苏守窦公云鹤、江宁守孙公芳试士，皆请之阅卷。万为于本分之外，未尝有一笺千请，人尤以此敬之。苟不应当事之请，则授徒夏葢湖滨，先后几二十年，弟子数百人。万为教法严整，主人恋恋，唯恐其不得留也。嗟乎！万为之自立如此，岂非上之所欲求者耶？而卒不遇以死。

夫人才之难久矣，古之哲王极力以养之，尚且不可多得。今日科举之法，所以破坏天下之人才，唯恐不力。经、史才之薮泽[4]也，片语不得搀入，限以一先生之言，非是则为离经畔道，而古今之书，无所用之。言之合于道者，一言不为不足，千言不为有余，限之以七义，徒欲以荒速困之，不使其才得见也。二场三场，置之高阁，去取止在头场；头场之六义，亦皆衍文，去取定于首义。牢笼士子，以循故事，卷数既烦，摘其一字一画之讹，挂于墙壁，以免过眼，其恶士子，甚于沙石。人文之盛，足瞻气运。每科限以名额，千取一二，如入大海，士子有望洋而叹耳！三年之中，一岁一科，士子仆仆以揣摩主文之意旨，读书更在何日？凡此节目，人才焉得而不破坏乎？庸人之论，以为名公巨卿，数百年以来，无不起于科目，科目胡可少也？余曰："不然，今使探筹五木以取士，士之进者亦必有名公巨卿，不可谓探筹五木能得名公巨卿。天下之才，以探筹五木坏者多矣！唐时梁补阙荐八人，韩昌黎荐十人于主司，主司无不举之，唐宋取士之法甚宽，尚且通于法外。今诸公无不知万为之才，坐令其槁死牖下，以取士而锢士，未有甚于今日者也。"

生于天启二年三月二十七日，卒于康熙三十一年六月二十六日。娶董氏，继杨氏、张氏。子一，兆鲞。女二，长適廪膳生范廷瑄，次未字。孙男二人，女三人。将葬，兆鲞为行状，介余友王文三，求铭幽石。

铭曰：名儒不遇，古今同嘅；冥魄彷徨，锡之鞶带⑤。有唐怜才，此心犹在；若万为者，宁非一辈！茫茫禹迹，轻才如芥；席□进贤，鸿沟分界。徒令白杨，悲风欨欨。

【注释】

①杞梓：杞和梓。两木皆良材。

②欂栌：亦作"欂卢"。柱上承托栋梁的方形短木，即斗拱。

③遐心：广阔的胸襟。

④薮泽：犹渊薮。比喻人或物会聚之处。

⑤鞶（pán）带：皮制的大带，为古代官员的服饰。

国勳倪君墓志铭

【题解】

儒家学说以"仁义"为核心，其主要意思是做人做事要"正谊不谋利，明道不计功"。仁义是孔、孟所立的治国平天下以及做人的总原则。事功则主要是指"以利合义"、"救时除乱"，即能够在现实社会中建功立业，成就经邦济世的卓越成就。两者之间的争论一直伴随着儒学发展的整个历程。在本文中，黄宗羲借倪功人生经历的阐述表达了其仁义与事功相统一的学术主张，即"事功本于仁义，仁义达之事功"。

【原文】

自仁义与事功分途，于是言仁义者陆沉泥腐，天下无可通之志；矜事功者纵横捭阖，龁舌[①]忠孝之言：两者交讥，岂知古今无无事功之仁义，亦无不本仁义之事功。四民之业，各事其事，出于公者，即谓之义；出于私者，即谓之利：故不必违才易务也。此其道大显于朱子，再传为饶双峰，三传为陈定宇，四传为仲弘倪氏。倪氏家徽州之休宁，十三传而至府君，其遗风余烈，犹有存者。

府君讳功，字国勋。祖天衡，字云谷；父时明，字灵宇，两世皆为国老。府君三岁失恃，灵宇迁吴门，留府君于家，其二兄并随。灵宇餬声成文，雕音作蔚，以结纳贤豪长者，不失为秦川贵公子；而府君方从村童入乡塾，布衣蔬食而已。未几，府君亦至吴，灵宇家业中衰，二兄皆困；府君遂发愤于征贵征贱，浮吴泛楚。不数年而数至千金。尝过浙口桐山，桐山西上为睦山，见其林下亏蔽，慨然曰："此非谢皋羽伐山冶炭之所乎？"遂踵而行之，转输蔽江，三吴百万户，争致羡金，而府君等于封君矣。葢府君深沉计算，出于天授，非人力所致也。

甲申之乱，筑室于故乡，令仲兄奉父以居；置屋于杭令伯兄居之；纤悉周备，使其父兄不逢乱离之苦。丘嫂李氏病瘵，府君授药价四百金；继娶查氏，又病瘵，又授二百金。仲兄数奇伎薄，济之无使灰心；府君于五伦之内，其无不尽分如此。至其收恤[②]三党，尉洽荷掠之余，望吊纲悲之鬼，难以件繋。府君经纬于既衰之后，有光上世，可不谓之事功乎？有其事功以成孝友，可不谓之仁义乎？家犹国也，岂可以一家之事而小之？仲弘先生之得传于朱子者，夫亦若是而已矣。

府君好藏书，而于《朱子全集》及《语类》，尤所珍重，以为我先人源流之所自也。晚年考授同知州事，未上而卒。生于万历庚申年五月二十七日，卒于康熙戊辰年八月初四日，年六十九岁。娶谢氏，勅封孺人。子六人：长玗，增广生；次璠，内阁中书舍人；次瑞锡，训导；次文瑜，贡监，出继；次珧，教谕；次璘，廪生。女四人，训导吴祖谦、太学生朱永思、训导汪浚、太学生叶世宠，其壻也。孙六人：长涛，廪生。次灏，庠生；次潮，出继；次源，次溥，次洪。孙女七人。诸孤将以某年月日葬于瓜山，余过武林，介甬上万授一请铭，余读璠所注《庾子山集》，叹其该博，因不辞而铭之。

铭曰：诸儒大成，厥惟考亭；双峰定宇，焕如日星；四书辑释，成于仲弘；为世津梁③，《大全》所凭。十有三传，风烈犹承。易士为商，业虽异名；其道则一，孝友共称。所以孙子，文誉④绳绳。山高水长，吾言足征。

【注释】

①齰（zé）舌：咬啮舌头。表示不说话，或不敢说话。

②收恤：收容救济。

③津梁：比喻能起桥梁作用的人或事物。

④文誉：工于为文的声誉。

文渊阁大学士文靖朱公墓志铭

【题解】

朱天麟是明末进士，明亡后辗转福建、广东、广西等地抗清，最后因病卒于广南西坂村。本文详细叙述了朱天麟跌宕起伏的一生，从中我们可以感受其正直清廉的为官品质和忧国忧民、为国尽忠的拳拳爱国之心。朱天麟博学多识，本来可以凭借自身的实力实现人生的志向，但是国破家亡的大环境为其人生平添了许多不确定性，我们可以感受到国家命运对于个人命运的重大影响。

【原文】

公讳天麟，字游初，别号震青，以沈天英举乡试，后始复姓。世居吴江之太湖滨，为农家，至公而徙昆山。幼好学，家贫，无力从师。年十岁，随父素庵之黎里。其地有道士陆逸庵，公之亲也。精舍幽雅，公欲留而读书，素庵不可，携之还家。越二日，里人有鬻薪于黎里者，公不告于家，附舟而往。家人迹之使归，公曰："吾不欲以农夫没世。"逸庵亦劝学甚力，聘名师教之，历八寒暑而学成。万历戊午举乡书，出先忠端公之门。登崇祯戊辰进士第，授饶州府推官。政事之暇，惟务谈学，所谓豫章四子者，陈际泰①、艾南英②、罗万藻③、章世纯④皆从之。何心隐⑤传泰州之学，为江陵所害，耿洲□其爱书作传，人遂以游侠外之。公观其遗録有所发明，刻之众毁之中。兼官摄印，皆有惠政，建祠者三地。戊寅，上御中左门，召考选诸臣，问兵食之计，□公为翰林院编修。庚辰，充《武经大全》纂修官。甲申正月，差祭淮王，至山东而京师□，一恸几不起。

大兵南渡，公欲为即墨之守，而人心已去。航海而南，至定海登陆。复自浙之闽，遇闽立国，公以少詹事兼侍读学士署国子监祭酒，诸生亦千余人。闽中廷试贡生，选十二名为萃士，其冠服比庶常，三年后赐同进士出身，以公为教习。未几，公见郑芝龙□扈，乞假至粤。闽事败，又自东粤至西粤，入土司安平州。

桂王立于肇庆，移梧，移桂，移全、永。顺治丁亥，依刘承胤于武冈，遣官以礼部侍郎召公。公上疏请"上自将为前锋，毋徒蹑辙承平，今日拜一相，明日设一官，坐失事机。"戊子四月，王在南宁，升礼部尚书。寻兼东阁大学士，召入直。公力辞："今何时也，营官晋秩⑥，臣实耻之。愿押选土兵，勤剿江、闽。"不听。公不得已至行帐，□李成栋请幸肇庆，公扈从过浔州。浔帅陈邦传，请世守粤西，如黔国故事。公签拟不允。邦传意在必得，以印剑掷公胁之，公仍不允。时西粤新复，豫章通欵，何腾蛟、堵胤锡经署三楚，肇庆晏然以小朝廷自处。公上言："为今之计，亲贤选将，询尔仇方，凤繢旧服。尔乃惟听孔壬谗谗，日以口舌快忿，即旰日⑦横经，榷商繁渎，亦奚以为？顾议者谓何必亲征，我以地方官官彼，人以地方饷饷各兵，即我官我兵也。汉高所云马上得天下者，欲以笔端收之。臣望主上效宣周自将，以世臣元老姜曰广、黄景昉、瞿式耜、何腾蛟、堵胤锡等，为今莅止荆、淮之穆公、方、召，即以迎师诸勋镇兵，合为王旅，仿旧制京营、神枢等十二，以隶众帅。内以神机一营，领兵一万二千五百人属中枢，戎政辖之，使表里□应，悉听命于行帐。亟颁亲征之令，舍此更无他道。"王优容答之，而不能行也。

　　未几而五虎之门户起。五虎者，左都御史袁彭年、副都御史刘湘客、吏科都给事中丁时魁、兵科都给事中金堡、户科都给事中蒙正发也，皆以李成栋之子元胤为主。堡在桂林，拟上十事，参马吉羽、陈邦传、庞天寿、李成栋及大学士王化澄、严起恒，至肇庆行帐，以示时魁等。时魁削其牵连成栋者二事，而以八事上之。成栋见其所论之人，皆己之所不悦者，故使其子亲之。化澄、起恒俱欲辞位，公言二辅歷尽颠沛，所谓同患难之臣也，不宜听其去。守辅瞿式耜⑧，当令回朝，内定纷嚣，外资发纵。十二月二日召对，王论："肇基伊始，百尔功臣，方赖中外拮据，科臣弗悉艰难，说现成话，或寒其心，岂不误事。日来改票，我与辅臣再三商确，岂不容我改一事，何云中旨。"公奏科臣金堡，前朝卓竖风裁，纪纲初立，方赖纠□。用舍人材，谟画军国，倘有故违金论。出自斜封墨勒者，方为中旨。今虽无此，言官防微杜渐言之，未始不可。袁彭年条陈宪规，察御史履歷，适陆枢回道，刺书下衔。彭年劾请逮问。上批未允。彭年随劾起恒，而丁时魁、金堡单疏公疏，劾起恒及马吉翔、庞天寿者无已时。太妃召公票签，面谕："当武冈危难之时，今日诸臣安在？非马吉翔等二三人左右王躬，焉有今日。先生严加拟议，不可隐徇。"公奏："武冈扈从，大功固不可泯。然宪垣所争，亦是职所当言。还望太妃、主上宽宥，以开言路。"太妃复谕："先生只管严拟来看。"随命内臣给笔札赐坐。公票拟两解，太妃不允。改票至再。

内有"那得如许更端聚讼"语。彭年大怒，疾呼于堂上曰："当时不惜铁骑三千，犹得作此景象耶？"起恒遂抹前旨，以逢其意。彭年怒犹未平。二十三日立春，王令诸大臣盟于祖庙，而后入贺。顾水火愈甚。己丑正月，陈邦传愤金堡条之也，上书言"堡谓臣无将无兵，滥冒封爵。请即遣堡为臣监纪，以观臣十万铁骑。堡昔为临清知州，降贼受官，逃回。今日湖南来，未必非敌人间谍。"公与起恒在直，得邦传疏，抵几大笑曰："金道隐善骂人，今亦被人骂倒耶？"道隐者，堡之字也。遂拟票⑨"金堡辛苦何来，朕所未悉，所请监纪，着即会议。"其谓辛苦何来，用杜子美《喜达行在所》"辛苦敌中来"成语，非有他意，而堡以为讥其从敌。时魁等率科道官青衣哭于朝，掷印免冠⑩，入阁大噪。公曰："公等岂以小朝廷，遂无君臣之礼耶？"彭年曰："不关我事。"公曰："总宪者，总朝廷之法也。公为总宪，法纪荡然，焉所谢责。"王召诸臣。勉之收印视事。时魁等不从，令李元胤给之。初，时魁等以票拟出自起恒。欲进阁殴之。是晨侍郎刘远生至公舟，阻其入朝。询其故，远生以告。公曰："不知可以不入，既知矣，事不辞难。"遂至阁自认。时魁等为之稍阻。公随乞去，王遣鸿胪卿何骧敦趣入直，不可，面辞涕泣。王亦垂泪曰："卿去，我益孤矣。"二月初六日也。此与唐昭宗欲相韩偓，朱温欲害之而出，昭宗握偓手流涕曰："左右无人矣！"又何殊也。

公栖迟庆远，九月，王复勅入觐，趻予悬望，更勿久延。公言："两粤兵民，情涣势促，路人能言之，好建言者绝置不论。须知近地可危，方克谋及御远。知迩形可惧，奚遑漫采浮言。而乃琐屑一人一事，掉头以争，矫令还封，曰我古遗直也。今而后，母以四方无利害之章奏，悖悖⑪见面，认为极痛极痒而閞焉。使我一人终日知危知惧，仅知此焉而已。"王念之不置，俾返棹端溪，公自庆远至象州，而王已退驻梧州。上书言："端州终岁偷视，兹因一番震荡，毅然有为，自今日为始。东省勤旧[12]，各有塞兵汛艇，曾举义于昔者，自可号召于今。高、雷、廉、琼，额解两广盐利，土弁客兵，禅其根括。有兵而不知发，有饷而弃诸人。毋若向之谋国者，曰："义兵可散归农也，土、狼、塞、岛兵不可用也。终日以毛锥从事，一惊再惊，至有今日。"又言："宋高宗渡江航海，偏安一隅，有退地也。今日之事，退地何居？下无行台，上无行帐，中露中泥，无地非战场也，无日非战期也。可云此为三公九卿属内欤？彼为使相调将属外欤？二三年间，摇惑内权，魇之难去。轻界外爵，招之莫来。主上当奋然自将，勿判内外文武诸臣、悉擐甲将兵以从。臣请持经署江南、岭南使节，拣砦兵，择土豪，抽峒丁，募水手，自近逮远，招集四方流徒之人，训阅以充御兵，佐主上云集龙斗之力。否则徒责票签，调停文武水火，以为主持政本，呜呼，今日政本何在乎？"庚寅七月，以文渊阁大学士吏、兵二部尚书入直梧州，赐图书曰理学名臣。

先是，云南督师杨畏知，说滇□孙可望反正，同乡官龚彝赴肇庆，进可望表，请王封。金堡首言："明朝异姓，止有赠王，祖宗定制，不宜坏自今日。"众皆以为然。畏知曰："不与无益，彼固已自王也。"一旦降号公侯，而能欣然受命者，此纯臣之节，宁可望于若辈？今因其向义，使之感恩，庶几收助于万一。且法有因革，时异势殊，土宇非故，而犹执旧法乎？"议数月不决。临发，乃赐一字亲王章，而无封号。畏知西行过梧，遇堵胤锡曰："可望业自王云南，今赐之印而无国名，是犹靳之也。激猛虎而使噬人，奈何？"胤锡然之，为补牍入，始封为定王。武康伯胡执恭者，故陈邦传中军，驻防泗城州，地与滇近。闻可望求封，先以书约封秦王，可望悦。执恭即具疏报闻，且谓机不容缓，臣已便宜铸印，填空勅赍行矣。执恭至滇，可望郊迎甚恭，所部额手交贺，俨然以秦王临其下矣。比畏知回，始知其诈，顾深耻之曰："为帝为王，我所自致，何藉于彼，而屑屑更易，徒为人笑欤？"遂不受朝命。至是可望复遣使至梧，自称秦王，且以不愿改号为请。从官集议，公与王化澄以为许之便，严起恒、文安之、郭之奇以为不当许。公厉色争之，而起恒等持之益坚。及两广俱破，大兵日迫，王奔南宁。辛卯，始封可望为秦王，而可望已视之甚轻。

五月，可望请移驻云南，从亡诸臣议之。阁臣吴贞毓、御史王光廷、徐極等議赴欽州依李元胤。公言："元胤屡败之余，众不满千，栖依海滨，其不足恃，明矣。云南山川险阻。雄师数十万，北通川、陕，南控荆、楚。可望既怀好音，必弗邊萌他志。不若因其迎而依之，亦推诚之道也。"金议未协，迁延者累月。公忧随从单薄，奉使经畧左右两江土司。兵众未集，大兵已廹南宁。王踉跄入滇，公扶病随行。壬辰正月，至广南府，病剧不能前进，暂寓西板村。土官依绍周架屋居之。是年八月十八日卒。有"孤忠未展，遗恨无穷。"疏，遣人至安隆所上之。王览疏悲涕，赐祭十一坛，赠少保、建极殿大学士，谥文靖。

粤稽桂王立国，筚路蓝缕，风声鹤唳，与宋之二王无异。惟肇庆之时两三年间，可以进取有为，而又为五虎所把持。薄文细故，事事争执，以法祖制、慎名器、依傍为题目。庙堂之上，流矢影云，救过不遑。而于兵食战守绸缪呼吸之大计，一切置之不讲。夫未进阅，曰签拟，既落红即圣旨。圣旨一不当意，即追究签拟之人而欲殴之，此与狗脚⑱朕之罟何殊。袁彭年等不足责。金堡颇持士节，顾乃昵近凶懝，取谋豺虎，与之共济乎？明朝异姓不封王，犹汉之非刘氏而王者天下共击之，一也。孙可望之求王于明，亦犹韩信之求王于汉也。顾汉未尝不王信，堡执承平之言以绳创业，得乎？彼求我则我重，我求彼则我轻。我不能操重之权，直至于零丁失所，我出其下而后奉之，则为其所轻也固宜。不王异姓与谏南迁之议，皆愚儒不知通变者也。文靖公之学，所谓积穀做米，把缆放船，其于儒门，尚未臻于自得，顾鞠躬尽瘁，死而后已；堡则深契禅宗，佞口铦笔，一以机锋出之，坏人家国，视为堕甑⑫，而又别开生面，拊鼓上堂，世出世间，总属无情：于此可以知儒释之分矣。

公端志读书，栖心重俋，即行街衢间，亦不彻吟诵。壬午，在京师，余每过之，谈学亹亹⑬，汗漫恍惚，非章句之所轨辙。著有《道统》《治统》二録、《七观斋文集》《雉城诗集》《孝诠》《一弦草》，藏于家。

娶沈氏，封一品夫人。子二人：宿垣，监察御史；斗垣，给事中。册封巩昌王，行至板桥，孙可望难作，抗节而死。孙之铨，甲子武举人。某某。康熙壬寅，□车还里，癸丑，葬于雉城之湖濱。又十年，余至昆山，之铨以墓铭为请。先忠端公之难，门人唯徐冢宰石麟职纳橐饘，公与金知县浑仓惶奔赴。余时童稚，执手长号，徘徊家国存亡之故，执笔泫然⑯。浑字宜苏，吴县人，亦死节于英德。

铭曰：国之兴亡虽，曰天数天，之所废，由人摧仆。鼎悬一丝，啮之未错。景炎新造，危如朝露。犹以台谏⑰，排论宿素⑱。蕞尔⑲两粤，乃兴朋党。咫尺堂阶，殷雷⑳扰攘㉑。昔之台谏，奉行宰相。今之宰相，台谏厮养。于唯文靖，争此呼吸。群枉哗然，卷堂相逼。扁舟飘泊，时危复入。朝服揾泪，桐棺瘴湿。一家百口，寄命蛮巢。经年十九，存者寥寥。故乡昼锦，丹旐飘飙。死而不亡，视此霜毫。

【注释】

①陈际泰：字大士，号方城，临川鹏田人。明末古文家。

②艾南英：字千子，号天佣子。明末散文家。

③罗万藻：字文正，明代江西临川腾桥人。著有《此观堂集》《十三经类语》等。

④章世纯：字大力，明临川箭港（今属江西省丰城市）人。明末古文家。与陈际泰、罗万藻、艾南英结"豫章社"，推崇唐宋，力抵王（世贞）、李（攀龙）秦汉派，与张溥的"复社"分庭抗礼，并称"临川四大才子"。

⑤何心隐：原姓梁，名汝元，字夫山。永丰（今属江西吉安府永丰县）人。明代学者，泰州学派代表人物之一。

⑥晋秩：进升官职或等级。

⑦旰日：谓天晚。

⑧瞿式耜：字起田，又字伯略，号稼轩，明末政治人物、诗人。南直隶常熟县（今江苏省常熟市）人。

⑨拟票：明清时，各处奏本送达内阁后，由阁员用墨笔预拟批答于浮票，再送呈皇帝朱批，称为拟票，也称票拟。

⑩免冠：脱去帽子，古时表示谢罪，后来表示敬意。

⑪悻悻：怨恨失意的样子。

⑫勤旧：有功勋的旧臣。

⑬狗脚：比喻听命于人者。

⑭堕甑：比喻事已过去，无法挽回，不必再作无益的回顾。

⑮亹亹：谓诗文或谈论动人，有吸引力，使人不知疲倦。

⑯泫然：流泪貌。亦指流泪。

⑰台谏：唐宋时以专司纠弹的御史为台官，以职掌建言的给事中、谏议大夫等为谏官。两者虽各有所司，而职责往往相混，故多以"台谏"泛

称之。明初废谏院，以给事中兼领监察与规谏，两者开始合流。至清雍正元年，又使之同隶都察院，于是台谏完全合二为一。

⑱宿素：谓德高望重者。

⑲蕞尔：形容小。

⑳殷雷：轰鸣的雷声。亦指大雷。

㉑扰攘：忙乱，匆忙。

万公择墓志铭

【题解】

万斯选，明崇祯九年（1636）举人，明亡后隐居不仕。他是黄宗羲的高足之一，以"躬行君子"著称，同辈学人都以他为楷模，黄宗羲也把他视为能够坦诚相见的朋友。卒后，黄宗羲痛惜说："甬上从游，能续蕺山之传者，惟斯选一人。"本文详细论述了万斯远的治学精神和为人品格，盛赞了他对蕺山"意为心之主宰"治学理念的传承，表达了黄宗羲对友人公择的思念之情。

【原文】

昔者徐曰仁死，阳明每临讲席，酬答①之间，机缘未契，则曰："是意也，吾尝与曰仁言之，年来未易及也。"一日讲毕，环柱而走，叹曰："安得起曰仁于泉下而闻斯言乎？"乃率诸弟子至其墓所，酹酒而告之。嗟乎！知言之难也，从古皆然。

余老而无闻，然平生心得，为先儒之所未发者，则有数端。其言性也，以为阴阳五行一也，赋于人物，则有万殊。有情无情，各一其性，故曰各正性命，以言乎非一性也。程子言"恶亦不可不谓之性"是也。狼贪虎暴，独非性乎？然不可以此言人，人则惟有不忍人之心，纯粹至善，如姜辛茶苦，赋时已自各别，故善言性者莫如神农氏之本草。其言太极也，统三百八十四爻之阴阳，即为两仪；统六十四卦之纯阳纯阴，阳卦多阴，阴卦多阳，即为四象；四象之分布，即为八卦：故两仪四象八卦，生则俱生，无有次第。人生堕地，分父母以为气质，从气质而有义理，则义理之发源，在于父母。阳明言以此纯乎天理之心，发之事父便是孝；不知天理从父母而发，便是仁也。严父配天，非崇高之也，吾之于天，渺不相属，藉严父在天之灵，通其陟降②。而先儒疑于郊鲧，以功德言，不以感召言，非也。《河图洛书》，先儒多有辨其非者，余以为即今之图经地理志也。其言河、洛者，周公定鼎于洛；四方之人户盛衰，道里之阨塞险易，诸侯贡于天王，故谓之《河图洛书》；其他异同甚多。见者訾为郢书③燕说，一二知己劝余藏其狂言，以俟后之君子；惟公择涣然冰释，相视莫逆，以为圣人复起，不易吾言。余何以得此于公择哉！今公择死矣，余之思公择，宁不殊阳明之思曰仁乎？

公择讳斯选，万氏，余友履安先生之第五子也。其世系详履安志中。公择生平不应科举，出而教授，自武林、语水以至淮上，故亦不专举业。《通鉴》则手录，《二十一史》则句读丹铅，不遗一字。其在语水，得余所评罗念庵、王塘南④二先生集读之，不以口耳从事，默坐澄心，恍然如中流之一壶，证以蕺山意为心之主宰而愈信。从此卓荦读书，不为旧说所锢，三十年如一日也。淮上之门人，如唯一、西泷皆能兴起于学，使蕺山之流风余韵北渐而不坠者，信公择之立身不苟耳。

世苦于贫，多不持士节，三三两两相习于机械之途，以苟得为才。公择痛恶之。即在久故者，未尝肯假借一语，令其自容。

有以讲学自命者，诸儒无不受其弹驳，众皆惑之。公择曰："诚使弹驳皆是也，而独不弹驳烧金关节，身与之乎！"筇在，名家子逃而为僧，见人即以布施强聒⑤，公择面数之曰："儒、佛皆君子，曾有君子而不知廉耻一道？"筇在不觉愧屈。交游间，阐隐微之善，砭**纤**芥之恶，古之所谓隘人也。公择既不为世用，事功无所表见，又不著书以自炫耀，然余直信其为黄叔度、吴康斋路上人，非阿私所好也。

生于崇祯己巳五月十八日，卒于康熙甲戌八月初十日。娶董晋公之女。无子，以兄子世祺县丞为后。一女，适王文三之子锡仁。余三年病榻，知交□绝，公择自馆归，必再三过余，以工夫相证，始得破涕一笑。今年正月二十二日，雪浪兼天，公择扁舟触险，信宿而去，余以为一年之别，执手凄怆，苟知其为死别，悲又当何如也！知公择者，家人未必如余，故不俟其请而铭之。

铭曰：世之讲学，仅以口耳；高者清谈，卑者无耻。羌郎之丸，时文批尾；惟公择甫，静坐穷理。数十年功，识一是字。不妮古说，不随时徙。胶漆盆中，震雷破底；吾伤孤零，愈思其美。

【注释】

①酬答：以言语、文字酬和作答。

②陟降：升降，上下。

③郢书：郢人夜书燕相国书，火不明，谓持烛者云"举烛"，因误将"举烛"书入。后因以"郢书"指讹误的书信。

④王塘南：即王时槐，字子植，号塘南。吉之安福人。

⑤强聒：唠叨不休。